TAGTIG KILOS
SE
SKULDLAS

TAGTIG KILOS SE SKULDLAS

Die proses om die emosionele gewig te verloor

Mart-Mari Breedt

Mart-Mari Breedt • Johannesburg, Suid-Afrika

Kopiereg © 2021 Mart-Mari Breedt
Alle regte voorbehou

Voorblad fotos:
Lars Knudsen, Theo Denysschen, Jackie van der Berg

Om gewig te verloor en dit af te hou, moet jy werklik glo dat jy dit werd is.

Gesond eet en oefen is beide dade van selfliefde.

Vir Derik:
Ek is ongelooflik baie lief vir jou. Dankie dat jy elke dag saam met my 11 maak.

Vir Erik, Lia, Nardus en Adri:
Julle is elkeen baie spesiaal, talentvol en gaan groot dinge in hierdie lewe bereik. Julle is my alles. Ek is baie trots op en lief vir julle elkeen.

Ek het dit ingehad en toe weer uitgehaal al meer as tien keer al, maar op die ou einde het ek besluit om die name van die belangrike rolspelers in my storie eerder uit te haal waar ek kon en dit sin gemaak het om dit te doen.

Dis nie dat hulle nie genoem wou word nie; ek het die toestemming van beide my man en berader gekry om hulle op hulle name te noem. Dis eerder 'n geval van dat ek nie kon besluit hoe om die persone wat reeds oorlede is te adresseer nie. En ek het baie van hulle: my ma, pa en sussie is almal al oorlede. Ek kan nie hulle toestemming kry nie, en ek wil regtig nie vals name gebruik nie.

Voorwoord

Koud en ongenaakbaar.

Nee, ek is nie koud en ongenaakbaar nie. Ek is warm en empaties. Maar op daardie Vrydagmiddag toe my man my eenkant toe trek om my in te lig oor my sussie se selfmoord, het ek vir seker nie warm en empaties gevoel nie.

Ek het dadelik myself in 'n tipe oorlewingstoestand bevind. Vir my het dit beteken om alleenlik, en so vinnig as moontlik, te dink aan die volgende logiese stap, nie om 'n oomblik te neem en die nuus eers te laat insink nie. 'n Ander mamma sou my oudste kom aflaai het na sy swemles, ek moes seker maak om vir haar oproep te luister wanneer sy by ons hek sou wees. Ek moes ook my jongste gereedmaak vir haar kleuterskool konsert daardie aand, ek het net meer as 'n uur gehad om dit te doen. En nou moes ek ook my oudste suster bel om haar te vertel dat ons sussie selfmoord gepleeg het!

My ousus was in trane; dit het my verbaas. Dit is wat my reaksie moes gewees het! Ek was die sussie wat net agtien maande ouer was — die ene wat veronderstel was om 'nader' te wees. Ek moes die grensende een gewees het, maar ek was nie. In stede was ek jaloers op my ousus wat so sonder moeite aan die huil kon gaan. My oorlewingsinstink was eenvoudig net te sterk, en ek was so verskriklik kwaad. Ek moes rou, ek was veronderstel om te rou, maar rou was nie wat ek gedoen het nie.

Die tyd toe my sussie selfmoord gepleeg het, was ek reeds diep op my reis om tagtig kilogram te verloor. Vetsug was iets wat ek, my twee susters en beide my ouers almal in gemeen gehad het. Met haar afsterwe het my sussie ongeveer 'n addisionele negentig kilogram saam met haar gedra waar sy ook al gaan. Haar onvermoë om haar gewig te beheer en 'n plan te maak daaromtrent, was een van die groot redes waarom sy besluit het om haar eie lewe te neem. Ek het probeer om haar in te sluit op my eie reis om gewig te verloor — regtig ek het! Maar ek kon op geen manier tot haar deurdring nie. My onvermoë om haar te help het my ontsettend skuldig laat voel, en ek was oortuig dat ek op een of ander manier haar selfmoord kon verhoed het. Ek besef egter nou dat dit nooit moontlik sou wees nie.

Gedurende die maande na my sussie se afsterwe het ek daarna gesmag om mense, wat ek kon sien met hulle gewig sukkel, te help. Op daardie stadium was ek self nog nie eers op my teikengewig nie, maar my begeerte om te help was baie sterk, met my sussie se selfmoord as 'n daadwerklike dryfveer. Daardie behoefte het my laat instem tot meer oop vergaderings, praatjies en later aanlyn video's, my aanlyn skryfwerk en ook hierdie boek.

Ek het myself nog nooit as 'n skrywer gesien nie. Trouens, ek was maar huiwerig om te begin skryf, maar toe ek eers self die voordele beleef om 'n mens se hart op papier uit te stort, kon ek net nie stop nie. Nadat ek 'n paar aanlyn artikels gepubliseer het, het 'n nuwe vriendin, wat toevallig op my skryfwerk afgekom het, die saadjie in my kop geplant dat ek dalk 'n boek in my het. Ek was maar onseker oor hierdie idee van haar, maar ek wou graag probeer.

Reeds die eerste dag dat ek kom sit het om te skryf aan my boek, het ek skrywersblok beleef. Ek het geen idee gehad waar om te begin en wat om te doen nie; ek was totaal en al buite my gemaksone! Gewoonlik is ek net in die oggende voor my lessenaar vir werk, maar dié dag was ek ook die middag aanlyn, wat buitengewoon was. 'n Kollega het opgemerk dat ek aanlyn is en my gevra wat aangaan. Ek het geantwoord dat ek 'n boek probeer skryf, maar dat ek alreeds skrywersblok het. Hy het natuurlik gedink dis baie snaaks. Iets positiefs het egter van daardie gesprek af gebeur — my kollegas het begin en bly belangstel in my boek se vordering, veral wanneer hulle my op vreemde tye aanlyn opgemerk het.

Wat ek daardie eerste dag wel besef het, is dat ek my boek op dieselfde wyse moet benader as wat ek die skryf van my aanlyn artikels benader.

Ek kan nie verwag om net te kom sit en skryf nie, ek gaan die hoofstukke uit my uit moet draf! Dit is toe ook presies wat ek gedoen het. Om te hardloop het my skryfproses geword. Ek draf in die oggende en laat toe dat die inspirasie na my toe kom. Wanneer ek tuis kom na my draf, dan skryf ek gou 'n paar notas neer. In die laatmiddag of vroegaand verwerk ek dan daardie gedagtes in my boek in. Hoofstuk vir hoofstuk, of eerder, kilometer vir kilometer, het hierdie boek begin vorder.

Die boek is die somtotaal van seer, desperaatheid en liefde, wat vorm aangeneem het op papier deur honderde kilometers se draf op die teerpad.

Mag dit 'n inspirasie wees vir almal wat dit onder oë kry.

Inleiding

Ek is 'n doodgewone mens — dalk die normaalste persoon wat jy ooit sal ontmoet. Ek is getroud en ma van vier pragtige kinders, twee seuns en twee dogters, en een engel in die hemel. Gewoonlik begin ek my dag deur te gaan draf. Na my draf spandeer ek die eerste helfte van my dag voor my rekenaar besig om te werk as 'n sagteware-ingenieur. Wanneer ek klaar gewerk het, probeer ek gou middagete eet, voordat ek my kinders gaan oplaai by die skool. Dan behoort my dag nie meer aan my nie, maar aan my kinders en ek speel taxi vir die res van die dag, al deur Johannesburg se noordelike voorstede. Ek het 'n 'normale' voorkoms, is nie beeldskoon nie, maar ook darem nie te onaardig nie. Ek is redelike lank en weeg tans 'n 'normale' gewig, bedoelende dat ek nie brandmaer is nie, maar ook nie oorgewig nie.

Ja, ek sien myself as doodnormaal. Ek het net iets besonders reggekry: oor die verloop van twee jaar en tien maande, het ek net meer as tagtig kilogram gewig verloor. Ek het geen chirurgie gehad om hierdie gewig te verloor nie. Ek het ook geen aanvullings, tablette of enige ander vorm van towerbrousel gebruik nie. Ek het ook nie 'n persoonlike afrigter of slawedrywer gehad wat my aangepor het nie. Ek het bloot so gesond moontlik probeer eet, en geoefen soos ek goed gedink het en voor kans gesien het. Beide doen ek nog steeds.

Ek kan aan slegs een ding dink, wat ek doen, wat ander dalk minder van doen: ek bevraagteken alles. Ek wonder, prut, tob en mediteer. Ek aanvaar nooit dat dinge is soos wat dit voorgee om te wees nie. En vir so ver terug as wat ek kan onthou, was ek nog altyd so gewees. In die verlede het ek egter my gedagtes vir myself gehou. Nou deel ek my denke en my seer in die hoop dat ander daarmee sal kan vereenselwig. Ek smag daarna dat my storie ander sal inspireer om introspeksie te doen en ook hulle duiwels vierkantig in die oë te kyk.

My kinderjare was nie maklik nie. Ek neem waar hoe baie volwassenes hulle grootmens-probleme se oorsaak in hulle kinderjare wil gaan soek. En, dalk is hulle reg en is ons kinderjare wel die sondaar. Ek is deeglik bewus daarvan dat in vergelyking met ander mense wat dit baie moeiliker as ek gehad het, my grootword-jare 'n lewe van luuksheid was. Maar ek het ook seer gehad.

Emosionele seer was deel van my lewe vir so lank as wat ek kan onthou. Vir bitter baie lank het ek vir myself gejok oor hoeveel seer daar was, en het ek daardie seer so diep begrawe dat dit vir my amper onmoontlik geword het om weer daarby uit te kom. Ek het geglo dat my seer nie belangrik, en ook nie van belang was nie, maar ek was verkeerd ... Daardie seer het gesweer en veretter en op ander maniere gemanifesteer in my lewe. Ek het die seer van ander mense, wat my genader het vir insig in hulle gewigkrisisse raakgesien of raakgelees — en dan telke male gevoel dat hierdie mense se seer meer is as waarmee ek kan help, hulle behoort nie eers met my te praat nie. Op my eie seer het ek 'n plakker geplak waarop geskryf was *"Normaal"*.

Iemand het in my doodeenvoudige lewe ingeloop en my forseer om die pyn wat ek saam met my gedra het, raak te sien en iets daaromtrent te doen. Hierdie pyn het verhoed dat ek kon lewe soos wat ek graag wou lewe en was een van die grootste redes waarom ek vir so veel jare lank wipplank gery het met my gewig, en net nooit my gewig kon stabiliseer nie.

Hierdie genesingsproses het ek op 'n stadium met 'n metafoor beskryf. Ek het myself gesien waar ek besig is om 'n ryk, gladde en luukse botterkaramel-sous te maak. Vir hierdie sous is dit nodig om harde botterkaramel-lekkers, die soort wat individueel toegedraai is, te smelt en in te roer. Ek het egter die lekkers net so toegedraai, by my sous gevoeg en geëindig met 'n oneetbare gemors van 'n sous. Die papiertjies van die lekkers het veroorsaak dat geen van die lekkers kon insmelt nie.

Vir baie jare het ek moeilike en seer dele van my lewe toegedraai gehou. Ek het iemand nodig gehad om my te help om daardie dele oop te maak en my te wys hoe ek dit korrek moes inkorporeer. Ek het nooit besef dat ek so 'n persoon nodig het nie. So graag as wat ek wens daardie harde dele het nooit bestaan nie, is dit deel van wie en hoe ek is. En op 'n manier ook 'n baie belangrike deel van wie ek is, want alles saam het my gemaak wie ek vandag is. Dit was bitter noodsaaklik vir my om te leer hoe om daarmee te werk te gaan. Ek wou graag daardie pragtige gladde sous word en nie 'n klonterige, oneetbare gemors bly nie.

Mart-Mari Breedt

Weigh-Less
Goal Weight Membership Award

This is to certify that

Mart-Mari Breedt

Achieved

Goal Weight Membership

On 10 December 2019

Having lost a total of 80.2 kgs

Mary
Mary Holroyd
(Founder and Chairman of the Weigh-Less Organisation)

Group Leader

Ek Gee Maklik Op

Ek gee maklik op. Deur jou te vertel dat ek 'n reeks-wipplankdiëter is, vertel ek jou ook dat ek iemand is wat maklik opgee. Dit is hoe ek is, en altyd sal wees. Waarskynlik ook hoe ek dalk weer sal word. Ek het 'n alles-of-niks lewenshouding. Ek begin iets met die beste bedoelinge, en wanneer dinge nie verloop soos wat ek graag wil hê dit moet verloop nie, gee ek op en word weer wie ek was. Ek kan dit sommer binne die knip van 'n oog doen. En omdat ek so hardkoppig is, is daar niks wat my uit die gat gaan kry wanneer ek myself daarvan oortuig het dat ek daar hoort en nog altyd daar behoort het nie.

"Alles wat die moeite werd is om te doen, is die moeite werd om goed gedoen te word."

"Ek begin niks as ek nie seker is dat ek wel suksesvol daarin sal wees nie."

"Ek sal my beste gee om van iets 'n sukses te maak."

"Dinge het nie uitgewerk soos ek dit wou gehad het nie. My beste was nie goed genoeg nie. Ek sal eerder maar opgee, en terugkruip na waar ek vandaan kom."

Hierdie is my eie woorde. Dis die woorde wat ek vir myself sê in die aande wanneer ek nie kan slaap nie.

*   *   *

28 Maart 2021

Vandag sit ek in wanhoop. Ek het 'n kans gevat om 'n boek te skryf. Ek wou baie graag suksesvol wees daarin. In my hart het ek egter geweet dat ek nie 'n skrywer is nie. Op die aanbeveling van 'n vriendin, het ek iets begin wat ek nie oortuig was ek suksesvol sou kon deursien nie. Nou is dinge besig om nie volgens my plan te verloop nie, en wil ek opgee.

Vir die laaste vier maande het ek geskryf. Ek het my hart op papier uitgestort, en dit so geniet want dit het vir my vryheid gebring. Ek het van my skryfwerk aanlyn beskikbaar gemaak, en sulke positiewe terugvoering ontvang. Die goeie terugvoer het my hoop gegee. Van my hoofstukke het ek met vriende gedeel en ook positiewe reaksies gekry. My hoop-emmertjie het voller en voller begin raak, en ek was oortuig dat ek die regte ding doen en opkoers is met my boek. Die afgelope week het ek saam met 'n ander skrywer gewerk aan die basiese taalversorging. Ek het gedink dat dit goed verloop. Dit het gevoel asof ek goeie vordering maak en my boek sommer binnekort gereed gaan wees om vir 'n uitgewer te stuur. Wanneer 'n boek eers vir publikasie aanvaar word, verstaan ek dat daar nog baie werk is wat voorlê. Die vooruitsig sit my nie af nie; maar ek wou my boek net eers gereed kry vir 'n uitgewer se oë — een tree op 'n slag.

Gisteraand sê die ander skrywer reguit vir my dat sy nie glo my boek is eers naastenby gereed vir publikasie nie. Na haar mening is daar groot dele van my boek wat oorgeskryf moet word. Sy dink ook dat daar heelwat leemtes is wat nog gevul moet word. Ek waardeer haar eerlikheid opreg, die enigste terugvoer tot dusver was net positief... Maar nou voel dit vir my asof almal vir my gejok het, en besig was om agter my rug vir my te lag. Ek weet dis nie waar nie, maar ek kan nie help om so te voel nie.

Ek is nie 'n skrywer nie. Ek het nog altyd gesê dat ek nie 'n skrywer is nie! Ek wil opgee en nie meer skryf nie. Ek het nie 'n boek in my nie. Hoekom het niemand my gestop toe ek op hierdie belaglike idee begin broei het nie? Ek wou maar net 'n dagboek begin hou. Ek het maar net 'n manier gesoek om uiting aan my woorde en my gevoelens te gee. Hoekom het ek ooit besluit om myself so kwesbaar te maak deur van my skryfwerk te deel? Ek moes dit nie gedoen het nie. Ek was 'n gek om ander deur my storie te probeer help. Hoekom het niemand vir my gesê dat my werk kak was nie? Hierdie is die gedagtes wat nou in my kop bly maal.

Een van die aspekte wat die ander skrywer dink nog ontbreek, is 'n in-diepte studie oor die vetsugtige persoon wat ek was. Ek was so lank besig om te dieet. Ek is ook nou al 'n rukkie lank op my teikengewig. Ek bied my praatjies aan, skryf my boek en het myself so ver verwyder van die mens wat ek was, dat ek vergeet het wat of hoe daardie mens was. Ek kan myself beswaarlik 'n hele hoofstuk oor daardie persoon sien skryf.

Gisteraand, terwyl ek in my bed lê en dink aan my kak boek en my dom drome, het ek besef dat die persoon wat ek was, nog nie heeltemal verdwyn het nie. Die persoon wat ek was, is dieselfde persoon wat op die oomblik daaraan dink om op te gee en stil-stil van die aarde af te verdwyn. Ek wil nie meer daardie mens wees nie. Ek was onder die indruk dat ek haar in my verlede gelos het ... Maar sy kom kuier mos altyd wanneer ek 'n laagtepunt bereik; daar waar ek voel ek kan nie verder aangaan nie.

* * *

Die vetsugtige ek was 'n hopelose, patetiese persoon wat maklik opgegee het. Ek sou 'n dieet presies volg, of ek sou so ooreet dat ek kon bars. Daar was nooit 'n goue middeweg nie, geen logiese denke nie, en geen halwe maatstawwe nie.

Ek het geweet dat ek sodanig oorgewig was dat ek in die vetsugtig-kategorie pas. Ek het geweet dat ek iets daaromtrent moes doen, maar het verkies om die maklike uitweg te kies en te bly soos wat ek is. Wanneer ek sjokolade geëet het, het ek die hele plak in een sitting verslind. Of ek sou al die kinders se oorskiet eet, selfs nadat ek reeds 'n groot maaltyd agter die blad het. Wanneer ons by 'n restaurant van 'n spyskaart af sou bestel, sou ek my keuse baseer op hoeveel kos ek geglo het daardie item sou insluit.

Ek sou 'n dieet uitstel wanneer ek die advertensie van 'n nuwe sjokolade of nuwe geur skyfies sien, want ek het geglo my lewe sal onvolledig wees as ek nie eers daardie nuwe item probeer het nie. Kos was iets wat waarde tot my lewe toegevoeg het, dit was my siening. Ek was lief vir kos. Ek het gelewe sodat ek kon eet. Dieet was tydelike pyn en lyding wat ek net moes verduur, totdat ek genoeg gewig verloor het om weer 'normaal' te kon eet.

Vir my kinders se partytjies het ek so baie eetgoed uitgepak dat ons oorskiet lekkernye nog weke daarna kon hê. Daardie oorskiet eetgoed het ek die dag na die partytjie verorber. As iemand my daaroor sou uitvra, het ek geantwoord dat dit sal bederf as ons dit bêre. Ek het nooit water gedrink nie. Liters koeldrank het elke dag by my keelgat af gegaan. Ons móés koeldrank in ons yskas hê, en as daar nie was nie, het ek liters melk begin drink. Wanneer ons na partytjies toe gegaan het, sou ek sorg dat ek by die tafel met eetgoed staan. Ek kon maklik al die kos vir die partytjie vingeralleen opeet. Buffet-restaurante was my gunstelingtipe restaurant, omdat ek soveel as wat ek wou kon eet. En ek het. Ek het borde vol kos verorber, bord na bord na bord.

Wat ek geëet het, en hoe ek gelyk het, is niks in vergelyking met die aaklige mens wat ek was nie. Ek het gevoel ek is geregtig daarop dat mense my nie oordeel nie. As dit net vir my gelyk het asof iemand dink dat ek nie goed lyk nie, of vet is, sou ek kwaad en omgekrap raak, en myself jammer kry. Ek was altyd kwaad en ongelukkig, en het geglo dat dit almal om my se skuld was. Dit was nooit my skuld nie. Ek het geen selfvertroue gehad nie, en ek was oor-emosioneel en hipersensitief gewees. Indien iemand dit sou waag om voor te stel dat ek gewig moet verloor, het ek ontplof en vir hulle elke moontlike rede gegee waarom ek dit nie kan doen nie, tesame met 'n hele lys van my vorige mislukte pogings. Niemand kon 'n oplossing voorstel waarvan ek nie reeds oortuig was ek sou in faal nie.

Die enigste ding waarin ek goed was, was dat ek slim is. Ek is goed in wiskunde, logiese denke en probleem-oplossing. Die bietjie selfbeeld wat ek gehad het, het ek gebou rondom my vermoë om komplekse probleme op te los en intelligent te wees. Ek het verwag dat ander my moes respekteer vir my intellek. Ironies genoeg kon ek nie my grootste probleem oplos nie, en dit was my gewig.

Ek het geen durf of dryfveer gehad om iets beters van myself te maak of om as mens te groei nie. Ek het eenvoudig gevoel dat daar geen hoop vir my is nie, en dat om vet te wees, my ewige lot is. Herhaaldelik het ek my teorie bewys deur gewig te verloor en dit dan weer op te tel. 'Sien? Ek het jou mos gesê dat ek dit nie kan doen nie! Glo jy my nou? Is jy nou gelukkig?'

Ek kon nie die weg oop sien uit my situasie nie.

En hier sit ek alweer en dink dat ek dit nie kan doen nie. Ek begin alweer die verskonings bymekaarmaak: Ek is nie 'n skrywer nie, ek was nog nooit 'n skrywer nie, om te skryf is nie vir my bedoel nie, ek moet die skryfwerk los vir die mense wat weet hoe.

Wanneer ek in die spieël kyk, sien ek net die vetsugtige Mart-Mari wat vir my terugstaar.

Om Te Loer Deur Die Jakkalsdraad

Ons het nog gebly in die enigste tuiste wat ek op daardie stadium geken het. Die huis waarheen ek geneem is na my geboorte, ek grootgeword en meeste van my laerskooljare in deurgebring het. Dit was 'n mynhuis. Ons kon in daardie huis bly omdat dit een van die voordele van my pa se werk was. Met my pa se aftrede, het daardie voordeel egter weggeval. Ons het die huis vir nog 'n paar jaar daarna gehuur, met die opsie om dit te koop, maar toe het my ouers daarteen besluit.

Die huis was op 'n hoekerf met 'n massiewe tuin en sypaadjie. 'n Groot tuin was nog altyd vir my ma aanloklik. Sy was 'n kranige, passievolle en baie talentvolle tuinier. Ek het nie haar groenvingers geërf nie. Die erf was met Jakkalsdraad omhein, en my ma het probeer om so bietjie privaatheid te skep deur rank en ander klimplante al langs die Jakkalsdraad af te plant. Maar Rustenburg is warm en droog; my ma se pogings tot privaatheid het meestal nie vrug gedra nie.

Dit was laat in die middag, die son was eintlik alreeds besig om te sak. Ek het kruisbeen gesit en deur die Jakkalsdraad geloer. Ek kon sien hoe die ligte begin aankom in die bure se huise. Ons ligte was dalk ook al aan ... Indien hulle was sou ek dit in elk geval nie weet nie, want ek het met my rugkant na ons huis gesit. Ek het uitgekyk oor die straat.

Die plek waar ek gesit het, was droog en stowwerig, onder die Frangipani naaste aan ons hek. Ons hek, ook gemaak met die diamantdraad, het oopgestaan, soos wat dit meestal was. Dis maar hoe dinge daardie tyd was. Hekke het amper altyd oopgestaan tensy mens nie tuis was nie. Ons oorkantste bure het nie eers 'n heining of hek gehad nie. Ek kon by ons hek uitgeloop het, maar ek het nie. In stede het ek bly sit in die stof, onder die Frangipani en kyk hoe die ligte aangaan en die son ondergaan.

Die Frangipani waaronder ek gesit het was een van my gunsteling speelplekke gewees. Frangipanis het nie baie blare nie en redelik baie lang oop takke. En 'n groot ene, soos wat die ene was, was 'n ideale klimraam vir 'n jong dogtertjie soos ek. Ek kon vir my 'n plekkie in die Frangipani gekry het, weg van die grond af. Maar dit het vir my soos 'n lekker ding gelyk om te doen ... En ek was nie daar om te speel nie, so ek het in die stof bly sit – besig om te dink en te beplan.

Ek was uit ons huis gesluit – uitgeskop eintlik – en daar was vir my gesê dat ek nie weer mag teruggaan nie. My ma was nog steeds besig om te skree; ek kon haar hoor. Sy was darem nie meer besig om op my te skree nie; sy was nou besig om op my pa te skree – wat dalk eintlik so bietjie erger was. Ek het nie my pa gehoor nie. My pa het nooit sy stem verhef nie. Ek kon egter nog in my gedagtes hoor hoe my ma 'n klein rukkie terug op my geskree het. Ek was besig om die woorde oor en oor vir myself te sê.

"Gaan uit! Ek wil jou nooit weer sien nie!"

"Ek gee nie om wat met jou gebeur nie. Ek wil jou uit my huis uit hê. Jy hoort nie hier nie. Jy moenie hier wees nie. Ek soek jou nie hier nie. Ek soek jy uit!"

"Nee, jy kan niks saam met jou vat nie. Alles is myne. Alles behoort aan my. Jy het niks. Jy is niks. Gaan uit! Trap!"

My linkerarm was seer van waar my ma my herhaaldelik geslaan het. My regterarm was ook nie heeltemal reg nie, omdat my ma minute terug daaraan gepluk het toe sy my by die voordeur probeer uitforseer het. Sy het my op ons leiklip stoep uitgegooi, die voordeur toegeklap en gesluit.

Ek kan nie eers meer onthou hoekom my ma vir my kwaad was nie. Maar ek is seker ek moes iets vreesliks verkeerd gedoen het.

Ek was bang, onseker en in trane, terwyl ek in die stof gesit het onder die Frangipani. Ek het probeer om my trane met die agterkant van my hand weg te vee, maar my hand was vol stof en ek het eintlik net 'n gemors gemaak. Hoe meer ek gehuil het, hoe meer het ek gemors. Dit was nie lank voordat sulke strepe modder die hele voorkant van my nagrok vol was nie. Waarom het my ma my so vreeslik baie gehaat? Op die ou einde het ek myself aan die slaap gehuil.

Ja, ek weet ons almal het twee ouers en dat daar so véél kere was wat my pa vir my kon opstaan ... Maar hy het nie — nooit nie — hy het altyd my ma se kant gekies. My ma was die liefde van sy lewe, soos ek veronderstel dit moet wees. My pa het nooit op my geskree nie, en my nooit geslaan nie, en hy het altyd probeer vrede maak. My pa wou tog so graag altyd net vrede gehad het. In my oë was hy 'n held en kon hy niks verkeerd doen nie. Maar eintlik het my pa aan dieselfde siekte gelei as ek: die begeerte om almal anders tevrede te stel, gekoppel met die geloof dat liefde verdien moet word.

Ek is nie seker hoe laat in die aand dit was toe my pa my kom wakker maak en bed toe gedra het nie; dit was al heeltemal donker. Teen daardie tyd was my ma ook al lankal vas aan die slaap.

Myself En Ander

Ons graad een speelgrond het baie bome gehad wat dit vir ons moontlik gemaak het om 'n eenvoudige speletjie te speel. Ons het gespeel met een boom minder as wat daar kinders was wat saamgespeel het. Een kind sou 'aan' wees, en die ander kinders sou elkeen langs 'n boom posisie inneem. Wanneer die een wat 'aan' was sou roep, "skoert!", sou elkeen so vinnig moontlik na 'n ander boom hardloop. Die kind wat dan sonder 'n boom was om langs te staan sou dan 'aan' wees vir die volgende rondte.

"Wil jy saam met ons speel?" het een van my graad een klasmaats my uitgenooi.

"Ja! Ek sal baie graag wil saamspeel," het ek amper dadelik geantwoord, dalk so bietjie oorgretig. Ek wou so graag ook ingesluit geword het.

Om saam te speel was egter nie soveel pret as wat ek gedink het dit sou wees nie. Die speletjie het my nie ingesluit laat voel nie. Dit het my uitgesonder laat voel. Omdat ek so baie oorgewig was, was ek die hele tyd 'aan', en die ander kinders het my begin spot en uitlok. Ek was baie naby aan trane, maar ek wou nie dat die ander kinders raaksien watter effek hulle op my gehad het nie.

Die volgende dag gedurende pouse, was ek weer genooi: "Wil jy saam met ons kom speel?"

Ja! Ja, ek wil baie graag. Ek wil nie op my eie sit nie. Ek het gevra, "Gaan julle weer 'skoert' speel?"

"Ja, ons gaan."

"Okei, ek sal dan eerder hier sit en julle dophou," het ek geantwoord.

'n Maand of so na die aanvang van graad een, het ons kennisgewing ontvang van netbaloefening wat gaan begin. Ek wou graag netbal speel, dit het vir my geklink asof dit lekker kan wees, maar die ander meisies was baie fikser en maerder as ek. Ten spyte daarvan, het ek my pa gevra of hy my sou neem vir die oefening, en ek het aangemeld.

Dit was maar 'n gewone oefening — die eerste een van die seisoen. Ons was almal in graad een, en ons was almal beginners. Die afrigter het ons 'n paar doele laat gooi en ons moes oefen om die bal aan te stuur. Na afloop van die oefening, het die afrigter my gevra om eerder nie weer te kom oefen nie. Ek het blykbaar nie goed genoeg gespeel om span te haal nie. Ek het tot en met daardie oomblik nie eers besef dat ons daar was om gekeur te word vir spanne nie! Dit was die eerste en laaste keer wat ek my hand opgesteek het vir deelname aan enige sport. Agterna, het my ma gesê dis maar netsowel; my pa sou my in elk geval nie elke keer kon neem vir die oefening nie.

Ek was nog nooit 'n groot aanhanger van fisieke aktiwiteit nie. Eendag, gedurende ons buite-aktiwiteitsperiode, het ons juffrou ons laat klim oor die aapstawe. Ek kon dit nie reg kry nie. Dit was vir my onmoontlik om te laat gaan met my een hand en dan oor te rek na die staaf voor my. Ek het begin huil. Ons juffrou het my probeer help, maar ek was bang, en het my bene om haar vasgeknyp vir stabiliteit. Deur dit te doen het ek modder, wat onder aan my skoene gekoek was, al oor die bokant van haar rok gesmeer. Agterna, in die klas, het sy my voor die hele klas uitgetrap omdat ek so 'n groot gemors van haar rok gemaak het.

Ek het nie geweet wat om te sê nie, ek het net afgekyk en haar blik vermy. Ek was lief vir my juffrou; ek het sleg gevoel omdat ek so 'n groot gemors van haar pragtige rok gemaak het. Ek het skaam gevoel omdat ek so gesukkel het om die aapstawe te klim. Ek wou glad nie meer aan die aktiwiteitsperiodes deelneem nie en het begin verskonings maak, sodat ek kon uitsit. Aan die begin het ek my gewone klere by die huis 'vergeet', maar die onderwysers het later daai verskoning geïgnoreer en my in my skoolklere laat deelneem. Dit het vir jare so aangehou totdat ek begin menstrueer het en gevlekte onderklere of sanitêre doekies onder my rok, dit nie meer geskik gemaak het vir my om in my skoolklere deel te neem nie.

Om te lees het vir my 'n wêreld oopgesluit waar dit nie nodig was om vriende te hê óf om aktief te wees nie. So gou as wat ek kon leer lees, wat al van die middel van graad een af was, het ek myself ingelewe in die wêreld van boeke. Ek het gelees waarop ek ookal my hande kon lê. Pouses en in die middae na huiswerk, sou jy my kon vind met my neus in 'n boek. Daar was niks wat boeke my nie kon leer nie, en ek was onafhanklik van enige iemand anders om te leer wat ek graag wou weet. Toe die graad eens in die mediasentrum toegelaat word gedurende pouses, het ek altyd daar gaan sit en lees. Om in die mediasentrum te kon sit gedurende pouses was vir my beter as om alleen buite te moet sit. Ek was nie trots daarop omdat ek nie vriende het nie; die mediasentrum het vir my 'n manier gegee om daardie probleem weg te steek.

Ons het begin toetse skryf in ons graad drie-jaar. Ek het 'n punt van ses uit tien gekry vir my eerste gemerkte toets, 'n speltoets. Ek onthou dit nog so goed. Ek is huis toe daardie middag met my ses uit tien en het my pa gevra of ses uit tien 'n goeie punt is. Ek moes dalk eerder stil gebly het, maar hoe anders sou ek weet dat dit eintlik 'n vreeslike swak punt was? My ma het uitgevind van my swak eerste punt en ek het vir seker die spit daaroor afgebyt. Ek het myself, en my ma, belowe om nooit weer so 'n slegte punt huis toe te bring nie — ek het ook nie; ek het nooit ophou werk om 'n A-student te word en ene te bly nie. Ek het bo-aan my klas geëindig, meestal in die eerste plek, jaar na jaar. Ek het hope trofeë, boekpryse en ander toekennings ingepalm. Geen van my toekennings kon ek egter ruil vir vriendskap nie. Ek het geglo dat liefde verdien moet word, en my lewe lank daaraan gewy om dit te probeer verdien. Maar ek kon dit nooit regkry nie. In stede, het ek myself as 'n eensame boekwurm getipeer. My toekennings kon nie eers maak dat ek myself kon liefhê nie.

Wanneer ek die storie van hoe ek nie vriende op skool gehad het nie, vir my oudste dogter vertel, reken sy ek was wys om eerder pouses op my eie te wees. Sy sê daar is konstante afknouery in vriendegroepies en sy moet gereeld kant kies in gevegte wat haar nie eers aangaan nie. Sy wil net vrede hê en 'n paar vriendelike gesigte om pouse mee te gesels wanneer sy haar broodjies eet. Ek kan haar perspektief insien, maar ek is so trots op haar dat sy wel deurdruk en probeer vriende maak, selfs al werk dit nie altyd uit soos wat sy hoop nie. Ek is so bly dat sy nie ook iewers in 'n hoekie sit en wegkruip nie.

Om 'n eenkant mens te wees het voortgeduur vir amper my hele skoolloopbaan. Ek was baie gelukkig om in die hoërskool 'n uitstekende debat-spanmaat te hê, en dit was omtrent my enigste betekenisvolle vriendskap. My graad twaalf-jaar was baie vreemd omdat ek verkies was as 'n prefek. Jare van bo-aan my klas eindig het so bietjie bekendheid veroorsaak – genoeg vir my om verkies te word. Skielik kon ek nie meer elke pouse in die mediasentrum deurbring nie – ek het toe leierskap verantwoordelikhede gehad, én elke pouse 'n ander prefek wat saam met my diens doen. Dit was vir my totaal en al onbekend. Ek het ook op een of ander manier 'n kêrel gekry. Vir iemand wat elf uit twaalf skooljare niemand gehad het nie, was al hierdie skielike verhoudings met ander mense baie spesiaal en onwerklik. Ek het nie geweet wat om met al die aandag, en dit was seker nie eers so baie nie, te maak nie, maar ek het geweet dat ek dit nie wou verloor nie.

Omdat ek so baie jare vriendeloos was, wanneer ek myself nou in 'n vriendskap bevind, probeer ek hard om dit te beskerm – gewoonlik tot my nadeel. Ek berou dit veral baie diep wanneer ek 'n vriend verloor. Ek weet mense verander en groei weg van mekaar af, maar dis vir my 'n harde realiteit om te aanvaar. Ek gee baie van myself in 'n verhouding, en ek geniet dit ook om ander te help. Miskien het jare van in 'n hoekie sit en ander dophou oor die borant van 'n boek, my die vermoë gegee om verhouding-dinamika beter te verstaan ... Ek bevind myself in 'n posisie waar ek maklik en vinnig 'n konneksie kan maak met ander mense – dalk was ek maar altyd so gewees. Ek sien myself as 'n oophartige persoon.

Hierdie boek bevat baie van my beradingsreis. My beradingsreis het eers begin nadat ek my tagtig kilogram verloor het en by my teikengewig uitgekom het. My eerste opdrag vir berading was om terug te gaan na myself as kind en 'n selfportret te teken met alles waaroor ek skuldig of skaam gevoel het – selfs al was hierdie skuld of skaamte op my skouers geplaas deur ander mense – rondom die selfportret. Ek noem hierdie tekening my self-en-skuldlas-portret.

Dit was nie moeilik om die skuld en skande te teken nie, maar oor

die selfportret was ek onseker. Party dinge was voor die hand liggend: lang hare, 'n ronde gesig en 'n oorgewig liggaam. Maar hoe oud? En wat moes ek as kind gedoen het in die portret? Hoe het ek myself as kind onthou? Die enigste beeld wat vir my akkuraat gevoel het was 'n oorgewig meisie, met lang hare, in haar skooluniform, wat op haar eie sit en lees. Dis hoe ek myself as kind sien, en dalk in sommige opsigte, steeds sien.

Vasgevang In Vet

Die doel van die spel was om te gaan so vinnig as wat jy kon, maar ek kon skaars in die sitplek van die kaskar pas en nóg minder so vinnig gaan as wat ek kon. My gewig het die arme kaskar platgedruk, en ek het die stadigste lid van ons span geword; ek het waardevolle afstand verloor wanneer die ander spanne se bestuurders by my verby jaag — herhaaldelik. Die res van my span het my beurt om te bestuur begin vrees. Een van die doelwitte van 'n spanbou is om swak plekke binne 'n span raak te sien en te elimineer, nie waar nie? Ek wou graag bly deelneem, maar ek kon ook insien dat dit tot my span se nadeel sou wees. Ek het besluit om myself te elimineer en my plek in die span oor te gee aan een van ons vinniger bestuurders.

Ek kon net nooit doen wat ek graag wou doen solank as wat ek vetsugtig was nie. Ek het gevoel asof ek vasgevang was in my logge liggaam — letterlik begrawe onder 'n berg vet.

Ek kon nie vrylik en met gemak beweeg nie.

Ek kon nie ten volle wees wat ek graag wou wees nie.

Ek kon nie alles doen wat ek graag wou doen nie.

Ek kon nie die klere dra wat ek graag wou dra nie.

My gesondheid het ook gely onder my massa ekstra gewig.

Daar was geen vinnige manier om my probleem op te los nie — nie eers 'n tydelike oplossing om net vir 'n rukkie verligting te bring nie. En om alles te kroon het ek net myself gehad om te blameer. Ek was vasgevang in my berg van vet, maar toegelaat om ander met hulle perfekte lywe, skynbaar foutlose leefwyse, wat kon doen wat hulle ook al wou, net dop te hou. Dit was om van naar te word.

Maar dis nie net ek wat dopgehou het nie, ander het my ook dopgehou. Hoe kon hulle nie? Ek het uitgestaan! Ek was 'n lang, groot, berg van 'n vrou wat op my gewigtigste een-honderd-vyf-en-sestig kilogram geweeg het. Dit het vir my gevoel asof vreemdelinge, en diegene wat nooit moeite gedoen het om my te leer ken nie, my konstant beoordeel het.

Ek was nog nooit 'n sluiper nie, het nog altyd daarin geglo om alles met oorgawe aan te pak en deel te neem waar en hoe ek kon. Toe ek op universiteit was, het ek ook die sosiale geleenthede bygewoon. Maar ek was altyd die muurblommetjie wat toegekyk het hoe die ander dans. Ek was nie eers op soek na 'n kêrel nie, ek het reeds een gehad. Niemand het egter daarin belanggestel om met my te gesels nie en vir seker nie om met my te dans nie. Was die ander meisies regtig soveel interessanter as ek? Miskien nie, maar dit moes so voorgekom het. Of ek was doodeenvoudig net te lelik om as goeie geselskap gesien te word.

Aan die einde van ons eerste universiteitsjaar, by ons eerstejaarsdinee, het ek die toekenning ontvang vir die beste akademiese prestasie uit ons koshuis se eerstejaars. Later daardie aand het ek 'n groepie meisies hoor sê hoe verbaas hulle daaroor was, hulle het maar altyd gedink dat ek so bietjie dom was. Daardie groep meisies het nooit met my gepraat of ooit tyd geneem om my te leer ken nie. Hulle kon daardie oordeel net baseer op my voorkoms.

Eendag terwyl ek huis toe geloop het, het 'n hawelose man by my kom bedel. Ek dra geen kontant saam met my nie, veral nie wanneer ek te voet is nie, en ek het dit vir hom so verduidelik. Maar die man het toe kwaad geword en begin my slegsê! Hy het verwys na my gewig en bygelas dat ek vanselfsprekend geld saam met my sal dra, aangesien ek waarskynlik die heeltyd loop en eetgoed koop. En hy het bygevoeg dat ek lui is en seker die hele dag op die bank lê en televisie kyk. Ek het begryp dat hy self honger en waarskynlik gefrustreerd was, maar ek het ook besef dat hy hardop verwoord wat baie ander nie sou sê nie, maar wel gedink het.

In my ervaring word vetsugtige mense gewoonlik deur vreemdelinge geëtiketteer as lui, dom en vervelig of oninteressant. Een van my proeflesers het vir my uitgewys dat 'n ander opinie oor vetsugtige mense is dat hulle gewoonlik baie jolig en vrolik is. Ek kan insien hoe dit kan wees, maar ek kan nie onthou dat iemand al ooit my as jolig of pret gesien het nie; ek was gewoonlik die laaste persoon wat genooi word na enige byeenkoms — indien enigsins.

Ek wou baie graag maer wees — eerlikwaar ek wou. Die proses om my pad uit my berg van vet te vind, het vir my gevoel soos om 'n baie komplekse doolhof te probeer oplos. Elke nuwe hoek en draai het 'n nuwe pad uit belowe, maar niemand, ook nie ek nie, kon sien hoe die doolhof van bo af lyk.

Ek het hierdie doolhof op so baie maniere probeer navigeer. As jy wil gewig verloor, dan moet jy mos begin dieet. En daar is so baie geure en kleure van diëte om van te kies ... Die dieetindustrie is massief, en die aantal diëte en leefstylopsies oorweldigend. Elke dieet word bemark en verkoop met fantastiese en wonderbaarlike suksesverhale wat dit so maklik laat lyk. Ek het daardie advertensies gehaat. Die beloftes bereik ons vetties se ore, en ons staar na die mooi foto's. Beloftes van sukses wat my keer op keer net soos 'n groter mislukking laat voel het.

My eerste dieet was 'n uithonger dieet. Ek het eenvoudig baie minder kalorieë ingeneem as wat ek verbrand het. Hierdie dieet het gewerk, maar dit was glad nie volhoubaar nie. Ek het dit probeer omdat dit die eenvoudigste en goedkoopste opsie wat. Die oomblik toe die lewe weer moeilik raak, het ek dit egter laat vaar en sommer gou-gou weer al my verlore kilogramme opgetel, met 'n paar maatjies by.

Ek het ook al volgens my bloedgroep geëet. My bloedgroep is A-positief, en volgens die voorskrifte vir 'n A-positiewe dieet, moes my dieet hoofsaaklik vegetaries wees. Ek is nie regtig veronderstel om enige rooivleis, suiwel of graan te eet of om wyn te drink nie. Ek was nog nooit suksesvol met enige dieet, soos hierdie bloedgroepdieet, geen-graan of geen-vet dieet, wat vereis het dat ek iets moes uitsny nie. Die oomblik wat ek iets nie mag eet nie, het ek begin smag en hunker daarna, of ek het eenvoudig heelwat meer, te veel, van alles geëet wat ek wel mag eet. 'n Dieet is veronderstel om volhoubaar te wees, en sulke diëte was vir my vir seker nie — ek kon skaars 'n paar dae op sulke diëte bly.

Nog 'n manier wat ek my gewigsprobleem probeer oplos het, was om hulp te gaan soek by die apteek. Ek sou vir ure vasgenael sit voor die televisie en kyk na die advertensies vir dieetprodukte, en dan daardie produkte gaan koop. Ek het verskeie produkte probeer om my aptyt te onderdruk of om my metabolisme te versnel. Ek het dieet-melkskommels probeer en tablette om voedsel vinniger deur die spysverteringskanaal te stu. Ek het ook al waterafdryfpille probeer en 'n verskeidenheid wat vetverbranding waarborg. Die slegste wat ek al ooit gevoel het, was met die gebruik van die metabolismeversneller-produkte. Die goed het my hartklop so opgejaag, dat ek later my hart in my ore kon hoor klop.

Die blote proses om iets uit die oorweldigende verskeidenheid van diëte, produkte en towerbrousels te kies, was alreeds erg genoeg. Maar 'n keuse was nie genoeg nie. Na daardie keuse moes ek dan deurdruk daarmee en die gewig verloor — week na week, maand na maand en soms sonder einde. 'n Proses wat moeiliker was as om 'n keuse te maak in die eerste plek. Ek kan die proses die beste beskryf deur dat dit is soos om 'n albaster deur 'n doolhof te probeer navigeer. Soms rol mens terug, soms gaan jy by 'n gangetjie af waar jy nie moes nie en raak jy weer die pad byster. Dis asof jy net nooit by die holte uitkom waar die albaster uiteindelik in pas en tot ruste kan kom nie.

Ek is 'n sagteware-ingenieur. In die Rekenaarwetenskap, noem ons hierdie tipe van probleme NP-C (Non-polynomial Complete) probleme. In leke terme beteken dit dat wanneer jy 'n oplossing het vir die probleem, dan is dit maklik om te verifieer dat die oplossing inderdaad wel 'n oplossing was. Iemand wat reeds gewig verloor het, kan maklik na die tyd sê, "Ja, hierdie het vir my gewerk. Dit het my probleem opgelos."

Terwyl dit maklik is om 'n oplossing te verifieer, is daar geen maklike manier om 'n oplossing te vind nie. Die aantal permutasies van oplossings en moontlike oplossings is eenvoudig te groot vir enige polinoom-algoritmes om deur te werk. Die beste manier om 'n oplossing te kry is om te skat of te raai. Om gewig te verloor is egter nie 'n wiskundige probleem nie; ek kon nog nooit enige algoritme gebruik om my gewigprobleem mee op te los nie.

Ek het gereeld gedroom van die eendag, ver in die toekoms, wanneer ek sou maer wees. Ek het my teikengewig gesien as hierdie magiese plek wat ek sou bereik en waar alles net perfek sou wees vir altyd daarna en waar ek nooit weer gewig sou optel nie. Nog nooit is daar 'n groter leuen vertel nie. En tog is dit hoe 'teikengewig bereik' aan my verkoop was — en hoe dit verkoop word aan baie ander mense ook. Om 'n mens se teikengewig te bereik, word beskryf as die wenstreep, en jy gaan vir altyd aan die wenkant van hierdie wenstreep bly. Die realiteit is egter dat die albaster maar net tydelik die holte gevind het, en nou lê en wag vir die volgende ruk of stamp om weer uitgeslaan te word en af te rol in die doolhof. Ek het nog altyd gevind dat daar vir my maar baie min te hoop was in die gewigsverlies spel.

In Desember 2019, het ek myself bevind aan die einde van my reis om tagtig kilogram te verloor; ek het gewonder waar kan ek 'n bietjie gom kry om hierdie albaster permanent in sy gaatjie vas te gom. Ek was nie seker wat ek kon doen om te keer dat die volgende stamp op my lewenspad hierdie albaster nie weer sal uit slaan nie.

Daar is massas inligting beskikbaar om gewig te verloor — so baie dat dit op sigself 'n oorweldigende probleem is. Tog, daar is bykans niks oor hoe om 'n massiewe verlossing soos tagtig kilogram, af te hou nie. Die algemeenste siening oor die instandhouding van gewigsverlies, is dat dit onmoontlik is ... dat mense wat so baie verloor het, dit heel waarskynlik weer sal optel — met rente. Eenkeer 'n vettie, altyd 'n vettie.

Ek het geweier om hierdie siening vir evangelie te aanvaar. Vir die eerste keer ooit was ek op my teikengewig, ek het bitter hard gewerk om daar uit te kom. Waarom moet ek aanvaar dat ek dit maar net weer gaan optel?

Toe dit vir my duidelik raak dat ek nie slegs op my sterk wilskrag kan staatmaak nie, en voordat ek dit nog met Berader kon bespreek, het ek uit frustrasie en in my soeke vir antwoorde, begin skryf. In my eerste aanlyn-artikel het ek die volgende vrae gestel:

"As jy wat hierdie lees, 'n persoon is met 'n 'normale' gewig, wil ek graag die volgende weet: Hoe bly maer mense maer? Dink jy ooit aan jou dieet? Weeg jy jouself ooit? En indien wel, hoe gereeld? Ek kom van 'n oorgewig familie, al wat ek nog my hele lewe lank ken, is hoe om vet te wees ..."

Intussen, en na baie introspeksie, het ek besef dat die groep mense wat ek sien as mense wat nog nooit met hulle gewig gesukkel het nie, en die ander groep mense, vorige vetties soos ekself, speel nie dieselfde speletjie nie. Ek is die albaster wat wag in die holte om weer uitgestamp te word deur die lewe. Die mense wat nog nooit met hulle gewig gesukkel het nie, weet nie eers van hierdie doolhof nie — hulle was nog nooit in die gewigsverlies-doolhof nie. Ek het my gewig-instandhoudingreis begin deur die verkeerde vrae te vra. En ongelukkig gaan selfs die regte antwoorde op die verkeerde vrae nooit my probleem oplos nie. Ek moes eerder gevra het:

"Hoe het ek in die doolhof beland?"

Die Haarnaalddraai

Sondag, 5 Februarie 2017 — my oudste seun was lid van die swemspan en ek is saam met hom by 'n swemgala, terwyl my man tuis na ons ander drie kinders omsien. Hierdie galas is ongelooflik bedrywig. So baie ouers. So baie kinders. So min spasie. Ek het altyd probeer om so vroeg as moontlik op te daag sodat ek 'n sitplek kon kry. Eintlik het ek twee sitplekke nodig gehad, anders het ek seer sekerlik bly staan vir die duurte van die hele byeenkoms. Om te staan was nie iets wat ek in besonder baie van gehou het nie — nie wanneer ek een-honderd-vyf-en-sestig kilogram weeg nie.

Vir jare het ons huisarts vir my gesê dat ek gewig moet verloor. Sy het dit nie alleenlik net vir my gesondheid in die algemeen gesê nie, maar ook spesifiek omdat ek 'n breukoperasie moes kry. Ek het baie ongemak ondervind van my maagbreuke, en dit het 'n uiters nadelige invloed op my gesondheid gehad. Ek wou graag die operasie kon ondergaan, ek wou net so graag gewig verloor — ek het nie gehou daarvan om vetsugtig te wees nie. Ek wou nie vetsugtig wees nie. Dis nie iets wat enige iemand vir hulleself kies nie. Niemand wil vir twee aangrensende oop sitplekke soek by 'n swemgala wanneer dit nie vir hulleself en iemand anders is nie, maar net vir hulleself om dalk redelik gemaklik te kan sit nie. Niemand geniet seer, geswelde enkels met vel wat so dun en uitgerek is dat dit droog en jeukerig word nie — en mens eintlik net onplesierig maak, omdat jy nie eers daar kan bykom om te krap nie. Niemand wil hulle seun se eerste plek in die swembad mis omdat die persoon voor jou so vinnig opgespring het, en jy eenvoudig nie met dieselfde spoed ook kan opstaan om oor sy kop te kan sien nie.

Mens kan altyd 'n breek neem van 'n besige skedule, 'n oorweldigende werksroetine, of 'n dol huishouding; jy kan met vakansie gaan vir 'n week of twee, maar jy kan nie om vetsugtig te wees, onderbreek nie. Dit is die ongelukkige realiteit van oorgewig wees. Om vet te wees verskaf nie die opsie om te sê: "Reg, vir die volgende twee weke, gaan ek my vetpak by die huis los en ek gaan maer wees." Dit werk doodeenvoudig net nie so nie. Om vet te wees is 'n konstante, nimmereindigende oorlog en bron van spanning.

My kinders se skool het 'n gelukbringer, Stoffel. Wanneer ek vir Stoffel sien, dan is ek nooit heeltemal seker van 'n afstand af wie is daardie dag in Stoffel se pak nie. Ek moet nader beweeg om te sien wie daar binne-in is. Wanneer jy oorgewig is dra jy egter jou vetpak saam met jou waar jy ook al jouself bevind, en jy kan nie jou identiteit in jou vetpak wegsteek nie. Nee, almal weet dit is jy! Jy het nêrens om weg te kruip nie; trouens, jy staan waarskynlik uit soos 'n groot, seer duim. Meeste van jou probleme kan jy wegsteek, soos finansiële- of huweliksprobleme, maar probleme met jou gewig kan jy nie versteek nie. Jy dra die skande van jou ekstra vet orals saam met jou.

Omtrent 'n dekade gelede, het ek die storie raakgelees van 'n ontstelde man se uitbarsting teenoor sy oorgewig vrou. Hy het vir haar gesê dat hy nie kan verstaan waarom sy dit nie regkry om gewig te verloor nie. Om gewig te verloor was, volgens hom, eenvoudige Wiskunde. Sy moes net minder kalorieë eet as wat sy verbrand het.

Sulke stories trek en speel met my hartsnare. Nie omdat my eie man dit al ooit vir my gesê het nie. As daar 'n foto in die woordeboek sou wees langs 'onvoorwaardelike liefde', dan sou dit 'n foto van my man wees. Hy het nog nooit vir my gesê dat ek nodig het om gewig te verloor nie. Al vier ons kinders is gebore gedurende die jare wat ek hewig oorgewig was. My man het my altyd ondersteun wanneer ek 'n nuwe dieet wou probeer, en ook wanneer ek nie meer kans gesien het nie en wou ophou dieet. Hy het my altyd mooi en geliefd laat voel, selfs, en veral, wanneer die res van die wêreld my nie so laat voel het nie.

Stories soos bogenoemde, ontstel my omdat dit die stereotipe opvatting aanhits van vet mense wat gesien word as dom en lui. Hoekom kan vet mense nie besef hoe om gewig te verloor nie? Wat is fout met hulle?

Maar as om gewig te verloor 'n eenvoudige wiskundige probleem was van eet minder as wat jy verbrand, dan hoekom is vetsug so 'n groot probleem?

Op daardie Sondag, by my seun se gala, het die gewig van daardie vraag baie swaar op my gemoed kom rus. Hoekom kon ek dit nie vir eens en vir altyd net regkry om gewig te verloor nie. Ek het my pad deur diëte deur gewipplank — keer op keer. Elke keer wanneer ek so bietjie gewig sou verloor, het daardie gewig altyd hulle pad terug gevind — met rente. En ek was altyd die eerste ene om te grap dat 'gewigsverlies een van die beste rentekoerse het wat jy kan kry', terwyl ek eintlik aan die binnekant gehuil het.

Gedurende my jare en jare se wipplank-dieetery, was ek die suksesvolste om gewig te verloor, toe ek Weigh-Less vir die eerste keer gevolg het. Dit was in die tydperk voor en gedurende my swangerskap met my tweede kind. Ek het gewig verloor selfs terwyl ek swanger was met haar, maar het alles weer opgetel nadat ek geboorte gegee het. Die bevalling was moeilik, en ek het vir baie lank daarna met nageboorte-depressie gesukkel; ek kon myself net nie sover kry om weer terug te gaan na die groepbyeenkomste toe nie. En hoe langer ek weggebly het, hoe makliker het dit geword om nie weer terug te gaan nie. Na 'n kort rukkie het ek die pad weer so ver byster geraak, dat ek te skaam was om terug te gaan.

Weigh-Less is beslis verskillend van ander eetplanne in die sin dat dit ook ondersteuning bied in die vorm van die Weigh-Less groep en groepleier. Ek is nie iemand wat daarvan hou om te erken wanneer ek hulp nodig het nie. Ek hou nóg minder daarvan om hulp te aanvaar. So ver as wat dit vir my moontlik is, probeer ek om self reg te kom — dit is nie my begeerte om voor te kom as iemand wat gehelp moet word nie; ek sien dit as 'n teken van swakheid. Om die eerste keer by Weigh-Less aan te sluit was alreeds 'n uitdaging. Ek was glad nie gretig om te erken dat ek hulp nodig het om gewig te verloor nie.

My groepleier daardie tyd, het baie moeite vir my gedoen en ook baie van haar tyd gebruik om met my te praat en my te bemoedig. Ek het ook fantastiese ondersteuning van ons Weigh-Less groep gehad. Die groep was opgewonde oor my dogter se geboorte en wou graag sien hoe ek verder sou vorder met my gewigsverliesreis na haar geboorte. Ek het egter almal, insluitende, en veral, myself in die steek gelaat toe ek nie weer teruggegaan het na my dogter se geboorte nie. Ek het al die gewig wat ek verloor het, en meer, weer opgetel. Ek kon net nie weer teruggaan na my ou groep en erken dat ek 'n mislukking was nie, daarvoor was ek te trots.

Omdat ek gevoel het dat Weigh-Less nie weer vir my 'n opsie was nie, het ek probeer om die gewig wat ek moes verloor vir my breukoperasie, op my eie aan te pak. Ek het in daardie tyd weer dieet-melkskommels probeer, papajapit-pille, verskeie vetverbranding- en metabolisme versnellingskonkoksies. Niks het gelyk of dit werk nie, en alles wat ek dalk sou verloor, het net so vinnig weer teruggekom. Dit het gevoel asof dit my ewige lot is om vet te wees. *Ek was lui, en eenvoudig net nie slim genoeg om te kon insien hoe ek te werk moes gaan om gewig te verloor nie.* Watter ander gevolgtrekking moes mense maak, wat vir jare dophou hoe ek die gewig-wipplank ry? Ek was skaam oor my onvermoë om gewig te verloor.

Die Sondag by my seun se swemgala, soos die noodlot dit ook wou gehad het, het ek besonder erg met my breuke ook gesukkel. Een besondere breuk het veroorsaak dat 'n deel van die derm heeltyd daar bly vassit. Ek het dit gedurig probeer terugdruk, maar minute later het dit weer deurgeglip.

'n Oorgewig vriendin het langs my gesit en sy kon sien dat ek glad nie lekker voel nie. Dit was warm en bedompig langs die swembad. Ek kon voel hoe die sweet poel aan die agterkant van my knieë en tussen my bene. Ek het besef dat ek dieselfde aand die rok wat ek aanhet sou moes was en droogkry — dit was die enigste rok wat nog vir my gepas het. Ek het my maag bly vashou. My seun het so goed geswem en het bly medaljes wen. Ek wou net sy swem geniet en trots wees op hom. Maar ek kon nie. Ek was seer, mislik en ongemaklik. Ek was so diep ongelukkig met myself, en kon nie gelukkig wees vir hom nie. Al wat ek wou hê was om 'n goeie en belangstellende ma vir my kinders te wees — en my gewig het my dit nie eens toegelaat nie.

My vriendin het begin praat oor 'n nuwe dieet wat sy begin het. Sy het voorgestel dat ek dit dalk saam met haar probeer, dan kon ons twee mekaar ondersteun. Ek het skaars na haar geluister. Ek het dit vir seker nie in my gehad om 'n nuwe projek aan te pak en 'n nuwe hoop te begin hoop nie. Ek moes iets begin wat ek geweet het werk. En ek het vir seker ondersteuning nodig gehad, daaroor was my vriendin korrek, maar ek het ondersteuning nodig gehad van iemand wat self al die gewigsverlies paadjie gestap het, en die enigste persoon aan wie ek kon dink was my vorige Weigh-Less groepleier.

Daar was so baie wat ek, as 'n vetsugtige mens, nie kon doen nie. Ek kon nie my skoene self vasmaak nie. Ek kon nie in sommer enige stoel sit of pas nie. Ek kon nie vlieg nie, tensy ek bereid was om vir twee sitplekke langs mekaar te betaal. Sekere voertuie kon ek nie in pas nie. Selfs om my boude van agter af te vee, was 'n probleem. Ja, daar was baie wat ek nie kon doen nie, maar ek kon darem nog 'n oproep maak. Ek het besef dat ek my trots moet sluk, en my vorige groepleier moet kontak. Dieselfde middag nog het ek haar in die hande gekry. Ek sê altyd dat daardie Sondagmiddag daar drie wonderwerke gebeur het:

Ek het genoeg lewensreddende selfliefde oorgehad om my trots te sluk en my vorige groepleier te kontak.

My vorige groepleier het sewe jaar later nog steeds dieselfde nommer gehad — gelukkig! Die week toe ek weer aangesluit het, was ook my vorige groepleier se laaste week, aangesien sy bedank het. Sy was van plan om sendingwerk te gaan doen bo in Afrika.

My vorige groepleier het my nog onthou en het 'n groep gehad wat sy gefasiliteer het, en boonop net 'n klipgooi weg van my huis af, en dít op 'n tyd van die dag wat ek dit sou kon bywoon.

Net twee dae later, het ek weer in my vorige groepleier se groep ingestap, en ek moes kennis neem dat ek net meer as tagtig kilogram gehad het om te verloor. Voor daardie inweeg het ek geen idee gehad hoeveel ek moes verloor nie, my tuisskaal se maksimum dragewig is een-honderd-en-dertig-kilogram. Vir baie jare was ek te swaar vir my tuisskaal om my te kon weeg. Om te moes verneem dat ek tagtig kilogram gehad het om te verloor was 'n massiewe skok. En dit was vir my so verleentheid om te ontdek voor iemand wat my in die verlede gehelp het om baie gewig te verloor. Ek het gevoel asof ek haar tyd gemors het, en dat sy vir my moes kwaad of vies wees. Die harde, koue waarheid daarvan, dat ek die pad so ver byster geraak het, en basies nou 'n volledige 'persoon' moes verloor, was 'n harde en bitter pil om te sluk. Die uitdaging wat voor my uitgestrek gelê het, het onoorkombaar gevoel.

Ek het 'n verhaalontwikkelaar gehad wat saam met my gewerk het aan my manuskrip, om moontlike gapings raak te sien of onduidelikhede uit te wys en help invul. Sy het gevra: "Verduidelik asseblief vir my hoe dit gevoel het toe jy die eerste keer hoor dat jy tagtig kilogram moet verloor? Ek kry nie die volle gevoel daarvan uit dit wat jy sover geskryf het nie."

"Dit het gevoel soos 'n onoorkombare opdrag," het ek haar geantwoord.

"Maar hoe voel onoorkombaar?"

"Onmoontlik. Dit voel onmoontlik."

"Maar hoe voel onmoontlik?"

"Onmoontlik voel asof ek maar net sowel kan huis toe gaan en gaan eet ..."

En tog het ek nie. Ek het nie huis toe gegaan en gaan eet asof dit my laaste maaltyd op aarde sou wees nie. Ja, ek het baie afgehaal gevoel. En ja, ek het vir seker gevoel asof ek 'n paar pakke skyfies sou kon verorber. Maar ek het nie. In stede het ek huis toe gegaan en my man vertel wat die massiewe taak was wat voor my lê. Dit was nie 'n maklike ding om te doen nie. My man het skielik die man geword van 'n vrou wat net meer as tagtig kilogram oorgewig was.

Ek besef dat hy dit was, waarskynlik vir jare al, maar om die uitdaging te kon meet en 'n getal daaraan te koppel en dan nog te verwoord, het alles net soveel meer werklik gemaak. My man is die man wat veronderstel was om my begeerlik te vind, met my seks te hê — en daar moet ek hom vertel dat ek tagtig kilogram gehad het om te verloor. Vir seker nie die grootste libido-'booster' wat daar is nie, en ek is seker dis nie die tipe nuus wat enige vrou graag met haar man wil deel nie.

Later in 2017, het ons groep 'n nuwe groepleier ontvang, wat ons groepleier gebly het tot die dag wat ek my teikengewig-sertifikaat ontvang het — twee jaar en tien maande nadat ek begin het. Teen die einde van my eerste jaar wat ek die Weigh-Less program gevolg het, het ek alreeds genoeg gewig verloor om vir my breukoperasie oorweeg te word.

Ons groepleier het daardie tyd ook vir my gevra om my eerste praatjie te lewer tydens 'n oop-vergadering. Ek glo op daardie stadium het sy iets in my gesien, waarvan ek self nog salig onbewus was.

Baie kere nadat ek my teikengewig bereik het, het ek myself afgevra waarom dit dié keer gewerk het. Ek het myself hierdie vraag gevra, omdat ek wou begryp wat dit is wat sou maak dat ek my gewig kan afhou. Was die rede dalk omdat ek so metodies, omgegaan het met 'n plan, om my gewig te verloor? Ek het nooit tagtig kilogram verloor nie; het bloot net tien keer agt kilogram verloor. Of was ek net besonder gemotiveerd omdat ek die breukoperasie nodig gehad het? Beteken dit dan dat al my vorige pogings om gewig te verloor, eintlik net ekstra motivering nodig gehad het om ook suksesvol te kon wees? En wat het my dan laat bly deurdruk na my breukoperasie?

Na baie introspeksie en krap in my psige, dink ek die antwoord het iets hiermee te doen: Dit was die eerste daadwerklike poging om gewig te verloor sedert my ma se afsterwe.

Die Vrees Om Alles Weer Op Te Tel

Die wêreld om my het verander, en ek was nog nooit meer bewus daarvan as juis nou nie.

Mense gaan dood, leiers verander, geboue word opgerig en ander gesloop. Geraas, gebeure, gegons, verandering — alles gebeure wat elke dag om my plaasvind. Ek wat kies om sonder 'n televisie of radio te lewe, en nuus aktief probeer vermy, is gewoonlik maar heel onkundig oor wat in die buitewêreld aangaan. Simpel? Dom?

Maar vandag is daar geen geraas nie. Vandag is stil. Doodstil. Na-apokalipties bangmaak-stil. Die stilte het nie 'n plek nie. Dit staan uit en dit skreeu! Dit is soos een van my kinders wanneer hulle stout is en aandring op my aandag.

Dis die eerste Saterdag van die eerste Covid-inperking. Dis die eerste keer dat ek dit waag om my huis te verlaat. Dit is vroeg in die oggend, en my doel is om vars groente en vrugte te gaan koop. Om groentewinkel toe te gaan is iets wat ek basies elke liewe Saterdagoggend doen. Behalwe vir een ander voertuig van *Martin's funeral home* (ek is doodernstig!), is die pad groentewinkel toe verlate.

Is ek dan die enigste een in die grote Johannesburg wat vanoggend inkopies doen? Dis 'n Saterdagoggend! Wat is die kanse dat dit kan gebeur?

Ek voel asof ek iets doen wat ek nie veronderstel is om te doen nie, asof ek iewers is waar ek nie veronderstel is om te wees nie. Ek is 'n eerlike, wetsgehoorsame vrou, maar die vreemdheid van hierdie oggend is besig om my angstig te maak. Asseblief, moet my nie arresteer nie! Het ek iewers die kennisgewing gemis? Wie se verdomde idee was hierdie geen-nuus strategie nou weer? Was dit my of my man se slim idee? Ek moet hierdie goed gaan koop. Ons het niks opgehoop vir die Covid-inperking nie, en ons het vier kinders. Hulle moet tog eet.

Die groentewinkel self is net so 'n vreemde ervaring. Behalwe vir die werknemers, wat almal gereed sit om mense te ontvang, is daar niemand anders in die winkel nie. Om heel alleen te staan in die groot winkel voel baie verkeerd. Ek sien een van die eienaars en begin met hom gesels. Hy wys my hoe vol hulle rakke is, maar ek kan die besorgdheid in sy stem hoor. Hy is self ook onseker oor of sy produkte gaan beweeg. Ek koop so bietjie meer as wat ek normaalweg sou. As dit nie vir hierdie besondere groentewinkel was nie, sou ek nooit my teikengewig bereik het nie. Een van die ander eienaars is my buurman wat oorkant ons woon, ek is sommer besorg vir sy part ook. As daar een plek is wat die inperking móét oorleef, dan is dit hierdie winkel – anders gaan ek vir seker weer vet word.

Die vorige dag het ek en my man 'n groot uitval gehad. Dit was die eerste dag dat ek probeer het om binne die grense van ons tuin te hardloop. Om binne so 'n klein area kilometers te probeer draf is 'n lawwe ding om te wil doen; die lawwigheid daarvan word gereflekteer op my Garmin-toep, wanneer dit my hardlooproete laat lyk soos die gekrap van 'n drie-jarige wat 'n dik rooi vetkryt beetgekry het. My man het my tuinroete dopgehou en besluit hy is slimmer as dit – hy dink altyd hy is so vreeslik slim. Hy besluit hy gaan eerder hardloop deur uit te gaan by ons boonste hek en dan die kort entjie in die straat af te draf tot by ons onderste hek, en dan weer van daar op te draf na ons boonste hek – 'n effense langer en makliker roete.

Ek skree op hom, "Is jy mal? Iemand gaan sien waarmee jy besig is en jou aangee! Hoekom moet jy altyd kyk hoe jy die stelsel kan fnuik? Wil jy nou regtig hê dat die regering moet kom en sê dat dit ook onwettig is om in ons tuine te mag hardloop? Hoe gaan ek dan oefen? As ek nie kan oefen nie, dan gaan ek weer vet word."

Vet? Die hele wêreld is bekommerd oor 'n virus. Maar nie kiepie nie. Nee, ek is bekommerd daaroor dat ek weer gaan vet word.

Die dag wat ek my teikengewig bereik het, het ek nie uitgegaan en feesgevier nie. Nee, ek het huis toe gegaan en die ete wat ek al die oggend begin voorberei het, vir ons voorgesit vir ete. Die volgende dag het ek wragtig weer opgestaan en myself geweeg, net soos wat ek elke oggend gedoen het sedert my tuisskaal my weer kon weeg. Ek het my ontbytgraan afgeweeg en geëet volgens my formule, so streng as wat ek kon en gedoen het vir die amper drie jaar voor daardie oggend.

Na 'n paar weke van dieselfde gedrag, ek het op 'n stadium begin dink, 'Sekerlik moet daar meer wees daaraan om maer te wees as hierdie?'

Maar ek het nie geweet hoe om myself te bevry daarvan om te dieet nie. Ek was bang dat as ek myself sou laat gaan, al was dit ook hoe min, dat ek alles sou optel wat ek verloor het — al tagtig kilogram!

Twee van my doelwitte vir 2020 was om by soveel Weigh-Less groepe as moontlik uit te kom om my storie te deel, en om te fokus daarop om meer en beter te hardloop.

Beide doelwitte was daar gestel met die doel om myself aanspreeklik te hou en om streng en met verwagting op te tree teenoor myself.

Toe die Covid-inperking ons egter tref, het ek begin paniekerig raak. Ek kon nie meer enige Weigh-Less groepe besoek nie, en my hardloop het ook, letterlik oornag, onwettig geraak. Ek is egter nie iemand wat sommer gaan lê nie, en ek het probeer om 'n plan te maak sodat my 2020 doelwitte nog steeds bereikbaar kon bly. Een van die dinge wat ek begin doen het was aanlyn videos vir my mede Weigh-Less lede se voordeel, maar ek het die video's openbaar gemaak. Hierdie video's het gegroei, meer as wat ek ooit verwag het. En die ander ding wat ek natuurlik aangepak het was om binne die grense van my tuin te hardloop op 'n uitgetrapte veertig-meter lange paadjie.

Ek was van mening dat ek baie innoverend was deur planne te maak om my doelwitte nie uit my bereik te laat glip nie. Ja, ek was, maar my vrees om die gewig weer op te tel, was wat my innovasie gedryf het. Dit was nie volhoubaar nie.

Toe ek een van my vriende vertel van my vrees vir weer gewig optel, was sy antwoord, "Ja, jy moet bang wees daarvoor."

My vriend is ongelooflik slim en het self vir jare gesien hoe ek met my gewig wipplank ry. Ek het aangeneem dat hy reg is, en dat ek dit moet vrees as ek wil keer dat ek weer gewig optel. Ek het so dikwels gefaal en die pad verloor ... Ek sou altyd, vir die res van my lewe, mooi moes kyk en myself goed dophou om te verhoed dat dit weer gebeur. Dissipline! Dis wat ek nodig het. Ek sal eenvoudig bly dieet vir die res van my lewe.

Maar wat doen vrees aan 'n mens? Vrees maak dat jy wil baklei, of vrees maak dat jy niks wil doen nie en vries. Om te vrees en om die hele tyd met daardie vrees gekonfronteer te word, gaan veroorsaak dat jy oplaas handdoek ingooi en weghardloop. Ek wou met hierdie vrees van my baklei, dis wat ek gevoel het die regtig ding is om te doen — en ek het gevoel dat die enigste manier om te kon baklei, was om permanent so perfek en gedissiplineerd as moontlik te wees.

Ek sou my formule tot die letter bly volg.

Ek sou bly oefen.

Ek sou nooit afdwaal van die pad nie.

Maar, ek is ook net 'n mens. Eendag is eendag en dan gaan ek faal. En op een of ander manier gaan ek moet vrede maak met die feit dat ek nie altyd perfek kan wees nie. Kan ek maar net goed wees? Sal dit voldoende wees?

Die Een Ding Wat Die Meeste Uitstaan

Ek weet nie wat die beginpunt van my storie is nie.

Moet ek dalk begin daar waar ek die eerste keer begin gewig optel het? As 'n mens in ag neem dat ek 'n oorgewig kleuter was en nie 'n tyd in my lewe kan onthou toe ek nie oorgewig was nie, dan voel dit nie vir my soos 'n baie logiese punt om by te begin nie.

Miskien moet ek by die begin van my reis om tagtig kilogram te verloor, begin. Dit sou seker sin maak, maar my storie gaan nie oor hoe om gewig te verloor nie. Daar is reeds 'n magdom inligting daaroor, ek wil nie net nog 'n stemmetjie wees tussen daardie geraas nie.

My storie gaan oor introspeksie. Dit gaan ook oor selfliefde, skuld, skaamte, vrees, oordeel, en soveel meer. My verhaal gaan oor gesond word, en ek kies om dit te begin vertel van waar my genesing begin het.

Dit was 'n Dinsdagmiddag. Gewoonlik is 'n Dinsdagmiddag my besigste middag van die week. My kinders het swem-, dans- en kunsklasse, en ek het my weeklikse inweeg en groeppraatjie. Hierdie Dinsdagmiddag was egter glad nie besig nie. Ons was steeds in 'n streng Covid-inperking en kon nêrens heen gaan buite ons huis nie. Swem-, dans- en kunsklasse was almal gekanselleer of het aanlyn plaasgevind waar moontlik. Selfs my inweeg het aanlyn gebeur.

Hierdie besondere Dinsdagmiddag was eintlik baie rustig. Ek het vroeër daardie middag begin om 'n boek te lees, en ek was van plan om later te gaan draf op my tuinroete — om 'n boom in my voortuin.

Die boek wat ek daardie middag begin lees het was een van Berader se boeke. Hy het al sy elektroniese boeke vrylik beskikbaar gemaak vir die duur van die inperking. Hierdie was die eerste van sy boeke wat ek besig was om te lees.

Streng gesproke was Berader toe nog nie my berader gewees nie. Ek gaan egter na hom so verwys van meet af, dit is immers wat hy uiteindelik geword het. 'n Paar weke voor Suid-Afrika se president ons Covid-inperking aangekondig het, het ek myself en my man ingeskryf vir een van Berader se kursusse. Hy is 'n seksterapeut en komediant, 'n fassinerende kombinasie.

Die kursus waarvoor ek ons ingeskryf het, was sy paartjie-mentorskapprogram wat spesifiek ten doel het om langtermynverhoudings soos huwelike, te verryk. Ek en my man was op daardie stadium al amper sestien jaar getroud en het vier kinders gehad. Ek het ons ingeskryf vir die pret daarvan en omdat huweliksgeluk nie iets is om ooit as vanselfsprekend te aanvaar nie. Selfs, en veral, nie na sestien jaar en vier kinders nie.

Ek is baie lief vir lees en hou ook daarvan om video's te kyk en na motiveringspraatjies te luister. Ek is 'n goeie leser en luisteraar. Soms voel ek soos 'n spons wat net kennis soek om op te slurp. Met aandag en entoesiasme sal ek lees en luister, en dan vir ure, partykeer selfs dae en weke, op my nuwe kennis broei.

Een van die goed wat ek gereeld doen, is om die een aspek van 'n stuk of 'n gesprek wat die meeste uitstaan, te kies. Hierdie 'een ding' is nie veronderstel om dit wat ek pas gelees of gehoor het, op te som nie. Dit is net een lyn, woord, of gedagte wat geresoneer het met my en dan besig is om uit te broei.

Uit die gedeelte wat ek daardie Dinsdagmiddag besig was om te lees, het die storie van hoe Berader sy vrou ontmoet het, regtig vir my uitgestaan. Dit was 'n pragtige, opregte en heilsame storie wat hy so mooi vertel het. Ek het ook my eie storie gehad van hoe ek my man ontmoet het. My storie was dalk so effens hartseer, en nie heeltemal so heilsaam nie, maar dit was tog ook 'n mooi storie.

Ek het my man ontmoet toe ons albei maar sestien jaar oud was. Hierdie ontmoeting was gedurende die middel van ons graad tien-jaar en met die begin van 'n nuwe skoolkwartaal. My man en sy familie was nuwe intrekkers in ons dorp en skool. Daardie dag, gedurende ons saalopening, het ons skoolhoof gevra dat al die nuwe kinders asseblief moes opstaan sodat die res van ons kon sien wie hulle is. My man was natuurlik een van die kinders, en het ook opgestaan. Toe ek hom die eerste keer sien, het ek oombliklik geweet dat dit die man was met wie ek eendag sal trou; dit het my net so 'n paar jaar geneem om hom ook van hierdie siening te oortuig.

Op daardie stadium in my lewe was ek aansienlik oorgewig en sielsongelukkig. Ek was ook in konflik met God oor goed soos my fisiese voorkoms en my tekort aan vriende. Alhoewel ek nog gebid en my Bybel gelees het, het ek God nie as goed ervaar nie. Dalk was Hy goed vir ander, maar net nie vir my nie?

Ek was ongelukkig by die skool. Ek was selfs nog meer mislik by die huis gewees. My tiener-hormone het my ook deurmekaar gehad, en die beloftes wat ek gevoel het die lewe vir my inhou, het my eintlik net gefrustreer. Ineens, amper asof uit die bloute uit, het iemand by my lewe ingeloop wat dit 'n hele nuwe doel en uitdaging gegee het. Ek was tot my ore toe verlief, en dit was 'n wonderlike en vreemde, nuwe gevoel.

Een van die dinge wat ek gedoen het om my man se hart te wen, was om met my eerste dieet te begin. Ek het hierdie dieet self uitgedink, en dit het behels om eenvoudig die helfte of 'n kwart te eet van die kos wat my ma vir ons voorberei het. Dit was die enigste plan waaraan ek kon dink wat nie ekstra moeite vir my ma sou veroorsaak nie. Die laaste ding wat ek wou doen was om iets te doen wat nie my ma se goedkeuring sou wegdra nie. My ma het in elk geval altyd so aangegaan oor my gewig, sy het dit verwelkom dat ek iets daaromtrent wou doen.

My dieetplan het heel goed gewerk, ek het mooi verloor gedurende die laaste gedeelte van my graad tien-jaar en vir 'n groot deel van my graad elf-jaar. Aan die einde van my graad elf-jaar is beide ek en my man verkies as prefekte. Ek was nie gekies omdat ek so gewild was nie, maar omdat ek akademies baie sterk was en jaar na jaar eerste in my graad behaal het. Gedurende ons prefek-inhuldigingsete het dinge tussen my en my man begin vlam vat; ons het kort voor Valentynsdag aan die begin van ons graad twaalf-jaar 'amptelik' begin uitgaan — ek het uiteindelik 'n kêrel gehad!

Gedurende skoolure kon ons 'n paartjie wees, maar wanneer ek by die huis was, sou ek dit hewig ontken indien my ouers ooit die onderwerp sou aanroer. Ek het altyd daarna gestreef om te werk vir my ouers, veral my ma, se goedkeuring, maar my verhouding met my kêrel was nie iets wat ek bereid was om op te gee ter wille van hulle goedkeuring nie. My ma wou nie gehad het dat ek by enige romantiese verhoudings moes betrokke wees nie; sy het gevoel dat ek uitsluitlik op my studies moes fokus. Ek het gevoel dat ek reeds baie goed vaar en dat ek afleiding kon bekostig. Dus, om enige konflik te vermy, het ek my verhouding met my kêrel geheim gehou vir my ouers.

Ek is direk na skool universiteit toe. My kêrel het ingeskryf vir 'n diploma kursus en het slegs twee blokke weg gewoon van die koshuis waar ek tuisgegaan het. My universiteitsjare was by verre die beste jare van my lewe, en ek kyk nou nog terug daarna met goeie herinneringe. Dit was so bevrydend om uiteindelik in 'n verhouding met my kêrel te kon wees, sonder om dit die heeltyd te moet ontken of wegsteek.

Die jeugpredikant by die kerk waarheen ek op kampus veronderstel was om te gaan, het ek reeds geken. Dit was gerusstellend om 'n bekende gesig te sien, en hy was 'n wonderlike mens, maar hy het baie saam met my ma gewerk in die jare toe sy skriba by die kerk was, toe ek nog op laerskool was. Elke keer wanneer ons sou gesels, het die gesprek onvermydelik in die rigting van my ma beweeg. Hy sou vra hoe dit met haar gaan, en dan gereeld iets sê oor wat 'n wonderlike mens sy was en hoe gelukkig ek was om so 'n ma te hê. Ek kon net nie bly glimlag en voorgee nie, en daarom het ek besluit, met die oneindige wysheid van 'n negentienjarige, dat die beste manier om sulke gesprekke te vermy was om eenvoudig op te hou kerk toe gaan.

Ongelukkig — en ek trek hierdie vergelyking met oneindige respek — is om op te hou kerk toe gaan, amper dieselfde as om op te hou om na jou Weigh-Less groep toe te gaan. Na 'n rukkie raak dit maklik om nie te gaan nie. Dit raak selfs makliker as jy al jou naweke in die koshuis spandeer, omdat jy nie wil huis toe gaan, waar jy weet jy op 'n Sondag geforseer gaan word om 'n kerkdiens by te woon nie. Wanneer daar niemand is om toe te sien dat jy gaan nie, sal niemand weet dat jy opgehou het om te gaan nie.

Ongelukkig is geloof en gewigsverlies beide goed wat mens moeilik op jou eie kan doen. Jy het die ondersteuning nodig van iemand met meer insig, wysheid en ervaring, en jy het die gemeenskap nodig om op te steun, vir wie jy kan teruggee.

Die resultaat daarvan om vir so 'n lang ruk nie kerk toe te gaan nie, was dat vir my universiteitsjare, en vir baie jare nog daarna, ek ver verwyder van God af gevoel het. Ek was 'n Christen, was grootgemaak in 'n Christelike huishouding en ek het my Bybel redelik goed geken. Maar daardie jare was werklik 'n tyd van my lewe waarin ek gevoel het dat ek geen verhouding met God gehad het nie, en dat 'Christen' maar net iets was wat ek sou invul op 'n vorm in die geloof boksie.

Met die verhouding tussen my en my kêrel het dit egter baie goed gegaan. Ek het al die gewig opgetel wat ek gedurende my laaste paar jare van skool verloor het, maar dit het glad nie gelyk of dit hom gepla het nie. Hy was lief vir my en het my aanvaar net soos wat ek was, al het ek hoe gelyk, en dit het my so gelukkig gemaak.

Gedurende my tweede jaar op universiteit, het ons besluit dat ons nie wou wag tot ons troue om ons verhouding tot 'n seksuele vlak te neem nie. Het ek jou hoor snak na jou asem met hierdie bekentenis van my?

Dit is wat ek myself verbeel mense doen wanneer hulle hierdie stukkie sal lees, en dalk sê dit meer van myself as van enige iemand anders? Ek voel dis belangrik om ook te onthou dat selfs vandag, na nou amper sewentien jaar van getroud wees, is ons nog steeds mekaar se eerste en enigste bedmaats — wat ek glo 'n raar ding is vir meeste paartjies in die wêreld. Ons was beide geleer, dalk bang gemaak, om te wag tot ons getroud is, maar op daardie stadium van ons verhouding het dit vir ons gevoel soos die regte volgende stap.

Ek vermoed dat 'n paar van ons vriende vermoed het wat aangaan, maar ons het besluit om dit met niemand te bespreek nie, veral nie met ons ouers nie. Ek het ook nooit met enige van my vriende of selfs my susters daaroor gepraat nie.

Omdat Berader se storie in sy boek so 'n indruk op my gemaak het, en ek pas hulle verhaal klaar gelees het, het ek besluit om hoe ek en my man ontmoet het, met Berader te deel. Maar nie net die verhaal alleen nie, ook die groot geheim wat ek vir baie jare al saam met my dra. Dit sou die heel eerste keer wees dat ek die geheim met enige iemand anders sou deel. Vir my was dit op daardie tydstip 'n groot aanduiding van die vertroue en gemaklikheid wat ek alreeds teenoor hom gevoel het.

Dalk is beraders van nature so, of hulle word so geleer, dat hulle inligting uit mense kan trek. Of miskien het my hart net so swaar gevoel van die geheim, en het Berader se heilsame verhaal my laat voel dat ek dit van my hart moes afkry? Of dalk wou ek net gehad het dat iemand met kennis oor die onderwerp moes bevestig dat ek wel 'n vrot appel was? Ek het vir seker gevoel soos 'n vrot appel. Hoe dit ook al sy, en vir watter rede ek ook al besluit het om met die hele sak patats uit te kom, kort na my bekentenis het hy teruggeantwoord met die volgende boodskap, "Pragtige storie, maar hou asseblief dadelik op om skuldig te voel oor voorhuwelikse seks."

Berader het sy loopbaan as 'n jeugpastoor begin; ek het een of ander vorm van oordeel van hom af verwag. Die geheim wat ek meet hom gedeel het was die grootste en intiemste geheim wat ek nog ooit met enige iemand anders gedeel het. Vir my was dit die rooiwynvlek op 'n andersins vlekkelose huwelik. Sy terugantwoord het my verras, en ek het verslae die volgende teruggestuur: "Dit gaan nie so 'n maklike ding wees om te doen nie."

"Hoekom?" het hy gevra.

Moes ek regtig vir hom verduidelik dat voorhuwelikse seks sonde was? Sekerlik nie? Sekerlik het hy dit geweet, hy het dan teologie studeer. Een van die groot redes waarom ek vir sy kursusse ingeskryf het, was omdat dit gegrond was op Christelike beginsels — iets wat belangrik was vir my omdat ek na baie jare uiteindelik weer gevoel het asof ek besig was om my verhouding met God te herstel.

Ek het geantwoord: "Want dit is verkeerd. Ons word geleer dat seks bedoel is vir 'n langtermyn, toegewyde verhouding, soos die huwelik. Nie vir 'n 'net langer as twee jaar'-verhouding met mens se eerste kêrel nie."

"Wanneer ek na jou en jou man se storie luister, klink dit vir my of julle in 'n langtermyn toegewyde verhouding was. Ek wil hê dat jy vir jou man moet dankie sê vir voorhuwelikse seks en dat hy getrou was aan jou. En jy moet ophou om skuldig te voel hieroor," ontvang ek sy antwoord.

Dit sou soveel makliker gewees het as hy my maar net geoordeel het in sy eerste antwoord. Of hy het baie keer 'n duimpie teruggestuur om tyd te bespaar. Gewoonlik het hierdie duimpies my baie gepla, maar daardie dag sou ek eintlik een verkies het.

My rustige Dinsdagmiddag het skielik baie interessant geraak. Ek was glad nie van plan om so baie te dink en introspeksie te doen nie. Veral nie na die erkenning van so 'n groot geheim, wat ek gevoel het 'n sonde was, aan iemand wat eintlik op daardie stadium nog 'n vreemdeling was nie. Kon hy nie maar net gesê het dat dit wel 'n sonde was en my gelos het om daaroor skuldig te voel nie?

Ek was reeds aangetrek vir die draf wat ek daardie middag wou aanpak, en het teruggeantwoord: "Ja, ons was so toegewyd aanmekaar as wat twee twintig-jariges seker kon wees. Maar dit was geen waarborg dat ons wel sou trou nie. Nie dat die huwelik in elk geval met enige waarborge kom nie. Oukei, ek sien jou punt. Maar ek kan nie insien hoe ék ooit by 'n punt gaan kan uitkom, dat ek hierdie sal beskou as iets om oor dankbaar te wees nie. Ek sal moet gaan dink hoekom hierdie my na soveel jare van getroud wees, so baie pla dat ek nog steeds daaroor skuldig voel. Ek voel dis iets wat ek behoort weg te steek, selfs met beide my ouers wat al oorlede is. Kon jy nie maar vandag net 'n 'thumbs-up' teruggestuur het nie? Ek verkies soms wel daardie antwoorde; hulle verg minder dinkwerk van my. Ek moet nou gaan draf. Dit sal my tyd gee om te dink. Ek sal terugkom na jou."

"Die beste manier om stof los te maak," het Berader gesê.

Ek vermoed hy het toe alreeds 'n idee gehad hoe hierdie gesprek sou uitdraai.

My drafsessie daardie middag was een van die moeilikste wat ek al in my lewe gehad het. So baie ou en vergete emosies het hulle pad uit donker areas van my siel gevind. Ek moes 'n paar keer stop en myself eers weer kalmeer voordat ek kon voortgaan en einde ten laaste het ek opgegee en my draf kortgeknip. Daardie draf het baie stof en spinnerakke los geskud; ek sou verkies het dat hulle eerder in plek gebly het.

Nadat ek my gedagtes mooi georden het, het ek Berader teruggeantwoord. "Ek het besef dat dit glad nie die voorhuwelikse seks is wat my pla nie. Dit is al die geheimhouding en leuens wat ek vir my ouers vertel het. En dan ook al die redes waarom ek gevoel het ek moes dit doen. Ek leer my kinders dat hulle behoort te wag tot die huwelik, of ten minste vir 'n toegewyde verhouding, voordat hulle met seks begin eksperimenteer. My doel was nog altyd om so oop en eerlik as moontlik met hulle te wees, en as hulle my eendag sou vra of ons gewag het, dan sal ek hulle die waarheid vertel. Ek wil nie skynheilig wees nie. Ek wil graag 'n oop kommunikasiekanaal met hulle hê en dat hulle moet weet dat hulle alles met my kan kom bespreek. Dit was iets wat ek nooit gehad het met my ma nie."

Dis wat Berader toe sê, wat my laat voel het asof ek in 'n klein bondeltjie wil opkrimp en wegkruip vir die res van my lewe.

"Oukei, so nou is ons by 'n nuwe onderwerp: 'Jou verhouding met jou ma'. Vertel my meer ..."

Om Die 'Eggenoot Kaart' Te Speel

Dit was nooit my bedoeling om vir berading te gaan nie. Ek het nooit telefoonnommers of e-posadresse van enige beraders gaan opsoek nie. Ek het nooit vir verwysings of aanbevelings gevra nie. Ek kan met sekerheid sê dat berading, gewis nie iets was wat ek ooit oorweeg het om te doen nie.

Berading het egter my lewe vir my teruggegee — iets wat ek eintlik nog nooit ervaar het nie, want ek glo nie ek het al ooit regtig my lewe "gehad" nie. Die proses van berading en die algehele toewyding wat ek van my kant af gebring het, het my laat besef wie en wat ek werklik is. Maar om saam met 'n berader te werk was ook een van die mees uitdagendste dinge wat ek nog ooit nodig gehad het om aan te pak. Ek moes 'n vreemdeling toelaat om te sien wat die skuld, skaamte en seer was wat deel van my siel uitgemaak het, en dan, omdat ek maar net 'n doodgewone mense is, het ek sy oordeel daaroor, en wie en wat ek is, gevrees. Dit is nie asof ons 'n deurtjie het tot ons psige wat ons eenvoudig maar net kan oopmaak om so alles uit te laat nie. Baie keer is ons self nie eers bewus van hierdie probleme of die oorsprong van ons probleme nie. Om saam met 'n vreemdeling te werk om diepliggende kwessies op te spoor, en daardie probleme in die oë te moet kyk, is harde werk. Ek het emosionele wortels gehad waaraan ek moes gaan grawe, krap, sny en uitblaas. Met tyd moes ek myself so weerloos maak dat die pyn om iets te deel vir my meer gevoel het as die pyn wat daar reeds was.

Ek kan nog goed my tweede beradingsessie onthou. Ek het so gebewe dat ek skaars 'n ordentlike, 'Hoe gaan dit?-sin' aanmekaar kon las. Voor elke beradingsessie, het ek altyd so bietjie beplan — ek was altyd angstig dat ons niks sou hê om oor te praat nie — en ek het geweet dat vir daardie sessie was daar 'n groot bekentenis wat ek van my hart moes afkry. Ek was oortuig daarvan dat as ek dit vir Berader sou sê, sy woorde terug sou wees, "Nee kyk, so kan dit nie aangaan nie! Dis tyd om jou na 'n ander berader toe te verwys." Tog het hy nie.

Hy het aan die begin van die sessie al agtergekom dat ek nie rustig was nie, en het besluit om die sessie met 'n gebed en 'n paar kalmerende woorde te begin — iets wat hy nie normaalweg gedoen het nie. Sy pogings om die atmosfeer ligter te maak het gehelp, maar ongelukkig nie gekeer dat ek 'n paar keer baie diep moes asemhaal voordat ek met die hele sak patats uitgekom het, oor wat my so gepla het nie. En dit het eers aan die einde van ons sessie gebeur — pure marteling!

Toe Berader my gevra het dat ek hom meer moes vertel oor my verhouding met my ma, het ek teruggeantwoord dat ek dit nie kon doen nie. Daar was eenvoudig net te veel om te sê. Ek het gesê dat ek vir hom 'n e-pos sou skryf met die hele storie in. Daardie e-pos het ek nog dieselfde Dinsdagaand uitgetik en gestuur. Ek moes die gewig van die e-pos uit my gedagtes kry voordat ek aan die slaap kon raak.

Wanneer ek nou teruggaan en weer daardie e-pos lees, dan kan ek sien hoeveel ek gegroei het sedertdien. Daardie e-pos was feitelik en koud gewees; ek kan sien hoe ek tussen die lyne en agter die feite probeer wegkruip het en nie wou toelaat dat Berader my regte emosies sien nie. Maar, ten spyte van my beste pogings om die storie so puntsgewys en emosieloos as moontlik oor te dra, het hy gemaklik tussen die lyne gelees, en die Vrydagmiddag gevra dat ek asseblief kom vir 'n paar beradingssessies. Ek het baie sterk daarop gestaan dat ek geensins oortuig was dat dit 'n goeie idee was nie.

Dit mag dalk die eerste keer gewees het wat ek ooit berading oorweeg het, maar ek was nogal redelik seker dat berading nie veronderstel was om so om te werk nie. Sover as wat ek van bewus was, was die kliënt veronderstel om die beradingsessies te inisieer, en nie anders om nie. Tog is dit nie hoe dit in my geval gewerk het nie — en ek is bly dit het nie. Ek is seker dat as dit nie was dat Berader sessies van sy kant af voorgestel het nie, sou ek nooit vir berading gegaan het nie. Hoe sou ek andersins ooit by die punt uitgekom het wat my sou laat besef dat berading die roete was wat ek behoort te volg? Ek glo dat my en Berader se paadjies bedoel was om te kruis soos en toe dit het. Wanneer ek nou terugdink aan hoe alles uitgewerk het, dan laat dit my met hoendervleis en 'n ongelooflike gevoel van dankbaarheid.

My eerste objeksie teen berading was dat dit waaroor Berader gevoel het ons moet praat ou koeie was — stokoud. Ek kon eenvoudig nie insien wat die voordeel daarvan was om sulke ou koeie te gaan loop en uitgrawe nie, veral met die dat beide my ouers en my sussie alreeds oorlede was. Watse verskil sou dit tog nou maak? Ek was wel vir jare al nuuskierig gewees oor hoekom ek nooit gerou het na my ma en my sussie se afsterwe nie. My gevoel was dat omdat ek gewoonlik die pakesel was vir die al die werk wat gedoen moes word gedurende daardie tye, dat ek maar net eenvoudig te besig was om te rou. Berader het gevoel dat om hierdie ou wonde te gaan oopgrawe 'n ligtheid en vryheid tot my siel sou bring; dat my hewige besware daarteen om die verlede oop te krap, dalk juis 'n indikasie vir my behoort te wees, dat dit juis is wat ek moet doen. Ek het nie sy argumente baie oortuigend gevind nie.

Na heelwat heen en weer kommunikasie oor die voordele van berading, het Berader 'n kaart gespeel wat my oortuig het om berading wel te probeer. Ek noem dit 'Die Eggenoot-kaart'. Hy het voorgestel: "Vra jou man hoe gereeld hy jou beleef as iemand wat onnodige skaamte en skuld saam met haar dra. Hoe gereeld gebeur dit dat jy oorreageer of vinnig op die verdediging is?"

Baie maande later het ek eers erken dat, was dit nie dat ek geglo het dat om vir berading te gaan tot my man se voordeel sal wees nie, ek waarskynlik in die eerste plek nie sou gegaan het nie. Dit was nooit my opinie dat ek werd was om beraad te word nie; ek het wel geglo dat my man 'n emosioneel stabiele vrou verdien het. My man het my besluit om vir berading te gaan nogal mooi verwoord op 'n stadium. Hy het gesê dat berading soos 'n stukkie skuld-aas is wat ek sommer gulsig ingesluk het.

Berading was egter nooit 'n blaam-speletjie nie. Dis ook hoegenaamd nie my bedoeling om links en regs mense te begin verkwalik deur my skryfwerk nie. Dr Brené Brown sê in haar TED praatjie oor skaamte,

'(Om te blameer) is 'n manier om ontslae te raak van pyn en ongerief.' As dit wel die geval is, dan is dit geen wonder dat so baie van ons se eerste reaksie op pyn en ongerief is om iemand te kies om te blameer nie.

My kinders is sommer eksperts in die blaam-speletjie. 'Dit was nie ek nie! Dit was ...!', is iets wat baie in ons huis geskree word, en dan moet ek of my man agter die kap van die byl probeer kom – eintlik help om die skuldige party te vind, of selfs 'n skuldbekentenis uit te dwing – nie om die skade van die byl ongedaan te maak nie. Die beste wat ons kan doen is om te probeer red wat te redde is.

Dit sou so gerieflik gewees het om in my storie iemand te kon blameer, en dan daardie persoon die skade te laat kom herstel het. In my geestesoog sien ek hoe die blaam-towerstaf sommer in een veeg al my pyn en ongerief kon kom uitvee het. Maar natuurlik werk dit nie so nie, nè? Die skade wat aangerig is, het oor baie jare gebeur, en kon nie eenvoudig net reggemaak word nie.

Miskien moes ek sommer van meet af gestel het: Niemand tel sommer net tagtig kilogram aan massa op nie. Daar moet iets ernstigs verkeerd wees met iemand wat dit aan hulleself doen. Baie mense hét dit vir my probeer uitwys oor die jare, maar ek het hulle nie geglo nie. Ander mense het weer gedink dat my probleem maar bloot net 'n selfbeheersing probleem is, of dat ek sommer net lui was. Ek het hierdie mense eerder geglo, en dan myself as lui, ongemotiveerd en 'n mislukking geëtiketteer. Vir die grootste deel van my lewe, het ek geglo dat om vet te wees, in my gene was – my lot in die genetiese lotery. Diëte sou werk, of nie werk nie; hoe dit ook al sy, ek kon nooit enige gewig afhou nie. Ek het altyd wipplank met my gewig gery.

Dit was eers nadat ek tagtig kilogram verloor het, dat ek begin antwoorde soek het oor waarom gewig vir my so 'n groot probleem is. Hoekom kon ek dit net nie regkry om maer te word en maer te bly nie? Ek het geen begeerte om tagtig kilogram weer op te tel nie – dit was werklik harde werk om dit in die eerste plek te verloor. Maar ek is bevrees dat met my wipplank-diëter etiket, is die optel van daardie tagtig kilogram dalk my noodlot?

Ek kan niemand blameer vir my gewig nie – ek plaas daardie skuld op my skouers en my skouers alleen. Niemand het my forseer om te eet nie. Niemand het my aan 'n bank vasgemaak sodat ek nie kon opstaan en gaan oefen nie. Sekere omstandighede het my in 'n posisie geplaas waar ek gevoel het dit enigste oplossing vir my probleme is om te eet. My seer en emosionele onstabiliteit het ook nie nét uitgekom in die vorm van vet nie. Ek het ook probleme daarmee om op my kinders te skree, om te bestuur, om in beheer te wees van 'n situasie, om 'n perfeksionis te wees, en meer. Maar geen van my probleme was so ooglopend sigbaar as wat my gewigsprobleem was nie. Die ander kon ek nog wegsteek, of maniere kry om daar óm te werk, maar ek kon nie 'n ekstra tagtig kilogram by die huis los in 'n kas nie.

Daar was ook nie net een gebeurtenis, geleentheid of omstandigheid wat die wortel van al my probleme was nie. Ek is nie eers seker of ek al ál die oorsake gevind het nie. Maar ek is van plan om die oorsake waarvan ek wel weet te bespreek. Wat hierdie oorsake of wortels dan mag wees, dit kom alles vir my saam by een punt: ek het nog nooit gevoel dat ek onvoorwaardelike liefde verdien het nie, nie eers van myself af nie. Ek was nog altyd die verloorder in die 'goed genoeg'-speletjie. Ek is ook nie daarvan oortuig dat ek al ooit onvoorwaardelike liefde ervaar het nie.

Ja, ek glo darem wel dat my man en kinders – meeste dae – wel vir my lief is, maar ek dink hierdie is dalk die enigste mense wat wel al so oor my gevoel het. Die een keer in my lewe wat ek wel gevoel het dat iemand my onvoorwaardelik lief gehad het, was ek gebreinspoel om te glo dat daardie liefde verkeerd, vuil en skandelik was. Die probleem is beslis nie dat ek 'n koue en hartelose persoon is nie. Ek raak gou lief vir iemand en gee maklik om. Ek gee sonder teëhou en in groot hoeveelhede van myself. Maar ek voel nie dat ek ooit verdien om iets terug te ontvang nie.

Toe Komedie In Trane Verander Het

Ek en my man was nog altyd groot aanhangers van komedie gewees, selfs al van voor ons getroud is. As ek daaraan terugdink, ek en my klein groepie vriende op universiteit was almal lief gewees vir komiese vertonings. Ons moes gereeld laat werk aan opdragte in die aande en dan het eenman-vertonings in die agtergrond gespeel. Hoe later ons gewerk het, hoe snaakser het dit geraak ...

Komedie is ook beslis een van die redes waarom my taalgebruik so effens meer 'kleurvol' is as wat 'n dame s'n behoort te wees, een van my minder goeie eienskappe. Ek en my man het die komedie-kyk gewoonte voort gesit in ons huwelik en geniet dit vandag nog steeds. Ons het selfs al 'n paar lewende optredes bygewoon. Vir my is dit een van die beste maniere om 'n aand uit saam te spandeer.

Toe ek aanvanklik Berader se kursusse raak ge-Facebook het, het ek dadelik gedink maar dit is mos nou iets wat perfek is vir my en my man. Met Berader wat 'n komediant en seksterapeut is, en sy kursusse wat daarop fokus om humor te gebruik tot verryking van langtermyn verhoudings, kon ek insien hoe ons dit sou geniet en daaruit kon baat vind omdat dit vir my gevoel het dit pas ons leefstyl en persoonlikhede.

Berader se kursusse was egter baie meer as net ligte vermaak. Hulle was propvol opvoedkundige waarde. Ek wou graag daaraan deelneem en soveel leer as wat ek kon.

Ongelukkig het die Covid-inperking veroorsaak dat Berader nie meer sy komediantvertonings voor 'n gehoor kon aanbied nie. Hy is egter 'n baie kreatiewe mens en het die kans gebruik om meer aanlyn kursusse te skryf waarvoor mense kon inskryf. Wanneer hy 'n nuwe kursus gepubliseer het, kon die paartjies wat reeds ingeskryf was by sy mentorskapprogram, soos ek en my man, voordeel uit die nuwe kursus trek. Teen die tyd van my eerste beradingssessie, het ons reeds aan die mentorskapprogram en twee ander aanlynkursusse deelgeneem.

Elkeen van die kursusse was vir my 'n uitdaging gewees en het my fokus gedwing om meer introspeksie te doen – toe voeg ons berading ook in die mandjie. Ek het oorweldig begin voel, maar ek wou ook nie ophou nie. Ek was bewus daarvan dat die kursusse 'n manier vir Berader was om steeds 'n inkomste te verdien gedurende die inperking, en ek wou graag ondersteunend wees. Dit het eers heelwat later vir my duidelik geword waarom ek so graag ondersteunend wou wees.

My eerste beradingsessie was boonop uiters uitdagend gewees! Dit was waarskynlik een van die moeilikste uitdagings wat ek nog ooit die hoof moes bied. Ek het aanvanklik aanvaar dat ons my vooraf-getekende self-en-skuld-portret sou bespreek, maar ons het nie. Miskien sou ons as ek nie reg aan die begin van die sessie gesê het dat een van die redes waarom ek besluit het om berading te probeer, was om te verstaan waarom ek nooit oor my ma en sussie se afsterwe gerou het nie. Die res van die sessie het ons van daardie punt af bespreek.

Berader het gevra, "Is jy iemand wat normaalweg nie juis emosioneel raak nie of wat sukkel om jou emosies te wys?"

"Nee, ek wys maklik my emosies. Ek dra gewoonlik my hart op my mou. Toe my pa oorlede is, het ek gerou. Ek het selfs sy lofrede by sy begrafnis opgemors omdat ek te veel gehuil het. By my ma se begrafnis wou ek nie eers 'n lofrede gee nie. Meestal omdat ek geglo het ek sou dit ook opmors, maar ook omdat ek regtig gesukkel het om oor haar dood te rou. Ek was net gevoelloos daaroor gewees."

"Op watter manier voel jy het jy jou pa se lofrede opgemors?"

"Ek was maar een-en-twintig toe my pa oorlede is. Ten spyte van my ouderdom, het my ma en susters gevoel ek was die beste persoon om die lofrede te gee. Ek was nog altyd veronderstel om die sterk en voorbeeldige een te wees. Maar toe ek daardie dag daar voor in die kerk gestaan het, kon ek skaars 'n woord uitkry. Ek het eenvoudig te veel gehuil. Op 'n stadium het selfs die dominee langs my kom staan om te help, maar dit het gemaak dat ek nog meer gehuil het. Ek het dit net opgemors; ek het nie reg aan my pa se afskeid laat geskied nie."

Berader het toe voorgestel dat ek my moet probeer verbeel wat my pa se reaksie sou wees as hy my daar voor in die kerk sou sien staan en voor almal die lofrede probeer gee. Hy het gevra of ek daardie reaksie sal kon beskryf. Al wat ek egter van my pa se reaksie kon sien was *Trots*. En ja, dit het my vir seker beter laat voel oor my pa se lofrede jare gelede, maar dit het my nie spyt laat voel dat ek nie een vir my ma gegee het nie.

Miskien is ek bloot 'n hartelose persoon. En jy gaan my dalk verkwalik oor hoe ek teenoor my ma gevoel het. En dit is oukei, hierdie is my storie, en dis hoe ek gevoel het. Selfs al het ek my ma bitter baie lief gehad, is ek nie seker dat ek ooit van haar gehou het nie.

Nadat ons my pa se lofrede bespreek het, was dit asof die fokus vreemd genoeg in die rigting van my sussie se dood geskuif het — nie my ma se dood nie. Dit het my frustreer. Miskien het Berader gevoel dat die koue gevoel wat ek teenoor my ma gekoester het, nie iets was om in 'n eerste sessie te adresseer nie? Dalk het hy gevoel dat ons meer sukses gaan hê om deur die probleme wat ek en my sussie gehad het te praat, as deur die probleme tussen my en my ma? Ek is nie seker wat die rede hiervoor was nie, maar wat gevolg het was drie maande van amper uitsluitlik fokus op die verhouding tussen my en my sussie. Om daarop te gekonsentreer vir so lank, was uiters frustrerend, en dit het vir my gevoel asof ek net nie kon vorentoe beweeg nie. Amper asof my sussie my wou terughou. Dit was eers agterna, met Berader se hulp, dat ek besef het dit was ék wat haar nie kon laat gaan nie.

My Sussie

My sussie het haar eie lewe geneem.

Die punt aan die einde van die sin hierbo is vir my 'n blok. Wanneer ek kom sit om oor my sussie te skryf dan is dit die eerste en enigste sin wat ek kan uitkry, en ek kan net nie verby daardie punt kom nie. Alhoewel my sussie meer was as net iemand wat haar eie lewe geneem het, is dit al wat vir my haar lewe definieer.

My sussie was gediagnoseer met maniese depressie ongeveer 'n jaar nadat sy skool voltooi het. Sy was ook erg oorgewig gewees — vetsugtig. Met haar afsterwe, was sy meer as negentig kilogram oorgewig gewees. Sy was net agtien maande jonger as ek gewees. Interessant genoeg het sy en Berader presies een week in ouderdom verskil, met Berader wat die week ouer as sy was.

Daar was 'n tyd in ons lewe wat my sussie my heel beste vriendin was. Maar iewers langs die pad het ons mekaar verloor. Die oggend wat ek universiteit koshuis toe moes gaan, het sy my gesmeek om haar nie te los nie. Maar hoe kon ek bly? Om universiteit toe te gaan was my ontsnappingsroete uit ons grootwordhuis. Ek moes haar los. Daarna was ons verhouding net nooit weer dieselfde nie.

Ek en my man het ongeveer 'n jaar na ons troue in ons eerste piepklein meenthuis ingetrek. Ongeveer agtien maande later, toe ons darem al goed gevestig was, het ek my sussie gevra of sy nie by ons wil kom bly nie. Ek het dit gedoen omdat ek graag wou kyk of ek haar op 'n manier uit ons tuisdorp kon kry. Sy het die geleentheid aangegryp en by ons ingetrek tot kort na ons tweede kind se geboorte — dit was toe dat ons blyplek te klein word vir ons almal. My sussie was baie erg oor my oudste kind en het hom gereeld opgepas. Sy was soos 'n tweede ma vir hom gewees, en my seun was net so lief vir haar. Die verhouding tussen my en haar het egter nooit volkome herstel nie; ten spyte van die tydperk wat sy by ons gebly het. Ek was altyd die een wat haar in die steek gelaat het wanneer sy my nodig gehad het.

My sussie het eers in haar middel dertigs getrou. Sy en haar man wou so gou as moontlik met 'n gesin begin, maar dit het nie vir hulle so uitgewerk nie. Dit het duidelik geword dat hulle mediese hulp gaan benodig om swanger te raak. My sussie se vetsug en ander mediese probleme, soos haar besondere hoë bloeddruk, het dit egter lewensgevaarlik gemaak om met enige swangerskap ingrypings prosedures te begin, alvorens sy gewig verloor.

Sy was desperaat om 'n mamma te wees; dit was werklik 'n groot hartsbegeerte van haar. Maar sy kon net nie gewig verloor nie. Die feit dat ek toe al heel suksesvol besig was om gewig te verloor, het nie juis ons verhouding versterk nie. Trouens, dit het ons nog meer vervreemd van mekaar gemaak.

Daar het heelwat inligting aan die lig gekom waarvan ek en my man eers kennis geneem het op die dag van my sussie se selfmoord. Omdat sy al voorheen probeer het om haar lewe te neem – dit was na ons pa oorlede is – was ons bewus van haar stryd teen depressie. Ons was egter onder die indruk dat haar depressie onder beheer is en sy die nodig medikasie gebruik het om dit te bestuur.

Wat ek egter nie besef het nie, is dat sy oortuig was dat haar antidepressante-medikasie haar verhoed om gewig te verloor. As gevolg daarvan, het sy opgehou om haar voorgeskrewe medikasie te gebruik. Ons was ook nie bewus dat sy gedurende haar kortstondige huwelik, ook twee onsuksesvolle selfmoordpogings gehad het nie. Toe my swaer my man daardie Vrydagmiddag gekontak het met die nuus van haar dood, was dit dus haar derde poging tydens hulle huwelik.

Nog 'n skok was om te verneem dat sy reeds maande gelede haar werk verloor het, maar voorgegee dat sy steeds 'n betrekking het. Sy het obsessief gekoop – baba-items vir die 'eendag' wanneer hulle 'n kindjie sou hê. Dit het so erg geraak, dat sy op skuld begin koop het. Al hierdie nuwe inligting het my soos 'n tsunami getref, en ek moes dit verwerk –

alles op die dag wat ek my sussie verloor het.

Om te sê my swaer was woedend, is 'n eufemisme — ek het nog nooit iemand so kwaad gesien nie. Ek het hom bitter jammer gekry; my sussie se dood het geweldige pyn veroorsaak. Ek is baie lief vir my swaer; ek ken hom al vir baie jare. Hy is ook 'n sagteware-ingenieur, en die drie van ons — ek, hy en my man — was vir 'n aantal jare kollegas gewees. Ek was die een wat hom en my sussie aan mekaar voorgestel het. Haar dood het my dalk koud en kwaad teenoor haar laat voel, maar ek het nie koud of kwaad teenoor my swaer gevoel nie. Ek wou hom so graag help. Ek wou so graag sy pyn weggeneem het.

Ek het egter nooit verwag dat hy my gaan vra om deur my sussie se persoonlike goed te gaan nie. Ek was nog meer verbaas toe hy van my verwag het om die bababenodigdhede te verkoop, sodat hy van die skuld kon delg wat sy aangegaan het. Hy het die geld nodig gehad — soos hy vir my man verduidelik het, sou daar anders nie geld gewees het vir 'n begrafnis nie. Hoe verwerk 'n mens so versoek? Is dit hoegenaamd regverdig om dit van jou skoonsuster te verwag? Ek veronderstel ek kon geweier het, maar eerlikwaar, kon ek regtig? My sterk verantwoordelikheidsin sou skuldgevoelens veroorsaak het waarmee ek jare daarna nog mee sou spook.

Die verloop van die gebeure rondom my sussie se afsterwe was soos volg:

My sussie is die Vrydag oorlede.

My swaer het sy ma en suster gevra om al haar aardse besittings op te pak en dit die Sondag reeds by ons huis kom aflaai. Ek oordryf nie as ek sê 'alles' nie ... van haar sjampoe, grimering, klere, skoene, selfs haar sanitêre produkte. Alles. Dit was 'n berg goed gewees.

Teen die Woensdag, minder as 'n week na my sussie se dood, het my swaer begin om die babagoed by ons huis af te laai. Dit het meer as drie kamers vol in hulle huis gestaan. By ons huis het die items ons braai-area en leefvertrekke volgemaak, nie net in vloerspasie nie, maar ook in hoogte. Die taak wat op my skouers, was enorm, meer as wat ek werklik in staat was om te hanteer. Is dit nodig om nog te wonder waarom ek nooit oor haar dood gerou het nie? Omstandighede het gemaak dat ek eenvoudig net nie tyd gehad het om tot verhaal te kom om te kon rou nie. Alles wat sy gedoen het, waarvan haar man ons vertel het, het my woedend gemaak. Tyd en woede het blokke geraak wat my daarvan weerhou het om te kon rou.

Toe Berader oor my sussie begin gesels het, was sy eerste opdrag aan my, om myself te verbeel dat ek opgaan hemel toe om met haar te gaan gesels. My antwoord op hierdie opdrag was: "Maar wat as ek nie glo dat sy wel in die hemel is nie?"

Berader se antwoord was: "Wow!"

Hy het toe verduidelik dat of sy in die hemel was of nie, nie aan my moes saak maak nie. Ek het geen beheer daaroor nie, dis 'n situasie wat net tussen haar en God is. Al wat ek kon doen was om die scenario te glo wat die meeste vrede vir my siel tot gevolg het.

Nadat ons die bestemming van die denkbeeldige reis bepaal het, het Berader verduidelik dat ek myself in gesprek met my sussie moes verbeel. Ek moes haar vertel hoe kwaad ek vir haar is. Ek moes haar nie net vertel nie, hy wou gehad het ek moes my woede beleef en regtig uiting daaraan moet gee: skree, vloek — wat ook al nodig vir my was om die boodskap op die beste moontlik manier aan haar oor te dra.

Ek kon nie hierdie opdrag uitvoer nie. Die denkbeeldige situasie het eenvoudige net nie vir my geloofbaar gevoel nie, en ek het nie geweet wat ek moes doen om dit meer werklik vir my verbeelding te maak nie — ek was nie 'n baie goeie beradingspasiënt nie. Miskien wou ek ook nie gehad het dat Berader moes sien hoeveel kwaad ek werklik saam met my gedra het nie ... Omdat ek die oefening te veel keer onderbreek het, of net eenvoudig gesê het ek kan nie, het Berader die oefening as tuiswerk gegee en gevra om eerder 'n brief vir haar te skryf.

Daardie brief het swaar op my gemoed gedruk vir die res van daardie week. Ons sessie was die Dinsdag gewees, en die Donderdag was dit my nege-en-dertigste verjaarsdag. Dit was seker een van die onaangenaamste verjaarsdae wat ek nog ooit gevier het. Nie alleen was ek nog emosioneel stukkend na my beradingsessie nie, ek het ook verlof geskeduleer gehad vir Donderdag en Vrydag — verlof wat ek eintlik nie ten volle kon benut nie.

Sien, toe ek aan die begin van die jaar gereël het vir daardie verlof, was die plan om so bietjie weg te gaan daardie naweek. Maar met ons streng Covid-inperking, was dit nie eens 'n opsie gewees nie, die verste plek waarheen ek kon gaan was ons naaste winkel. Nadat ek dit aanvanklik oorweeg het, het ek daarteen besluit om die verlof te kanselleer; ek het my voorgeneem om die twee dae te gebruik om goed uit te rus — wat in elk geval selfs onder die beste omstandighede, 'n baie relatiewe konsep is vir 'n ma van vier.

Dit was gedurende hierdie 'uitrus' dat die inhoud van die brief aan my sussie in my gedagtes begin broei het; dit het gevoel soos 'n drukkoker wat moes stoom afblaas anders sou dit ontplof. Laat daardie Vrydagaand tot vroeg Saterdagoggend, was ek wakker, besig om te skryf. Vir die eerste keer het ek iets gedoen wat amper soos dagboek byhou of joernaalinskrywing was. Baie van Berader se kursusse het opdragte gehad in die lyn van: 'Pen die volgende neer in jou dagboek', maar ek het nooit hierdie dagboekopdragte gedoen nie. Trouens my reaksie op hierdie opdragte was gewoonlik om my oë te rol en te dink: 'Ja, asof dit ooit gaan gebeur!' Ek het selfs hierdie reaksie baie maande later teenoor Berader beken nadat ek toe al deeglik bewus geraak het van die terapeutiese voordele daarvan om te skryf.

*   *   *

Ek is nie eers seker hoe om hierdie brief te begin nie. "Wees kwaad" was die opdrag gewees. Kwaad? Hoe is kwaad? Ek weet ek was kwaad. Is ek nog steeds kwaad? Dalk. Anders het ek waarskynlik nie hierdie brief geskryf nie — reg? Gaan ek vir altyd kwaad wees? Seker ook. Ek het nog nooit hierdie kwaad met iemand anders gedeel nie. Dis in elk geval nie asof iemand anders in my gevoelens belanggestel het nie. Wat aan my kant van die wêreld besig was om te gebeur het vir niemand anders saak gemaak nie. Almal het vir jou jammer gekry. Daar was 'n paar wat vir my jammer gevoel het. Baie mense het jou man baie jammer gekry — jip, veral jou man. Maar om jammer te wees help niks en niemand nie. "Jammer" is 'n leë woordjie wat mense sê wanneer hulle eintlik nie weet wat om te sê nie. Simpatie beteken niks en los ook niks op nie. Dit kan geen probleme oplos nie, en is eintlik tot niemand se voordeel nie.

"Jammer vir jou verlies" — watse verlies? Ek het jou al verloor toe jy nog gelewe het. Jy was my sussie gewees, my eie vlees en

bloed. Biologies en geneties was daar niemand anders op hierdie aarde nader aan my as jy nie, tog wou jy niks met my te doen gehad het nie. Jy het my uit jou lewe uit gewerk. Jy was 'n toe boek gewees. Jy wou nooit iets van jouself deel en weerloos wees nie. Jy het seer gehad, maar jy het geweier om enige van daardie seer met iemand te deel wat dalk miskien kon help. Jy wou nie hulp gehad het nie. Ek het so baie keer na jou probeer uitreik — so hard probeer. En so gereeld. Maar jy het my raad en pogings om te probeer help geneem en dit dramaties van die hand gewys. Jy wou niks daarvan weet nie — en jy het ook seker gemaak dat ek bewus was daarvan dat jy niks daarvan wou weet nie. Jy het daardie feit gereeld voor my gesig gewaai en my daarmee geterg.

Jy het my nie soos 'n suster behandel nie. Hoeveel mense het jy nie teen my besoedel nie? Jy was altyd die slagoffer gewees. Mense moes jou net jammer kry. Jy was altyd die benadeelde ene gewees — die ongelukkige ene. Weet jy wat? Geluk het niks met enigiets te doen gehad nie. Ek was nie gelukkig gewees toe ek beter punte as jy op skool gekry het nie — ek het baie hard gewerk vir daardie punte. Ek onthou nog goed hoeveel aandag jy aan jou skoolwerk gegee het. Wat jy saai, sal jy maai; 'n spreekwoord wat jy nooit so lekker verstaan het nie. "Ek is nie so gelukkig soos jy nie!" was een van jou gunsteling dinge om uit te roep wanneer die lewe nie gegaan het soos wat jy graag wou hê dit moes nie. Jou gebrek aan geluk was dan sommer ook my skuld gewees.

Ek was nie gelukkig gewees om gewig te kon verloor nie. Jy het my op sosiale media geblokkeer toe ek oor my gewigsverliesreis begin deel het. Dit het gemaak dat ek onbewus was daarvan toe jy plasings oor dwelms en selfmoord gemaak het. Jy het egter altyd verwag dat ek jou en jou besigheid ondersteun, en ek het probeer, maar jy het my nie baie ondersteun in die dinge wat ek aangepak het nie. Besef jy dat aan die heel begin was my doel gewees om jou te help? Ek wou jou so graag op 'n sensitiewe manier deel van my reis maak, en sodoende jou ook help om gewig te verloor, maar as die onderwerp ooit opgekom het, dan het jy net slegte goed te sê gehad oor my keuse van dieet. Dit was eintlik 'n baie onsensitiewe ding om te doen met iemand wat self besig was om te sukkel. Jy wou gehad het dat ek ook moes faal. As dit iemand anders was, sou ek hulle waarskynlik mooi laat verstaan het hoe dit my laat voel het, maar omdat dit jy was — ek het dit maar verduur en niks terug gesê nie. Besef jy dat om gewig te verloor nie vir my maklik was nie. Jy was nooit daar gewees vir my nie. Dit was alreeds nie maklik gewees om tagtig kilogram te probeer verloor nie. Ten spyte van jou snedige aanmerkings en doelbewuste pogings om my van koers af te gooi, het ek nogtans probeer om jou in te trek en te probeer help. Jy het nooit dieselfde vir my gedoen nie. Nie jy, of jou man, het my ooit ondersteun nie.

Jy het my probeer uitsluit hoe en waar jy ook al kon. Selfs by jou eie troue, het jy my laat verstaan dat ek eintlik nie welkom is nie. Selfs al was ek die rede waarom jy en jou man mekaar ontmoet het. En selfs ook al was jou man en my man beste vriende. Jy het my goed laat verstaan dat die enigste rede waarom ek daar was, was sodat jy my kinders as strooijonkers en blommemeisies kon gebruik.

Aa, die kinders — my kinders. Dit is dalk die ding waaroor ek die kwaadste is, dat ek toegelaat het dat jy so 'n groot deel van hulle lewens kon wees. My oudste het jou so vreeslik lief gehad, en so ook die ander. Tog het dit altyd gelyk asof jy net ooghare vir my oudste gehad het. Sy hart was in 'n miljoen stukkies gebreek toe hy van jou selfmoord uitgevind het. Hy moes daardie nuus verwerk boonop in dieselfde week waarin hy sy eerste jaar-eindeksamens begin skryf het. As jy dan nou 'n dag moes kies om jouself in dood te maak, waarom toe? Jy het hom gebreek. Hy het jou so lief gehad, maar jy het daardie liefde geneem en dit op die vloer stukkend gegooi. Waarom daardie naweek? Dit was die oggend voor my jongste se laaste skoolkonsert en die meisies se danskonsert. Waarom oor so 'n uitsonderlike besige naweek? Was dit jou manier om vir ons te wys dat hierdie geleenthede regtig nie vir jou saak gemaak het nie? Ek het jou altyd genooi vir al hierdie geleenthede, teen geen onkoste nie — maar jy het nooit kom kyk nie. Net as dit iets vir my oudste was, dan het jy altyd 'n plan gemaak om wel daar te kon wees. Dink jy regtig die ander kinders het dit nie raakgesien nie? Hoe dink jy het dit hulle laat voel?

Ek is werklik jammer dat jy nooit self 'n ouer kon wees nie. Dis is egter vir my so moeilik om te verstaan waarom jy dit nodig gevind het om so uitermatig baie babagoed te moes koop. Jy was 'n rekenmeester; seer sekerlik moes jy van beter geweet het. Wat het jy gehoop om daardeur te bereik? Wag, ek weet — jy het jouself en jou man in so 'n groot skuldlas gedompel sodat jy dit kon aanvoer as een van die redes vir jou selfmoord in jou selfmoord brief, nie waar nie?

Dieselfde brief wat geen melding van my gemaak het nie. Selfs in een van jou laaste dade op aarde, het jy van my bestaan vergeet. Jy het tog in elk geval nooit gevoel om my in te sluit of deel van jou lewe te maak nie. Tog was ek die ene wat al jou sinnelose inkopies moes verkoop. Jou man wou so gou as moontlik van alles "jou" ontslae raak. En natuurlik was ek die een wat 'n plan met al die kak moes maak. Skielik was ek goed genoeg gewees. Op een of ander manier, is ek altyd die ene wat al die kak moet opruim. Ek geniet nie eers inkopies nie. Ek het geen behoefte aan opgaar of skuld of sinnelose aankope nie. En tog daar was ek, die ene wat deur berge en berge en berge se kak moes werk, met jou man wat nou skielik in my rigting kyk vir 'n oplossing. Weet jy dat hy vir my man gesê het — wat die manier is wat ek meeste goed mos te hore kom — dat daar nie eers genoeg geld was vir 'n begrafnis vir jou nie. Besef jy die aantal druk wat julle skuldlas op my skouers kom plaas het?

Weet jy wat dit van my geneem het om al jou sinnelose, kompulsiewe aankope te probeer verkwansel? Hoeveel aande en weke — en dit vir 'n sussie vir wie ek 'n nul op 'n kontrak was. Jy was skaars twee dae oorlede toe ek begin uitsorteer het; meestal op my eie. Dit het my dae geneem, terwyl ek eintlik ook 'n huis gehad het om aan die gang te probeer hou, en 'n jong tiener wat eksamens moes skryf. Ek moes leer hoe om die goedere te prys, adverteer, aflewer, alles. Om jou aankope te moes verkoop, was nie iets wat ek ooit wou doen nie. Waarom moes ek pa staan vir jou keuses? Ek wou jou tog nog nooit dood gehad het nie. Dit was jou keuse gewees om jou eie lewe te neem — nie myne nie. Dit was jou keuse gewees om al die baba items aan te koop — nie myne nie. Jy het ook so sinneloos gekoop. Soos ek daardeur gewerk het, het ek meer gevoel hoe jy vir jare lank enige raad wat ek gehad het geïgnoreer het.

Wie koop in elk geval babagoed nog voor jy swanger is? En waarom dan ook daardie aankope van almal af wegsteek? Hoekom het niemand ons van jou vorige selfmoord-pogings vertel nie? 'n Groot deel van my wil jou sommer reguit vra, "Is jy nou gelukkig nadat jy uiteindelik suksesvol jou eie lewe geneem het? Is dit wat jy wou hê?"

Hoekom het niemand met ons kom praat nadat jy jou werk verloor het nie? Hoekom al die geheime. Geheime is 'n euwel! Hoekom het jy nooit om hulp gevra nie? Waarom het jy my uit jou lewe uit gesny? Hoekom wou jy nooit na my raad luister nie? Hoekom was jy so hardkoppig? Hoekom was jy so koud teenoor my? Ek het ook alleen en sonder ondersteuning gevoel. Waarom het jy nooit in my lewe belanggestel nie?

Dinge kon so anders gewees het as jy net nie so trots en eiewys was nie. Jy het alles gehad, maar jy was te blind om dit te sien. Jy het 'n man gehad wat jou aanbid het. Jy was alles en nog meer vir hom gewees. Hy het jou so lief gehad. Jy het 'n suster gehad wat vir jou lief was en so graag net wou help. Jy het susterskinders gehad wat mal was oor jou. Jy het mense gehad wat gewillig was om te help en om jou te ondersteun. Maar jy het besluit dat jy nie genoeg is nie. Eintlik het jy besluit dat ons nie genoeg vir jou is nie. Niks sou ooit genoeg wees vir jou nie. Jy is dood op dieselfde manier as wat jy gelewe het, selfsugtig. En in die proses het jy die res van ons gebreek.

Rou

Dit het twee maande geneem voordat ek en Berader die brief aan my sussie bespreek het. Sy hoof-opmerking was dat my gevoel dat sy my uit haar lewe uitgesluit het, die opvallendste na vore kom. Hy was ook van mening dat om die woede te verwerk, reeds 'n baie belangrike stap in die regte rigting was.

"Dink jy ek gaan ooit by 'n punt uitkom waar ek oor haar dood sal kan rou?" het ek gevra.

"Ja, eendag sal jy wel daar uitkom."

"Maar ek is nie sterk genoeg om dit te doen nie. My pa se dood het my alreeds gebreek. Ek kan nie weer deur so iets gaan nie."

"Om oor jou sussie se dood te rou gaan waarskynlik nie so wees nie. Jy mag dalk 'n fliek kyk, of na 'n liedjie luister, en begin huil. En dan eers later besef dat daardie trane vir jou sussie was."

Die Saterdag na die sessie waarin ons die brief aan my sussie bespreek het, het ek en my man kaartjies gehad om 'n aanlyn komedievertoning, deur een van ons gunsteling Suid-Afrikaanse komediante, te kyk. Ons het ook 'n kaartjie vir Berader gekoop vir dieselfde vertoning. Berader, wat self as 'n komediant vertonings lewer, wou geensins aanlynvertonings oorweeg nie, en ek het gehoop dat as hy self een kon ervaar, dit hom dalk van plan sou laat verander.

Die Maandag na die vertoning het ek egter nog geen terugvoering van hom af, oor die aanlynvertoning gehoor nie. Ek het dit nogal vreemd gevind, en het vir hom 'n boodskap gestuur waarin ek hom reguit gevra het. Sy antwoord was dat vertoning goed was, maar dat die aanlynformaat nie vir hom werkbaar was nie. Die antwoord wat ek ingedagte gehad het, was meer in die lyn van: 'Die aanlynvertoning was fantasties (wat ek gedink het dit was), dankie. Ek dink dis dalk die moeite werd om die formaat te ondersoek.' Ek was teleurgesteld. Ek het gehoop dat die aanlynformaat dalk vir hom 'n oplossing kon wees.

Ek wou net help.

Ek het daardie teleurgestelde gevoel met Berader gedeel. Sy reaksie het my egter verbaas. Hy het gesê dat ek hom nie moet probeer help nie, en ook nie moet vóél dat ek hom moet help nie. Hy het bygevoeg dat hy een of ander vreemde magsdinamika tussen ons opmerk, byna soos oordrag. Omdat hy my help, voel ek dat ek kom moet terug moet help. In stede, moet ek eerder die ongemak daarvan om gehelp te word, aanvaar, en nie voel asof ek iets terug moet doen nie.

Ek het geen idee gehad wat oordrag was nie, so ek het dit gaan naslaan. Oordrag in berading is wanneer 'n beradingspasiënt gevoelens, eintlik bedoel vir iemand anders, oordra na hulle berader toe. Nadat ek 'n groot gedeelte van daardie Maandagaand spandeer het om op te lees oor oordrag, het ek met 'n skok tot die besef gekom dat Berader nie iets 'amper' soos oordrag beskryf het nie. Dit was presies dít. Ek het ook geweet wie daardie 'iemand anders' is wat eintlik die ontvanger van my gevoelens moes wees. Daar was net een ander persoon wat ek altyd gevoel het ek moet help — my sussie. Ek was besig om gevoelens wat vir my sussie bedoel was, op Berader oor te dra.

Skielik het baie dinge sommer vir my sin begin maak! Ek het Berader met hierdie besef ge-e-pos. Hy het daarop teruggeantwoord dat ek moet besef dat hierdie 'n groot deurbraak vir my is. Ek het verantwoordelik gevoel vir my sussie se dood. In my kop probeer ek vir myself sê, 'Nee, ek is nie. Ek het dan alles gedoen wat ek kon om haar te help, en sy het my hulp geweier.' Maar my emosies was besig om iets heeltemal anders te sê. My gevoelens was besig om te sê dat ek glo ek meer moes gedoen het en harder moes probeer het. Ek moes myself vrymaak van die verantwoordelikheid wat ek teenoor my sussie se dood gevoel het. Daar was niks wat ek kon doen of moes doen om haar dood te keer nie.

Toe ek die eerste keer deur Berader se antwoord lees, het sy woorde nie by my geregistreer nie. Maar hoe meer ek toegelaat het dat daardie woorde broei en assimileer met my siel, hoe meer het die realiteit van wat hy besig was om te sê in my hart en verstand wortel geskiet. En hoe vryer het ek begin voel van die massiewe verantwoordelikheid wat ek vir so bitter lank self op my skouers geneem het. Die Dinsdagmiddag, toe ek vir my elke dag se draf — die beste manier om stof los te maak — gegaan het, het dit my getref. Uit die bloute het die besef gekom — ek verlang na my sussie. En ek smag nie net na haar 'n bietjie nie. Ek mis haar sommer baie!

Maar ek mis die weergawe van haar wat nog saam met my kon opgewonde raak oor kinderpartytjies. Die weergawe van haar wat gedink het ek is die snaakste mens wat sy nog ooit geken het en haarself besimpeld kon lag vir al my lawwe grappies. Ek het ook die sussie nodig gehad wat wel nog bereid was om uit te help van tyd tot tyd. Die naaste familielid wat sou verstaan wanneer ek oor my kinderjare praat. Ek wou my babasussie terughê oor wie ek nie altyd so baie moes bekommer nie. En met hierdie besef kon ek nie meer hardloop nie, ek moes ophou draf en stadig terugloop huis toe — in trane.

Om oor my sussie se dood te rou was glad nie soos Berader gesê het dit gaan wees nie. Dit was pynlik! Die ding met treur oor iemand wat al twee jaar terug oorlede is, is dat niemand dit verstaan nie. Dis nie die natuurlike orde van dinge aanpak nie. Miskien is ek toe nou nie 'n baie gewone persoon nie. Die belangrike ding is egter dat ek wel oor my sussie kon rou. En selfs al het my oë teen die Vrydag nog steeds gebrand, het ek soveel beter en ligter gevoel.

Omdat Berader my ook vrygemaak het van die verpligting wat ek teenoor hom gevoel het, het ek besluit om die kursusse waarvoor ons ingeskryf was vir eers op ys te sit. Dit was 'n moeilike besluit om te neem — ek en my man het die kursusse geniet. Ek het ons in die eerste plek daarvoor ingeskryf omdat dit iets was wat ons as paartjie saam kon doen wat tot die voordeel van ons huwelik sou wees. Ek het altyd gesê dat die kursusse vir ons al twee was, al was die berading net vir my bedoel. Om daardie kursusse tydelik op ys te sit, het gevoel soos 'n selfsugtige ding om te doen, maar ek moes, sodat ek beter op die berading kon fokus en minder oorweldig voel.

Toe Berader vra of ek iemand is wat normaalweg nie baie emosioneel is nie, of wat sukkel om emosies te wys, glo ek nie hy het besef, hoeveel van 'n emosionele persoon ek regtig is nie. Ek voel maklik en vinnig. Ek dra my hart gereeld op my mou.

Berader was so soortgelyk aan my sussie — op so baie maniere. Dit was werklik asof sy van die dood af teruggekom het om by my te kom spook.

Wanneer hy gepraat het van sy eie struwelinge met depressie, het ek gedink *Nee ...!* Wanneer hy net met 'n duimpie, iets wat my sussie ook vreeslik lief was voor om te gebruik, antwoord op my boodskappe, het ek gedink *Dit kan nie wees nie ...*

Ek glo in wonderwerke. Ek sien wonderwerke gebeur deur mense, soos Berader, wat 'n mens se pad op die regte tyd en op die regte manier kruis — asof dit nog altyd so beplan was om te gebeur. Hierdie mense word instrumente. Instrumente vir goed, en vir genesing — maar ook om mens seer te maak.

Berader het my 'n proeseltjie gegee van hoe dit dalk sou wees om 'n normale sibbe-verhouding te hê. Hy was iemand met wie ek kon deel, wat luister, en verstaan en ook aanklank vind by wat ek gehad het om te sê. Ek het gesmag na so 'n tipe verhouding in my lewe. Ek het gevoel hoe ek gemaklik geraak het en veilig begin voel het om uiteindelik oop te maak oor dit wat in my verlede gebeur het. Vir die heel eerste keer het ek besef dat ek 'n behoefte gehad het om te deel. Ek het ook besef dat ek hulp nodig gehad het, en dat ek 'n magdom vol liefde en omgee in my het om te gee.

Ek het vriende; ek is nie meer die eenkant mens wat ek op skool was nie. Maar miskien gebruik ek die term *vriend* te maklik? Ek het mense wat ek sal oornooi om te kom kuier, of miskien iets mee sal deel of dalk selfs om hulp vra as ek geen ander uitweg sien nie. Hierdie mense is my vriende, maar dis nie 'sibbe'-vriende nie. Dit het iemand soos Berader geneem om my te behandel soos wat hy my behandel het, voordat ek besef het wat ek mis. Dit was daardeur en deur hom dat ek besef het hoe baie ek my sussie mis.

Miskien as my sussie nie so siek was nie, dalk as sy nie haar eie lewe geneem het nie — miskien is dit hoe ons verhouding kon wees? My mislukte verhouding met beide my ma en my sussie het groot, gapende, leë ruimtes in my lewe gelaat. Ek was nooit eers bewus van hierdie leemtes nie, en skielik kon ek dit orals raaksien. Onwetend het Berader ten minste een van daardie ruimtes kom vul. Of het ek hom daarin ingesuig? Ek is tog die ene wat gevoelens wat ek teenoor my sussie gehad het, na hom toe oorgedra het. Dit was so maklik om te doen, trouens ek het nie eers besef dat ek dit doen nie. Was dit 'n lokval gewees? As dit was, het ek sommer reguit daarin geval. Ek het gedink ek is slimmer as dit. Ek het simpel gevoel, asof iemand my vir die gek gehou het. Of was hierdie die manier hoe alles moes uitwerk? Een of ander Goddelike plan?

Toe ons die probleem 'n naam kon gee, naamlik 'oordrag', het dit ineens 'n muur geword. Dit het vir my gevoel asof ek iets verkeerds gedoen het, oortree het. En omdat dit boonop nog onbewustelik was, het dit my laat voel of ek 'n slegte mens is om hierdie gevoelens oor te dra.

Oordrag was 'n aaklige woord — dit was iets wat ek nie kon keer nie, maar ook nie moes gedoen het nie. Oordrag was verkeerd. Dit was iets wat nie mag wees nie, moes wees of toegelaat word nie. Oordrag het beteken dat Berader ons sessies moes staak — dit was wat hy opgelei was om te doen in so 'n geval. Gelukkig vir my het hy dit egter nie dadelik gedoen nie, en ek is baie dankbaar daarvoor. Op daardie tydstip het ons nog nie eers na die verhouding tussen my en my ma begin kyk nie. Maar op die ou einde was dit wel as gevolg van oordrag dat ons, ons sessies moes staak.

As ek heeltemal eerlik moet wees dink ek ook dat Berader tog oordrag gebruik het as 'n verskoning sodat dit nie vir hom nodig was om my enigsins meer seer te maak nie. Berading-kurrikulums leer dalk wel dat berading gestaak moet word wanneer oordrag plaasvind — ek sou nie weet of dit waar is of nie, ek het nog nooit vorige berading gehad nie. Die waarheid was egter dat 'n ongesonde band tussen my en Berader gevorm het en sou ons dit ignoreer kon ons verhouding later toksies en skadelik raak.

Ek het een aand vir my man gevra wat hy sou mis indien sy ouers of sy broer te sterwe kom. Wat was die verlies waaroor hy sou rou? Sy antwoord het neergekom op liefde; dit was die liefde wat hy sou mis. 'n Persoon wat vir hom lief was, en wat hy ook terug liefgehad het, sou vir ewig weg wees.

Behalwe vir my man en my kinders, en ek twyfel party dae oor my kinders, voel ek nie dat ek ooit enige andere onvoorwaardelike liefdesverhoudings in my lewe gehad het nie. Ek glo daar moes ander sulke verhoudings gewees het, maar daar was nie. Behalwe vir my man, was daar ook nog nooit iemand anders om iets mee te deel of wat net saam met my kan opgewonde raak oor iets nie. Daar was niemand wat net regtig omgegee het oor my nie, of waarvan ek seker was altyd my belange eerste sal stel nie. Die tipe persoon met wie ek graag 'n nuwe joernaal-artikel sou wou deel, en wat ek geweet het dit wel sal gaan lees. Of die 'n persoon met wie ek graag eerste goeie nuus sal wil deel. Ek het dit nog nooit gehad nie. Nog altyd was dit net ek en my man teen die res van die wêreld. My man sal gereeld met sy broer en ouers praat, en voor Covid sou ons darem een keer 'n maand gaan kuier het. Ek, aan die ander kant, het niemand om te bel of om by te gaan kuier nie, niemand bel my ook nie. Ek het eenvoudig nie so iemand nie.

Die verwerping van my emosionele oordrag het my weer die verwerping van beide my ma en my sussie laat herleef. En dit was vir my ontsettend pynlik om weer daardeur te gaan. Die keer het die verwerping gate in my siel in gevreet. Ek het presies geweet wat dit was wat ek misloop.

Wanneer ek nou terugkyk, was die opskorting van die beradingsessies die beste wat kon gebeur het. Vir seker het dit nie op daardie tydstip so gevoel nie, maar ek besef nou dat dit my gedwing het om myself te begin beraad. Meeste van hierdie boek is gebore uit daardie 'self-berading'.

Ek is egter nie bereid om ooit weer vir berading te gaan nie; ek vrees dat as ek ooit weer iemand so naby aan my seer toelaat, ek weer 'n ongesonde band sal vorm. Ek is nie bereid om daardie kans te vat nie — ek glo dis veiliger en beter om vrede te maak daarmee dat ek nie so 'n persoon in my lewe kan hê nie. My man sal eenvoudig maar my alles moet bly, en hy kwyt homself baie goed van sy taak.

Dit is dan ook waarom ek skryf en hardloop. Beide papier en die teerpad is geduldig, oordeel my nie, kan nie terug antwoord nie en my ook nie verwerp nie. Papier gee nie om hoeveel ek skryf of hoeveel ek uitvee nie. Ek kan huil terwyl ek skryf of hardloop en ek voel gemaklik om só uiting aan my emosies te gee. Trouens, ek kan al my emosies so vrylaat en hulle laat gaan in 'n veilige ruimte in my bewuste. Dis dieselfde ruimte vanwaar ek liefde kan gee sonder die risiko dat ek seergemaak of verwerp gaan word. 'n Wonderlike byproduk van my hardloop is boonop my fiksheid en spiertonus, en die byproduk van my pen op papier is dat my skryfwerk hopelik 'n inspirasie vir ander kan wees. Waarom sal ek dan ooit iets meer as dit benodig?

Om Te Eet Omdat Ek So Voel

Vir die grootste deel van my lewe was ek oortuig dat my gewigsprobleem die resultaat was van my onkunde ten opsigte van kos én omdat ek geen gesonde eetgewoontes gehad het nie. Beide my ouers was vetsugtig. Om oorgewig te wees was vir my normaal; dit was die voorbeeld waarmee ek groot geword het.

Ek was nooit aangemoedig om aan enige sport deel te neem nie of om te oefen nie. Die kos wat ons geëet het was rys, vleis en aartappels en dan ook koue of gebakte poedings. Groente het altyd botter en suiker by gehad en geproe soos poeding. Die voedselkennis waarmee ek groot geword het, was die kennis waarmee ek my grootmens lewe begin het en hoe ek vir jare lank self gekook het. Dit is baie duidelik dat ek nie gesonde eetgewoontes gehad het nie, en dit was maklik om my opvoeding te blameer vir my gewigsprobleem.

Vir my heel eerste dieet het ek eenvoudig al my maaltye in die helfte gesny, of minder. Hierdie dieet het gewerk, maar dit was glad nie volhoubaar nie. Oor die jare, het ek seker elke liewe dieet wat al uitgedink is, probeer om gewig te verloor. Met party van hierdie diëte was ek tog suksesvol gewees, ander diëte het geen resultate opgelewer nie, en andere was net totaal en al onmoontlik om toe te pas of heeltemal onvolhoubaar. Wat ek wel weet is dat elke liewe dieet, sonder uitsondering, my uiteindelik by 'n punt laat kom het, waar ek meer geweeg het as voor ek die dieet begin het. Ek is nie dom nie; ek het iets geleer — elke keer — en veral uit my foute. Elke dieet het vir my net so bietjie meer geleer van wat wel werk, en wat nie werk nie. Stadig maar seker het ek begin agterkom hoe om te eet om gewig te verloor, watter kosse om te vermy en selfs ook hoe om my maaltye te balanseer. Oor tyd het ek 'n baie goeie idee gekry van hoe mens gewig kan verloor; ek was nogal goed daarmee. Maar goeie voedselkennis het nie my gewigsprobleem opgelos nie!

Ek glo nie ek is die enigste vetsugtige persoon wat geglo het dat my gewigsprobleem bestaan omdat ek nie geweet het hoe om te eet nie. Trouens ek is oortuig daarvan dat meeste oorgewig mense glo dat die antwoord vir hulle probleem in hulle volgende dieet lê. Ek het self so gedink, dieet na dieet na dieet. Wanneer jy gewig wil verloor, dan moet jy maar begin dieet. Dit is mos so 'eenvoudig' soos dit, nè?

Ek dink die wêreld is ongelooflik wreed teenoor mense wat met hulle gewig sukkel. En dit het selfs nog duideliker vir my geword nadat ek self gewig verloor het. Advertensies vanuit elke moontlike oord bombardeer ons met dieetinligting. Dis 'n konstante herinnering daaraan dat daar wel mense is wat suksesvol hulle gewig in stand kan hou, maar 'ons' kan nie. Dis asof daar net sekere mense is wat weet wat die geheim is om maer te word, en maer te bly, maar hulle gaan dit nie met ons deel nie. Nee, daardie geheim het 'n geldmaak-besigheid geraak wat jou insluk en vetter aan die ander kant uitspoeg.

Miskien kon ek nog die gesukkel met my gewig verduidelik aan die hand daarvan dat ek eenvoudig maar net geneties gemaak is om vet te wees. O, hoe baie wens ek nie dat ek dit maar so kon verduidelik het aan mense en aan myself nie. Ek is eenhonderd-vier-en-sewentig sentimeters lank en dra 'n nommer nege skoen, ek sal nooit klein en fyn wees nie. Dit sou so maklik gewees het om my vet wees maar ook net op my gene te kon blameer. Ek kon dit as verskoning gebruik om nooit eers te probeer dieet in die eerste plek nie. Maar my gesondheid was besig om te ly as gevolg van my vetsug, nie my natuurlike groot bou nie. Terwyl dit wel in my gene was om groot gebou te wees, was vetwees ongelukkig nie in my gene nie.

Na bitter baie jare se sukkel in 'n stryd teen my skaal, het ek uiteindelik my gewig verloor en selfs my teikengewig bereik — iets wat nog nooit met my gebeur het nie. Ek was so bang om daardie tagtig kilogram weer op te tel. My manier om 'n houvas op daardie vrees te probeer kry, was om myself elke dag te weeg en om so getrou as menslik moontlik by my dieetplan te hou. Ek was baie goed bewus daarvan dat dit maar net 'n kwessie van tyd was voordat ek sou knak onder die druk. 'n Volhoubare eetplan en veral 'n volhoubare instandhoudingsplan moes 'n bietjie spasie vir asemhaal toelaat — my plan het geen spasie toegelaat nie. Ek het geweier om myself kans te gee om werklik te lewe.

Ek wou baie graag hierdie vrees vir weer optel met Berader bespreek het. Die eerste keer toe ons daaroor begin gesels het, was hy van die opinie dat om van die vrees ontslae te raak eintlik heel eenvoudig was. Ek moes eenvoudig verstaan wat dit was wat gemaak het dat ek in die eerste plek gewig opgetel het. As ek dit kon verstaan, dan sou ek ook kon verstaan dat ek nie meer die persoon was wat daardie tagtig kilogram opgetel het nie. En as ek kon besef dat ek nie meer daardie persoon is nie, dan het ek nie nodig gehad om te vrees om weer op tel nie.

"Maar ek was nog altyd oorgewig gewees!" het ek uitgeroep, "En al die kere wat ek dit wel kon regkry om iets te verloor, het ek dit altyd weer opgetel — met rente."

"Wel, in daardie geval moet jy vasstel wat die emosies is wat veroorsaak dat jy kompulsief eet," het Berader teruggeantwoord.

"My wat? My emosies? Nee, dit is nie my emosies wat maak dat ek net wil eet nie. Ek is nie 'n emosionele eter nie," het ek gesê.

Hy het egter daarop aangedring, en gesê, "Jy kan nie as 'n rasionele mens, wat sê dat sy ten volle in beheer van haar emosies is, sommer net kompulsief eet en sodoende jouself en jou gewigsverliespogings saboteer nie. Die probleem moet by jou emosies wees. Kom ons probeer om die emosies te lys wat jy ervaar wanneer jy by die punt kom waar jy voel jy kan nou maar net sowel opgee en eet wat jy wil."

Toe Berader oor emosionele eet begin praat, het ek verlore gevoel en dit ontken. Dit het gevoel asof ons oor 'n nuwe speletjie begin praat, een waarvan ek nie die reëls geken het nie en ook nie geweet het hoe om te speel nie. Ek kon die gewigsverlies-speletjie speel. Na baie jare, het ek myself nogal heel bevoeg geag om dit te speel. Maar die emosionele eetspeletjie was onbekend vir my. In my geestesoog het ek 'n emosionele eter voorgestel as iemand wat iewers, op 'n bed of op 'n bank, in 'n hoekie in trane wegkruip, en besig was om haar mond vol roomys en sjokolade te prop. Ek kon myself nie met hierdie voorstelling vereenselwig nie —

ek was nie so iemand nie. Ek glo in beheer. En ek is altyd in beheer oor alles — ja, ook my emosies.

Ek wou wel my beste poging moontlik aanwend om berading 'n regverdige kans te gee en miskien, op 'n manier, Berader ook verkeerd bewys. As ek nou terugdink, sien ek hoe my hele beradingsreis eintlik maar 'n proses was om die lys van emosies te probeer opstel. Nie dat ons ooit by 'n finale, alles-insluitende lys uitgekom het nie. Nee, 'n letterlike lys was nooit die doelwit gewees nie. Die doel was om meer reflektief en bewustelik te raak, sodat ek my emosionele probleme se wortels kon identifiseer en genees. Aan die begin het ek wel die opstel van hierdie lys baie letterlik geïnterpreteer. Ek sou goed lys soos om hulpeloos, oorweldig of hartseer te voel, maar ek het niks met oortuiging neergeskryf nie. Ek was seker dat my sterk wilskrag en ingesteldheid meer as genoeg was om enige emosies wat ek in die gesig moes staar te kon trotseer. Tot een besondere Donderdag ...

Gedurende die Covid-inperking, het my man se werkgewer begin om aanlyn kooksessies aan te bied. Die doel van hierdie kooksessies was om hulle maatskappy se moraal te lig. Daardie spesifieke Donderdag sou die eerste keer wees dat ek en my man ook een van die sessies sou bywoon. Op ons spyskaart vir die aand was 'n 'Beef Wellington', fondant aartappels, 'n witwortel puree, en 'n rooiwyn-reduksie, en ons sessie sou aangebied word deur niemand anders as Suid-Afrika se eie MasterChef-wenner, Roxy Wardman. Ek het geweldig baie daarna uitgesien.

Al die bestanddele wat ons nodig gehad het vir die aand se kooksessie was alreeds aangekoop. Kosmaak gedurende die week is my werk, en ek berei voor wat ek kan aleer ek met my dag se kantoorwerk begin. Al die gekoopte bestanddele was reeds uitgehaal en reggesit vir die aand teen die tyd dat ek kom sit het om my dag se werk te begin. Die oomblik toe ek egter voor my lessenaar plek inneem, het die beurtkrag-boodskappe begin instroom.

Soos Murphy se wet dit dan nou ook bepaal, was ons krag geskeduleer om daardie aand af te wees. Ek het dadelik paniekerig geraak. Hoe sou ons ons kooksessie kon bywoon sonder krag? Wat anders was ek nou veronderstel om vir aandete te maak? Ek het geen plan B gehad vir aandete nie, ek het net 'n plan A gehad. En as ek die reeds gekoopte bestanddele sou laat oorstaan vir die volgende dag, wat sou ek daarmee maak? Ek het geen idee gehad hoe om enige van die disse wat beplan was, te maak nie. Ek het na die ESP-toep se skerm gestaar, die deel wat sê 'Check your schedule, plan your day', en aan 'n paar gepaste vloekwoorde gedink. Die vermetelheid daarvan — ek het dan reeds my dag beplan gehad.

Tot en met daardie punt het ek nog verdwaas by my rekenaar gesit, my foon in my hand, en na die skerm gestaar. My man, wie se lessenaar reg langs myne is, was die ontvanger van my frustrasies, maar hy het self geen oplossing gehad nie — en ek het dadelik 'n oplossing nodig gehad. Dit was 'n sinnelose en onsekere situasie, en in die onsekerheid van daardie oomblik het ek opgestaan en weggeloop van my lessenaar af. Ek het reguit na my kombuis toe geloop, asof ek nie in beheer was van my voete nie, en na iets begin soek om te eet. Ek het bloot minute gelede ontbyt geëet, ek was nie honger nie. Daar was geen logiese rede om op daardie oomblik iets te eet nie. Terwyl ek daar by my kombuistoonbank gestaan het, het dit my skielik getref. Berader was reg! Ek is 'n emosionele eter.

Vir die heel eerste keer het ek besef hoe mense kos gebruik om hulle pyn of emosies te verdoof. Hoe maklik, outomaties en belaglik, en tog ook heeltemal sinvol dit was. En vandat ek dit besef het, het dinge meer en meer in plek begin val. Ek het tot die besef gekom dat ek kolossale emosionele probleme het. Hierdie probleme was so ernstig dat ek al tagtig kilogram, met rente, sou optel, as ek myself nie sou kon genees van my probleme nie.

Daardie Donderdag het ek uit beheer van my situasie gevoel. Ek het nie geweet watter kant toe om te draai of watse plan om te maak nie. En dit was nie eers 'n baie ernstige situasie nie. Maar omdat ek nie my pad na 'n oplossing kon sien nie, het dit my laat uitreik na iets waaroor ek wel beheer gehad het. Ek kon dalk nie 'n plan maak vir aandete nie, maar kon iets kry om te eet op daardie oomblik. Miskien was dit my manier om vir lank genoeg na 'n rustige en gelukkig omgewing in my verstand te ontsnap, sodat ek wel 'n plan gemaak kon kry? Ek het vir die eerste keer begryp hoe ek kos gebruik om my gevoelens te verdoof. Vir die eerste keer het ek 'n bewustelike insig gehad op 'n andersins sinnelose aksie.

Ek kon lankal nie meer my gewigsprobleme blameer op 'n gebrek aan kennis nie. Weigh-Less, saam met baie jare se dieet-ondervinding, het my al die inligting gegee wat ek nodig het om gesond en gebalanseerd te eet. Ek kon ook nie meer my slegte gewoontes die skuld gee vir my probleme nie. Ek het meer as drie jaar van gewig verloor en instandhouding gehad om goeie en gesonde gewoontes te kweek. Ek kon ook nie my gene blameer nie. Ek het nie my vet geërf nie.

Ek het ook besef waarom ek so goed gedoen het met 'n dieet. 'n Dieet sê vir my presies wat om te doen. En dit is iets wat vir my aanloklik is; ek hou daarvan om in beheer wees. Reëls, stappe, struktuur en instruksies is beheer. Ek hou van 'n plan; het nog altyd van 'n plan gehou. My probleme begin die oomblik wanneer daar nie 'n plan is nie en ek buite beheer begin voel. Die enigste rede waarom ek tot dan my gewig in toom kon hou was omdat ek nog steeds 'n plan gevolg het: Ek het my formule bly volg. Ek het elke dag geweeg. Ek het my gewig beheer deur my eie sterk wilskrag. Ek was nog steeds besig om te dieet.

Wat vir my besonderlik fassinerend was, was dat iewers, reg aan die begin van my beradingsreis, het Berader die volgende opmerking gemaak: "Dit moet so uitputtend wees om altyd so perfek met alles te moet wees. Ek sal baie graag wil weet hoe jy mislukkings hanteer en wat gebeur wanneer jy iets nie kan regkry nie."

Daarop het ek geantwoord: "Ek begin niks as ek nie vooraf weet dat ek wel suksesvol daarmee gaan wees nie. En wanneer ek wel iets begin, neem ek myself voor dat ek dit gaan regkry. Ek sal aanhou probeer totdat ek wel suksesvol is."

Ek was toe nog 'n vreemdeling vir hom gewees. Hy het niks van my geweet nie, en tog het hy ook alles geweet. Ek is seker ek moes 'n groot plakker op my voorkop gehad het.

Om aan my te illustreer waarom ek probleme in myself ervaar wanneer ek nie in beheer was nie, het Berader die volgende oefening aan my gegee. Hy het dit eintlik direk aan my man gegee — net sodat die boodskap nie verkeerd oorgedra word nie. Die opdrag was dat ek moes toelaat dat my man vir 'n paar uur lank geheel en al alles vir my doen. Gedurende die tyd moet ek stilbly, nie kla nie, en hom toelaat om self besluite te neem en sy eie diskresie te gebruik. Ek mag hom nie gelei het nie.

So, een Sondagoggend, voor ons kerkdiens, het my man my gewas, my aangetrek, my gevoer, selfs my tande geborsel — hy het alles vir my gedoen.

Ek was verbaas oor hoe baie hierdie oefening my gepla het. Net die gedagte daaraan het my al van vroeg daardie oggend af wakker gehad, en ek lê en dink, 'Miskien moet ek gou my hare gaan was?' of 'Dalk moet ek gou my tande gaan borsel ...?'

Die teerheid en omsigtigheid waarmee my man die situasie hanteer het, het my verbaas. Ek het verwag dat hy dit nie ernstig gaan opneem nie en gaan grappies maak daaroor. My verwagting van hoe my man gaan optree, illustreer hoe ek altyd die ergste reaksie van ander verwag, selfs van die mense naaste aan my wat ek die meeste vertrou.

Ongelukkig is die oplossing tot my emosionele probleme nie om eenvoudig seker te maak dat ek net nooit daardie emosies beleef nie. Dis nie 'n werkbare oplossing om seker te maak dat ek wel altyd in beheer van 'n situasie is nie. Om konstant in beheer te wees, is in elk geval 'n baie uitputtende — selfs onmoontlike — manier van lewe. Ek moes agterkom wat die wortels van my emosionele probleme was, en daardie wortels het hulleself diep in my siel in geskiet oor die verloop van baie jare. Al was hulle diep begrawe moes ek hulle gaan oopkrap, en uitgrawe — een vir een. Berader het daarvan gehou om daarna te verwys as my emosionele swartgate. Ek moes hulle vind en gesond maak deur hulle te vul met iets wat nie kos is nie.

Die enigste trauma wat kan genees, is die trauma wat 'n mens bereid is om aan erkenning te gee.

Om oor en oor ons emosies met iets ekstern te probeer verdoof, terwyl ons as't ware beheer oorgee aan hierdie middel — dis wat verslawing is. Boonop doen ons dit outomaties en sonder om te besef, dat dit tot nadeel van onsself is. 'n Verslawing kom nooit sonder 'n prys nie. Die pond vleis wat verslawing eis, kan jou gesondheid, familie, geluk of selfs huwelik, wees — eintlik elke liewe ding wat vir jou dierbaar en kosbaar is.

Die gewone manier om 'n verslawing aan te spreek is om van die middel waaraan jy verslaaf is te onttrek — soos met alkohol, dwelms of nikotien. Ek is verslaaf aan kos. Ek sal waarskynlik altyd aan kos verslaaf wees. Maar ek kan nie van kos onttrek nie — ek het dan kos nodig om te kan lewe. Baie mense probeer daarom 'n kosverslawing opbreek in 'n suiker-, vet- of koolhidraatverslawing. Maar om dit so op te breek, werk ook nie — op dieselfde manier wat mens nie 'n alkoholverslawing kan opbreek in 'n wyn-, whisky- of brandewynverslawing nie. Dit maak net nie sin nie. Omdat ek nie my kosverslawing kon beheer deur van sekere kos of kossoorte te onttrek nie, was die beste ding wat ek kon doen om beheer te kry oor die tye wanneer ek wel kompulsief sou begin eet. Ek word 'n irrasionele eter wanneer my emosies betrokke raak. Ek is 'n emosionele eter — die beste wat ek ooit voor kan hoop om te wees is 'n genesende emosionele eter.

Verkeerd Gebore

My verhouding met my ma het begin die dag dat ek gebore is. Dalk is dit 'n voor die hand liggende stelling om te maak ... Begin almal se verhouding met hulle ma dan nie die dag wat hulle gebore is nie? Waarskynlik ja, maar ek het die gevoel gehad van 'verkeerd wees' reg van geboorte af.

Met my geboorte moes my ma 'n noodkeisersnee ondergaan. In daardie dae, was die mediesverkose manier 'n vertikale snit oor die abdomen. Ongelukkig het my ma se wond infeksie opgedoen en sepsis het ingetree. Dit het maande geneem vir die wond om te genees, en pynlike en aftakelende maag breuke was my ma se lot daarna.

My ma het my nooit direk vir haar breuke blameer nie, maar wanneer sy die storie vertel van hoe haar breukprobleem begin het — en sy het die storie baie graag vertel — het sy altyd begin met: "Op die dag wat Mart-Mari gebore is ..." Dit het nie veel van my gevat om, selfs as 'n jong dogtertjie, te verstaan dat ek die oorsaak van haar pyn was nie.

Miskien sou die hele situasie nog oukei gewees het as my ma se breuke haar net effens ongemaklik gemaak het, maar ongelukkig was dit nie so nie. My ma se breuke het haar geweldige ongerief en pyn veroorsaak. Daar was tye dat sy regtig vir dae lank in haar bed sou bly lê en probeer om vasgeknypte derms terug te druk. Die risiko was altyd dat sy dit nie sou regkry om die derm suksesvol terug te druk nie, en dat 'n blokkasie sou vorm. Blokkasies kon weer veroorsaak het dat bloedtoevoer afgesny word en daardie stukkie derm sou 'doodgaan'.

Dit was 'n potensieel lewensgevaarlike situasie. Ek het soveel herinneringe van my kinderdae af van ure wat ons as 'n gesin omgebid het vir my ma om tog net weer gesond te word. Wanneer ons so bid dan bly ek met die gedagte in my agterkop speel dat dit alles eintlik my skuld is.

Toe ek ongeveer dertig jaar oud was, word ek, ironies genoeg, self ook met maagbreuke gediagnoseer. Aanvanklik kon my dokter net een breuk identifiseer, regs-bo my naeltjie, maar lateraan het meer en meer breuke ontwikkel. Op daardie stadium het my ma nog gelewe, maar ek het besluit om haar nie van my breukdiagnose te vertel nie. Eerstens, was my verhouding met my ma nie goed nie, en tweedens, was ek bang dat sy op een of ander manier my oudste dogter, ons tweede kind, die skuld vir my breuke gaan gee. Ek wou geensins gehad het dat my dogter met dieselfde storie as ek moet grootword nie.

Ons het weer probeer vir 'n normale, vaginale geboorte vir my oudste dogter se geboorte. Ek is redelik erg anti-keiser, vir ooglopende redes, maar ek het ongelukkig reeds 'n noodkeiser ondergaan vir ons eersteling se geboorte. Vordering in die mediese tegnologie het dit vir my moontlik gemaak om wel weer te probeer vir 'n normale geboorte, omdat my eerste keisersnit 'n bikini-snit was.

Vir my oudste dogter se geboorte was ek gemotiveerd om dinge beter te doen en om nie weer 'n keisersnit te kry nie. Ek het 'n natuurlike geboorte kliniek opgespoor en 'n vroedvrou wat bereid was om my te help. Ek het ook heelwat gewig verloor, omtrent vyf-en-dertig kilogram, en geoefen. Ek was sterk en gesond. Op veertig weke en ses dae het ek natuurlik in kraam ingegaan. My water het vroeg tydens kraam al gebreek, maar die kraamproses het besonder stadig verloop. Ongeveer twintig ure nadat my water gebreek het, het ons agtergekom dat my dogtertjie haar eerste stoelgang in die baarmoeder gehad het, en dat sy begin het om tekens van nood te toon. Die enigste opsies op daardie stadium was weer 'n noodkeiser.

Omdat die besluit om te opereer met soveel haas gemaak was, het die epidurale verdowing my in die steek gelaat, en moes ek onder algemene narkose geplaas word. Ons het die probleem met die epidurale verdowing egter eers agtergekom nadat ek reeds oopgesny was, dit was amper asof die epidurale verdowing nie orals, of hoog genoeg op, verdoof het nie. My dogtertjie moes ook terug en op gedruk word sodat sy deur die bikini-snit uitgehaal kon word. My herinneringe van my oudste dogter se geboorte is dat dit intens, gejaagd en traumaties was. Van al die keisersneë wat ek al gehad het, het hierdie een my die langste geneem om van te herstel.

Ek het ook erge nageboorte-depressie ontwikkel, waaroor ek wel op die ou einde gekom het. Die depressie het ongelukkig veroorsaak dat ek net nie weer teruggekeer het na my Weigh-Less groep nie. Ek het al die gewig wat ek voor my dogter se geboorte verloor het, plus ekstra, weer opgetel. Die tydperk na my oudste dogter se geboorte was nie die beste tyd van my lewe nie, en toe word ek boonop met 'n maagbreuk ook gediagnoseer.

My eerste instink op daardie stadium was om my dogter te beskerm. Ek weet nie of die gebeure rondom haar geboorte wel die breuk kon veroorsaak het nie, maar ek was gewis nie van plan om haar met daardie idee te laat grootword nie. Nóg minder was ek van plan om my ma, wat reeds vies was omdat ek so simpel kon wees om weer 'n normale geboorte te probeer, die kans te gee om die breuk-storie, my dogter se skuld te maak. My breuk-diagnose was maar net nóg 'n geheim wat ek sou wegsteek van my ma. Trouens, ek moes dit ook wegsteek vir enige iemand wat dalk met my ma sou praat. Maar om geheime te hou was nie vir my moeilik nie — ek was baie geoefen daarmee, dit was immers my modus operandi vir 'n groot gedeelte van my lewe.

Na my breuk-diagnose, het ek nog twee swangerskappe gehad. En ek het ook bly gewig optel. My ma is oorlede voor my vierde swangerskap, sonder dat sy ooit bewus was daarvan dat ek ook met breuke gesukkel het.

Ek het begin met my gewigsverliesreis, waarop ek tagtig kilogram verloor het, 'n paar jaar na die geboorte van my jongste. Ek het met hierdie gewigsverliespad begin met die uitsluitlike doel om genoeg gewig te verloor sodat ek my breuke kon laat herstel. My huisdokter was nie eers gewillig om my te verwys na 'n chirurg alvorens nie. Ek is vas oortuig daarvan dat my determinasie om gewig te verloor gedryf was deur my begeerte dat my kinders nie met dieselfde herinneringe grootword as waarmee ek groot geword het nie. Ek wou nie my ma word nie!

Teen die einde van die eerste jaar wat ek begin het met my gewigs-verlies-program, het ek genoeg gewig verloor om al as 'n geskikte kandidaat deur my dokter beskou te word vir die nodige operasie. Sy het my verwys na 'n chirurg, maar hy het gevoel dat ek eerder nog 'n bietjie meer moet verloor. Vier maande na my verwysing, het hy gereken die tyd is reg, en wel my operasie uitgevoer. Ek was in ekstase, dit was dan die hele doel waarom ek in die eerste plek begin het om te dieet, en ek het wragtig daardoe doel bereik! Ek was ook vas van plan om die res van die gewig wat ek nog moes verloor, ook te verloor. Teen daardie tyd het ek reeds al van die voordele van minder weeg ervaar. Ek wou graag uitvind hoe dit sou voel om my teikengewig te bereik.

Gedurende my laaste opvolgafspraak met die chirurg, het ek hom gevra of hy dalk 'n opinie het oor wat die oorsaak was van my breuke, en of ek op 'n manier kon vermy om in die toekoms weer las van breuke te hê.

Ek sal nooit sy woorde vergeet nie: "Gegewe die manier hoe jou breuke hulleself voorgedoen het en met die wete dat jou ma ook met breuke gesukkel het, is jou probleem waarskynlik geneties. 'n Swak buikwand loop heel moontlik in jou familie."

My eerste beradingsopdrag, my self-en-skuldlas-portret, was 'n baie belangrike opdrag omdat ons bly terugverwys het na die skets regdeur my beradingsreis. Die idee was dat ek van my tekeninge sou doodkrap soos wat ek tot die besef sou kom dat daardie tekening nie my skuld of las was om te dra nie. Een van hierdie tekeninge, was 'n tekening van my ma wat in haar bed siek gelê het, en 'n ander een was van my pa se hande wat saam gevou was in gebed. Ek het gereeld hierdie tekeninge met my man bespreek, hoofsaaklik sodat hy my ook kan help om tot insig te kom, en die een aand het ons spesifiek oor hierdie twee tekeninge gepraat.

My man was van mening dat ek die tekeninge maar kan doodkrap, ek het mos toe geweet dat my ma se siekte nie my skuld was nie. Ek het van hom verskil, ek het nie gevoel dat ek dit sommer net kon deurkrap nie.

Ek het my redenasie rondom hierdie tekeninge só probeer verduidelik. Veronderstel jy was onskuldig in 'n tronk vir sewe-en-dertig jaar, terwyl jy geglo het dat jy wel skuldig was. Eendag word jy vrygelaat en vertel dat eintlik was jy nooit skuldig gewees nie. Dink jy dis iets wat jy sommer net kan afskud en aan beweeg asof dit nooit gebeur het nie? Natuurlik nie. En so was my situasie dan ook gewees, ek moes eers 'n paar goed doen voordat ek wel daardie tekeninge sou kon deurkrap.

Eerstens moes ek verstaan wát die geloof, persepsie, dat ek wel skuldig was vir my ma se breuke, by my gesteel het. Ek moes bestek neem van die skade wat daardie geloof aangerig het. Daardie geloof het my selfwaarde kom steel. Dit het my laat voel asof dit vir almal, my ma, pa en ouer suster, beter sou wees as ek net nooit gebore was nie. Daardie gevoel het 'n rimpeleffek gehad, reg deur die res van my lewe.

Tweedens moes ek myself bevry van die skuld- en skandegevoel wat ek vir soveel jare saam met my gedra het oor my ma se breuke, en werklik glo dat dit nie my skuld was nie. Dis een ding om dit te hoor, maar iets ander om dit ten volle te glo.

En laastens moes ek my ma vergewe omdat sy my onder die indruk gehou het dat haar breuke my skuld was. En meer belangrik moes ek haar ook om vergifnis vra, wat moeilik is om te doen wanneer jou ma reeds oorlede is. Ja, sy het nooit direk gesê dat haar breuke my skuld was nie, maar sy het ook nooit erken dat dit nié my skuld was nie. 'n Deel van my is daarvan oortuig dat sy geglo het haar breuke deur my moeilike geboorte se toedoen was — en selfs al was dit nie, het sy dit nooit besef nie. Sy het nie my chirurg se boodskap en verduideliking gehoor nie. Sy kon nie, want sy was toe reeds oorlede.

Hierdie skuldlas wat ek van klein-klein dogtertjie af al saam met my gedra het, was soveel anders as al die ander skuldgevoelens wat ek maar net te maklik op my skouers gelaai het. Dit was die oorspronklike skuldlas — die eerste ene — en die geboorteplek van al die ander. Hierdie skuldlas het iemand anders se lewe geweldig baie geraak en dit het 'n komplekse dinamika tussen my en my ma geskep, wat my laat voel het dat ek, 'n klein dogtertjie, haar leed aangedoen het. My ma het dit ook geglo, miskien sonder dat sy dit self besef het, of dat sy dit aan haarself sou erken. Hierdie was 'n skuldlas wat ons verhouding van dag een af beïnvloed het.

Die heel laaste ding wat Berader vir my in 'n sessie gesê het was dat ek moet probeer jammer sê. Hy het gesê, "In jou gedagtes, jou gebede of op watter manier jy ook al voel jy kan kommunikeer, probeer om vir

jou ma om verskoning te vra vir die seer wat sý geglo het jy vir haar veroorsaak het."

Tagtig Kilogram Se Skuldlas

Daar was niks wat ek meer wou gehad het as 'n goeie verhouding met my ma nie. Ek het daarna gesmag. Ek wou so graag iemand hê wat ek in my vertroue kon neem, wat my onvoorwaardelik sou liefhê, my nie sou oordeel of seermaak nie, en wat altyd beskikbaar sou wees vir my — iemand wat nie my man is nie. Vir kort rukkies of kortstondige episodes, het ek so 'n verhouding met my susters beleef. Dit het net nooit so gebly nie, en was vir seker nie die gevoel wat ek ons verhouding mee sou beskryf nie. Ek reken ek het dalk so 'n verhouding met my pa gehad, maar dan weer, hy het so agter my ma se skaduwee weggekruip, dat ek nooit oop en eerlik met hom kon wees nie. Naby familie was daar ook nie juis om van te praat nie.

Nie alleen het ek en my ma glad nie 'n goeie verhouding gehad nie, ek was ook bang vir haar. Ek was bang vir haar selfs nadat sy gesterf het!

Omdat ons nie die verhouding gehad het wat ek so begeer het nie, het ek voorgegee dat ons wel na aan mekaar was. Ek het onder andere 'n foto van ons twee, saam met 'n brief wat sy vir my geskryf het op my troudag, laat raam en in my kombuis opgehang — 'n baie prominente plek in my huis. Hierdie geraamde foto en brief was een van die eerste dinge wat besoekers sou raaksien, en ek het self ook daagliks daarin vasgekyk.

Ek het nooit met ander gepraat oor die verhouding tussen my en my ma nie. My sussie het een keer, baie jare terug, probeer om met 'n buitestaander te gesels oor my ma. Ek het nooit die volle verhaal daaragter gehoor nie, maar wat ek afgelei het, is dat die persoon wat sy in haar vertroue geneem het, haar nie geglo of ernstig opgeneem het nie. Sy moes seker nie met iemand gepraat het wat ons ma geken het nie.

Sien, my ma het 'n fantastiese reputasie gehad. Dit moes vir almal gelyk het asof sy die perfekte ma en vrou is. Daar was niks wat sy nie kon doen nie, en sy het in alles uitgeblink wat sy gedoen het. My ma was besonder talentvol. Sy kon kook, bak, naaldwerk doen, tuinmaak, brei, hekel, organiseer, leiding neem, huishou, en dit alles het sy perfek gedoen. Sy het selfs van haar tyd gegee om uit te help by elke skool- en kerkgeleentheid. Haar hande het vir niks verkeerd gestaan nie, en sy was bereid om baie hard te werk — en het ook graag. My ma se charismatiese persoonlikheid het van nature ander mense na haar toe aangetrek; daarvan het haar groot sosiale sirkel getuig. Dit was asof sy sonder moeite vriende gemaak het. Sy was so gereeld uithuisig gewees, dat sy genoeg tyd gehad het om vriendskappe te kweek.

Die samelewing verwag dat die man die geestelike hoof van 'n huisgesin sal wees, maar in ons huis was dit nie die geval nie. My ma het die geestelike leiding in ons huisgesin oorgeneem en my pa se rol was om my ma te ondersteun in al die godsdienstige rituele en kerklike aktiwiteite wat sy wou aanpak. Sy het haar verhouding met God as perfek voorgehou. Sy was 'n Sondagskooljuffrou gewees en ek was self op 'n stadium in haar klas. Sy was 'n wonderlike juffrou, en die kinders was dol oor haar, maar sy was nie eens naastenby dieselfde by die huis nie.

My ma was ook vir baie jare ons kerk se skriba en het selfs die selgroep gelei waarvan ons huisgesin deel was. In ons huis was Bybelstudie nooit oorgeslaan nie. Ek het veral nie gehou van die gebedskring wat ons elke aand gehad het nie — en omdat ek nie daarvan gehou het nie, het dit my laat voel asof ek 'n gebreekte Christen is. Vandag is ek nog steeds nie 'n groot aanhanger van gebed in 'n groep nie — al is ek nie die een wat bid nie. Om in 'n groep te bid neem my altyd terug na Bybelstudie in my kinderhuis.

My ma se perfekte beeld, of dit nou geestelik of sosiaal was, was ongelukkig 'n masker wat sy vir die buitewêreld gedra het. Selfs ek en my susters het, as haar dogters, deel uitgemaak van haar masker. Die druk op ons om te presteer en op te tree sodat die integriteit van hierdie masker in plek kon bly, was gewigtig.

Gun my egter die geleentheid om die storie agter die masker te deel. Ons was drie susters, waarvan ek die middelkind was. My oudste suster is net meer as elf jaar ouer as ek, en my sussie was maar slegs agtien maande jonger as ek. My pa was nege-en-veertig toe ek gebore is, en my ma nege-en-dertig. My pa het as 'n klerk op die myn gewerk en toe ek ongeveer vier jaar oud was, was hy betrokke in 'n motorfiets ongeluk, waarin hy meeste van die beweging in sy regterarm, en veral sy regterhand, verloor het. My pa het 'n paar jaar na die ongeluk vroeë pensioen geneem, wat tot gevolg gehad het dat hy die huistoelaag verbeur het. My ouers het die eerste keer huiseienaars geword toe ek nog in die laerskool was.

Nou dat ek self getroud is met kinders van my eie om na om te sien, kan ek verstaan dat my ouers dit nie maklik kon gehad het nie. Hulle moes onder enorme finansiële druk gewees het: drie dogters, vroeë pensioen, 'n fisiese gestremdheid, nuwe huiseienaars en 'n dogter op universiteit. Ek glo dat my ma se masker 'n manier vir haar was om haar werklikheid te ontvlug en om te kon saamleef met haar baie uitdagende realiteit. Ek glo ook haar masker was 'n manier waarop sy van haar eie seer en bekommernis probeer wegsteek het. My ma was 'n sterk en vindingryke vrou; niemand mag haar ooit as enigiets anders gesien het nie.

By Berader het ek geleer dat daar 'n paar algemene maniere is om probleme in 'n verhouding te adresseer:

Jy kan kwaad word en omgekrap wees. Jy kan skree en soos 'n besetene aangaan en goed sê wat jy dalk later gaan berou.

Jy kan besluit om die probleme nie aan te spreek nie, of te ignoreer, deur uit die verhouding uit te loop en dus daardie persoon uit jou lewe uit te sny.

Jy kan ook besluit om nie die probleme aan te spreek nie deur eerder die fout by jouself te soek en meer van jouself in die verhouding begin sit, of om jouself te verander soos wat jy dink nodig is om die verhouding te red.

Julle kan kommunikeer en saam deur die probleme werk.

Ek voel my tipiese manier van konflikhantering is om my probleme te ignoreer, veral deur om myself te probeer verander. Ek kan ook sien hoe hierdie nie altyd die geval was vir my nie. My ma was gereeld siek, maar wanneer sy wel beter gevoel het en nie in haar kamer was nie, het sy gewoonlik met my en my sussie geraas. Ek was die een waarmee sy meeste van die tyd geraas het. My sussie het sommer van jongs af al agtergekom dat dit veiliger was om haarself so vinnig as moontlik uit die situasie uit te onttrek. As my ma se aandag op my gefokus was, dan was daar nie met haar baklei nie.

Ek het nou weer nie so vinnig geleer nie. Nee, ek het vir baie jare lank probeer terugbaklei. Dit het my net nog meer in die moeilikheid laat beland. Afhangende van hoe oneerbiedig of ongehoorsaam ek opgetree het, of oor hoeveel onsigbare grense ek getrap het, sou die geskreeuery oorgegaan het in slaan en selfs daarin om my uit die huis te sluit vir ure, totdat ek myself weer gedra het.

Gedurende berading het ek gewonder hoekom ek nooit eenvoudig net na ons bure toe gegaan het wanneer my ma my uitgesluit het nie. Sy was so besorg oor haar beeld, en dit kon dalk my en my sussie help. Maar ek het dit nooit gedoen nie. Ek dink ek was eenvoudig te bang vir haar. Of dalk wou ek nie gehad het ander mense moes weet dat ek nie 'n goeie verhouding met my ma gehad het nie? Soos wat ek ouer geword het, het ek wel besef dat die beste manier om konflik met haar te hanteer, was om my ma te vertel wat sy graag wou hoor — al het dit beteken dat ek moet jok. Ek sou dan so gou as wat ek kon, en gewoonlik in trane, na my kamer toe hardloop.

Een middag, gedurende my Matriek-jaar, het my ma en pa my in 'n hoekie vasgedruk. My ma wou meer weet oor die geskinder wat die dorp vol lê het oor die kêrel wat ek skynbaar gehad het — dis die kêrel wat vandag nog my eggenoot is. My pa het hoofsaaklik deel gevorm van hierdie gesprek om my ma te ondersteun terwyl sy met haar foutiewe en onvoorbeeldige dogter gepraat het; hyself het nie juis veel te sê gehad nie.

My ma het my daarvan beskuldig dat ek 'n hoer was, en dat ek nooit skool sou voltooi as ek sou aanhou om my kêrel te sien nie. Hoewel ons inderdaad toe in 'n verhouding was, het ek dit ten sterkste ontken. Ek het vir my ouers gejok; ag, ek het vir baie jare, en vir baie redes, vir my ouers gejok en bly jok — oor en oor. Maar van al die dinge waaroor ek gejok het, voel ek die skuldigste oor al die kere wat ek my en my man se verhouding ontken het en selfs dat ek hom nie liefgehad het nie. Daardie leuens maak vandag nog seer. Daardie eerste middag wat ek oor ons verhouding gejok het, was ook die middag wat ek besluit het om op te gee met my eerste dieet. Ek kon net nie sterk bly staan met die dieet, en nog my emosies ook deurwerk nie; iets moes die knie buig.

Op hierdie punt wil ek byvoeg: ek het nie nét skool voltooi nie, ek het skool voltooi met sewe onderskeidings en derde beste prestasie in my provinsie behaal. Ek het ook die beste presteer in my groep vir beide my voorgraadse en honneurs grade. En ek het al hierdie prestasies behaal terwyl ek 'rondgehoer' het. Hoera vir leuenaars en hoere?

Seks was 'n taboe onderwerp in die huis waarin ek grootgeword het. Selfs naaktheid was iets om oor skaam te wees. Om 'n voorbeeld te noem: toe ek vyftien jaar oud was, het ek 'n aaklige vaginale swaminfeksie ontwikkel. Dit het my drie maande geneem om genoeg moed bymekaar te skraap om my ma om hulp te vra. Dis hoe ongemaklik ek daarmee was om haar enige iets te vra met betrekking tot my privaat dele. Ek sou eerder maande om bekommer oor 'n swaminfeksie — wat lateraan teen my bene af versprei, en in die nag wakker gehou het as gevolg van die gejeuk — as om met my ma te praat. My ouers het my niks oor seks geleer nie — behalwe dat voorhuwelikse seks en egskeiding sonde is. O ja, my ma het my darem geleer hoe om bloed uit onderklere uit te was en dat ek nooit met my pa moes praat oor my menstruasie nie. Alle kennis oor seks het ek by die skool en uit boeke geleer.

Een van die opdragte in Berader se kursus was om 'n brief te skryf: van jou ma aan jouself gerig met die boodskap oor seks en wat sy vir jou geleer het. Selfs al het sy jou niks vertel nie, wat is dan die boodskap wat haar gebrek aan onderrig tot gevolg gehad het. Die tweede deel van dieselfde opdrag was om 'n brief vir jou dogter(s) te skryf met alles wat jy graag vir hulle wil vertel oor seks.

Ek was nooit lus om hierdie opdrag te doen nie — dit was nog in die dae toe ek nie die skryfopdragte wou uitvoer nie. Die opdrag het egter drie keer in ons kursus materiaal voorgekom. Die derde keer het ek besluit om 'tog nou maar net hierdie simpel opdrag te doen voor dit 'n vierde keer voorkom'. Ek het die briewe geskryf, en is nou van mening dat dit briewe is wat elke ma, selfs elke pa, behoort te lees.

Hieronder is die brief wat ek aan myself gerig het asof dit van my ma af kom. In hierdie brief probeer ek op papier neerpen wat haar stilte en weiering om oor seks te praat vir my beteken het:

* * *

Seks is iets om oor skaam te wees. Dis nie iets waaroor jy ooit moet praat nie, selfs nie eers in 'n private gesprek nie. Selfs die woord "seks" is 'n vloekwoord. Alle gedagtes oor seks is vuil en behoort nie in die verstand van goeie en eerbare meisies te wees nie. Dis jou verantwoordelikheid om jou ontwikkelende liggaam weg te steek en privaat te hou. Niemand mag weet wat besig is om te gebeur nie — selfs en veral nie wanneer jy begin menstrueer nie. Seks is vuil en lelik. Puberteit is vuil en lelik. Dis nie goed waaroor ons praat nie. Jy kan nie eers hieroor praat met jou pa nie.

Slegs los meisies of meisies wat nie omgee oor hulle toekoms nie, raak in verhoudings betrokke. Seuns stel net in seks belang en sal vir seker veroorsaak dat jy swanger word. Nou is nie die tyd in jou lewe om in 'n verhouding betrokke te raak nie. Jy sal baie tyd hê vir verhoudings later in jou lewe wanneer jy ouer is.

* * *

Hierdie was die brief wat ek van myself af, vir my dogters geskryf het:

* * *

Mamma is so ongelooflik baie lief vir julle. Al wat ek wil hê is dat julle voluit moet lewe en moet liefhê in oorvloed en sonder dat iets julle keer.

Ek wil hê julle moet weet hoe ongelooflik spesiaal julle liggame gemaak is en ook presies hoe dit werk: van hoe vrouens se liggame voorberei vir moederskap, hoe swangerskap werk en ook borsvoeding. Maar ek wil nie net hê dat julle funksionele kennis van julle liggame moet dra nie, ek wil ook hê dat julle, julle liggame moet kan geniet. Ek het so baie inligting en wysheid wat ek vir julle wil deel, en ook sal deel. Ek wil nie hê julle moet ooit twyfel of huiwer om te vra of net om te kom praat nie.

Ek wil nie hê julle moet ooit ongemaklik wees daaroor om oor seks te praat nie. Dit moet vir julle die mees normale en gemaklikste onderwerp ooit wees. Seks is ongelooflik, maar dis ook nie alles nie. Dis belangrik om te wag vir die regte persoon, en om uit te sien daarna. Ek wens vir julle al die sterre in die oë, verliefdheid en skoenlappers in die maag, moontlik. Maar ek wens ook vir julle die emosionele volwassenheid, openhartigheid en insig om goeie keuses te kan maak en goeie verhoudings te kan bou. Dis belangrik om te werk aan 'n goeie en stabiele verhouding — 'n goeie fondasie — voordat julle die seksuele faktor deel maak van julle verhoudings. Seks is nie iets om vrylik uit te deel nie, dis spesiaal, en bedoel vir 'n baie spesiale persoon. Dis nie goedkoop of algemeen nie.

Wanneer julle wel eendag seks het, hoop ek dat julle dit sal kan geniet vir alles wat dit het om te bied. Ek hoop dat julle, julle volle self sal kan gee en dat julle mans julle soos koninginne sal behandel. Want julle verdien niks minder nie. En dat julle nooit sal ophou om saam te eksperimenteer, te leer en te geniet nie. Ek hoop dat seks vir julle die kroon oor 'n reeds mooi verhouding sal span.

* * *

Ek het die brief aan my dogters geskryf om al die boodskappe in te hê wat ek wens ek kon hoor toe ek self 'n tiener was. As ek my en my ma se verhouding met 'n metafoor moes beskryf, sou ek dit beskryf as 'n falende huwelik. 'n Falende huwelik waar een party die rooi ligte raaksien, maar so graag dit maar net wil laat blyk dat alles nog in die haak is, terwyl die ander party salig onbewus is van enige probleme.

Ek wou nooit hê dat mense moet weet dat my verhouding met my ma nie perfek was nie. Almal anders se verhouding het dan vir my so gelukkig en gesond gelyk. Met Moedersdag sou die pragtige huldeblyke aan hulle moeders van my vriende af, voor my oë verskyn. Ek sou ook gereeld hoor van koffie-afsprake saam met moeders of lang telefoongesprekke. Ek was skaam daaroor omdat my verhouding met my ma nie goed was nie, en ook asof die probleem eintlik net van my kant was. My vrees was dat indien mense uitvind van my slegte verhouding met my ma, ek onder kruisverhoor geneem sou word en moet verduidelik — daarvoor het ek nie kans gesien nie. Ek wou nie eers met my ma oor die foon gesels het nie. Wanneer ons as 'n gesin in ons tuisdorp sou gaan kuier, dan wou ek ook nie vir my ma gaan kuier het nie. Die kere wat ons wel daar gaan kuier het, het ons dit bloot uit verpligting gedoen.

En so het ek bly voorgee en voorgee, selfs na my ma oorlede is. Ek sou items van haar in my huis ophang en ons leefareas daarmee versier, soos ek gemaak het met die geraamde foto en brief. Ek wou so graag daardie perfekte moeder-dogter verhouding gehad het, al het dit beteken dat ek bly leuens vertel en al was daar nie 'n kans dat ons verhouding ooit sou herstel nie.

Ek en Berader het skaars die onderwerp van die verhouding tussen my en my ma begin aanraak, toe ek vir 'n operasie moes gaan. Die week na my operasie het ek in my bed gebly om te rus en te herstel. Beperk tot my bed, het ek baie tyd gehad om te dink, en die een ding wat die hele tyd in my gedagtes bly opkom het was die geraamde foto en brief wat in my kombuis gehang het. Vir die heel eerste keer het ek die oorweldigende gevoel gehad om die foto en brief te verwyder. Ek wou dit nie meer sien nie, of ten minste, heelwat minder. Ek wou veral nie meer hê dat ander mense dit sien wanneer hulle by ons kom kuier nie.

Die eerste dag dat ek sterk genoeg gevoel het om meer rond te beweeg, het ek 'n leer gaan uithaal en self daardie foto en brief geskuif. Ek het dit geskuif na 'n area in die huis waar ek dit nou amper nooit meer sien nie. In sy plek, het ek 'n pragtige foto van 'n donkie laat druk en dít daar opgehang. Die donkiefoto het 'n simboliese betekenis vir my. Dit herinner my daaraan om 'n nederige dienaar te wees — om te dien met liefde, vir God en ook vir ander mense om my. Dit herinner my ook daaraan om nooit te voorbarig te raak of oorgerus in my eie vermoëns nie — veral nie my vermoë om my gewig in toom te hou nie.

My self-en-skuld-portret het baie prentjies op gehad van goed waaroor ek skaam en skuldig gevoel het — skuld wat meestal direk of indirek deur my ma se toedoen was. Berader het dit nogal mooi verwoord op 'n stadium. Hy het gesê dat as ek al daardie skuld sou kon neem en dit sou kon weeg, dan sou dit tagtig kilogram geweeg het. Terwyl ek wel al die fisiese gewig verloor het, het ek egter nog die emosionele gewig gehad om te verloor. Die verlies van die emosionele gewig, dit is wat sou keer dat ek weer fisiese gewig sou optel.

Dobbel

Een van die vrae wat die onderhoudvoerder vir my gevra het in my eerste regstreekse onderhoud was, "Waar is jy gebore?"

"In Rustenburg," het ek haar geantwoord, "Ek het ook in Rustenburg grootgeword. Ek het Rustenburg eers verlaat toe ek universiteit toe gegaan het."

My onderhoudvoerder was egter baie skerp en het sommer vinnig 'n logiese gevolgtrekking gemaak met die kennis dat daar nie veel was in Rustenburg om te doen in die 1980s en 1990s nie, sy het gevra: "Het julle baie Sun City toe gegaan gedurende daardie tyd wat jy grootgeword het?"

Ek glo egter nie sy was skerp genoeg om te besef watter pynlike "Ja" dit vir my was om te antwoord nie.

Die jaar wat ek graad een toe is, was my ousus se laaste jaar in die skool gewees, haar Matriek jaar. Sy is universiteit toe in die jaar wat ek graad twee begin het.

Universiteit was duur — dit is nog steeds die geval. Ons omstandighede, soos wat hulle toe was, met my ma wat op daardie stadium nog 'n tuisteskepper was, my pa wat vroeg afgetree het en met ek en my sussie wat kos en klere moes hê, het die begroting in my ouerhuis maar baie knap gemaak. My ouers het baie lenings aangegaan en kredietkaarte gehad om te betaal vir ander kredietkaarte. "Daar is nie geld hiervoor nie!" was 'n frase wat ek gereeld moes aanhoor. Daar was op 'n stadium selfs nie eers genoeg geld vir ons skoolfonds gewees nie. Ek het 'n bietjie geld gewen in 'n kunswedstryd die vorige jaar, en my ouers het daardie geld gebruik om vir my en my sussie skoolfonds te betaal.

Die vroegste wat ek kan onthou van my ouers se dobbelary was van ongeveer die begin van my graad twee-jaar af, toe ek sewe jaar oud was. Ek onthou daardie tyd omdat dit was toe my ousus alreeds met universiteit begin het en in die koshuis gebly het. Dit was net ek en my sussie wat toe nog in die nes was. Gedurende daardie eerste ruk, was dit maar net naweke wat my ouers sou gaan dobbel by Sun City. My ma sou gewoonlik vir my en my sussie verduidelik het dat ons geld nodig gehad het vir my ousus se klasgelde, boeke of koshuisverblyf — daar was altyd 'n rede gewees hoekom dit nodig was om te gaan dobbel. Van wat ek kan onthou was dit my ma wat die eintlike dobbelaar was, maar omdat sy nie kans gesien het daarvoor om alleen uit te ry Sun City toe nie, dit was ongeveer 'n uur se ry weg van ons af gewees, het ons almal maar elke keer saamgepiekel.

Ek en my sussie was natuurlik nog minderjarig gewees en nie toegelaat in die casino-area nie. Ons moes onsself maar buite die casino-area besig hou. Ek is nie seker of daar in daardie jare 'n speel- of wagarea was nie; maar as daar was, het ons dit nooit gesien nie. So dan en wan, wanneer ons dalk vir my ouma aan my pa se kant sou gaan kuier het, het ons na Carnival City gegaan waar my ouers ook dan gaan dobbel het. Carnival City het wel 'n speelarea gehad, wat eintlik baie pret was, so ek weet regtig nie wat die probleem was by Sun City nie. Dalk het die een speelarea 'n fooi gevra en die ander een nie ...

Hoe dit ook al sy, ek en my sussie het onsself besig gehou deur op en by die bankies te speel wat al rondom die casino-area beskikbaar was. Wat ons vreeslik geniet het, was om van die weggegooide ongekrapte krapkaarte te krap. Soms het ons selfs iets gewen op hierdie krapkaarte. Die bingo area was massief en so interessant. Ek kon vir ure buite die area sit en luister na die getalle wat uitgeroep word. Daardie jare was ek reeds 'n gretige leser en het amper elke keer vir my boeke saamgebring om te lees. So nou en dan sou ek en my sussie kyk of ons ons ouers in die casino kon bespeur en dan skuif ons weer om nader aan hulle kon wees.

As ek terugdink aan al daardie ure wat ek om verwyl het, terwyl my ouers gedobbel het, kan ek dit nie onthou as 'n traumatiese ervaring nie. Ons het dit gesien as 'n uitstappie, dit was ten minste pret. Dit was omtrent die enigste uitstappies wat ons geken het. Soms sou my ouers selfs vir ons 'n roomys koop — daar was 'n winkel wat die ongelooflikste, lekkerste, helderblou kougomgeur roomys verkoop het waarop ek versot was.

Terwyl ek nou die geskiedenis neerskryf, kan ek sien hoe verkeerd dit was van my ouers om ons so te los, maar dit het nie toe vir my vreemd gevoel nie. As 'n sewe-jarige dogtertjie het ek die casino-area van Sun City soos die palm van my hand geken. My jongste, ook 'n dogtertjie, word vanjaar sewe jaar oud. Ek kan my nie eers begin voorstel hoe ek dit sal kan doen om haar só op haar eie te laat nie, en nog minder met 'n jonger sussie om op te pas.

Later in die aand, wanneer ons moeg was, het ek probeer om my ma of pa se aandag te trek. My pa sou ons dan gewoonlik kar toe geneem het sodat ons kon slaap, en dan na die casino toe teruggegaan het om verder te gaan dobbel. Later het my ouers slimmer geraak en later in die aand gery, sodat ons reeds aan die slaap was teen die tyd wat ons Sun City bereik. Dan kon hulle ons die hele tyd in die kar los om te slaap.

Nog 'n paar jare verder, teen die ouderdom van dertien, toe my ouers gevoel het dis veilig, het hulle begin om ons alleen tuis te los. Hulle sou wag tot ons gaan slaap het, en dan Sun City toe ry. My ouers het hierdie uitstappie nie met ons gereël nie. Ek sou maar net in die aande wakker word en agterkom dat daar niemand tuis was nie. Of ek sou hulle hoor ry, of hoor terugkom in die vroeë oggendure. Hulle het altyd vroeg in die oggend teruggekeer, 'n uur of twee se slaap ingekry, voordat my pa ons dan skool toe neem die oggend. Ek glo hy het dan self verder gaan slaap terwyl ons by die skool was.

Ten spyte van my ouers se dobbelry, het rykdom nooit by ons huis floreer nie. Ons was maar altyd arm gewees. Ons het altyd te veel skuld gehad. Daar was net mooi nooit geld vir enigiets nie. Vandag nog is ek nie lief vir skuld nie. Ek het geen kredietkaarte en geen klererekeninge, of enige ander rekeninge, nie. Vir groot items, soos 'n huis, waar ek nie 'n ander keuse gehad het as om finansiering te kry nie, het ek daardie lening so gou moontlik probeer terugbetaal. My een basiese reël — as ek nie kan bekostig om dit kontant te koop nie, bly ek eerder daarsonder.

Toe dit tyd was om universiteit toe te gaan, het ek geweier om te gaan as dit sou beteken dat ek geld daarvoor moet leen. Ek het ook geweier dat my ouers vir my studies betaal. Omdat ek hard gewerk het, het ek baie goeie punte gehad en ek het orals waar ek kon aansoek gedoen vir 'n beurs — en ek bedoel regtig orals. Ek het in graad elf al begin soek en honderde briewe en aansoekvorms uitgestuur. Op die ou einde het 'n private maatskappy vir my 'n beurs aangebied. Dit was nie 'n volbeurs nie, maar dit was genoeg sodat my ouers sou hoef te gaan dobbel met die verskoning dat hulle geld vir my studies nodig gehad het nie. Hoewel ek vermoed dat hulle tog die verskoning sou aangevoer het. Waar my beurs te kort geskiet het, het ek die verskil aangevul met geld wat ek verdien het uit prestasiebeurse en ook deur te werk as 'n studieleier by die universiteit.

My ouers se dobbelry het 'n geweldige invloed op my lewe gehad; dis waarom ek so 'n sterk afkeer in skuld het, waarom ek so 'n geweldige verantwoordelikheid teenoor my sussie gevoel het, en waarom ek van jongs af selfstandig was en na myself kon om sien. Uiters onafhanklik — ek wil nooit iemand anders se hulp benodig nie.

Ek is nie seker of my ouers ooit opgehou dobbel het nadat ek die huis verlaat het nie, ek is nooit lank genoeg terug huis toe om uit te vind nie.

Wat ek wel besef het en sal erken, is die ooreenkomste tussen my en my ma. Daar is so baie van haar stokperdjies wat ek ook geniet. Ek het ook my ma se vrees vir bestuur. En dan is ek self ook lief vir dobbel ...!

Vir een van ons eerstejaar koshuis-geselligheid, het ons besluit om te gaan dobbel saam met een van die ander manskoshuise op die kampus. Daardie aand het ek besef net hoeveel pret dit is om te dobbel. En dis iets wat ek nou nog so dan en wan geniet. Ek is egter baie versigtig en stel vir myself streng beperkings — slegs vir 'n beperkte tyd en 'n voorafbepaalde bedrag geld. Ek weet hoe maklik dit begin en hoe vinnig 'n mens dink dat jy nie genoeg het of nie genoeg is nie. Ek weet eerstehands hoe diep die dobbelgat kan gaan en het geen behoefte om in daardie gat ingesuig te word nie.

My Vrees Vir Bestuur

Ek vind dit interessant hoe skynbaar onverwante dinge, eintlik nou betrekking het met mekaar.

Ek is bang vir bestuur, en ek is skaam om dit te erken. Ek is oukei daarmee om in 'n area te bestuur wat ek baie goed ken, maar ek raak angstig die oomblik wanneer ek op die snelweg, of eintlik in enige onbekende area, moet bestuur.

My normale manier van lewe saam met hierdie vrees, is om bestuur te probeer vermy. Ek werk van die huis af en wanneer dit wel vir my nodig is om na ons kantore toe te gaan, dan neem ek die trein. Gelukkig is ons kantore loopafstand van die treinstasie af. Die kere wat ek nie kan regkom deur openbare vervoer nie, vra ek my man of hy my sal neem. My vrees vir bestuur is so erg dat as ek nie kan regkry om 'n ander plan te maak nie, ek eerder nie sal gaan nie. En ek hou daarvan om uit my huis uit te kom en tussen mense te wees en te sosialiseer — die vrees steel baie by my.

Ek wil dit darem net op skrif stel: ek kán bestuur. My vrees vir bestuur is nie daar omdat ek nie kan nie, of nie weet hoe om te bestuur nie; dis 'n angsprobleem nie 'n vaardigheidsprobleem nie.

Voordat ek met berading begin het, het ek dit vir ten minste sewe jaar suksesvol reggekry om my nie in 'n angstige situasie rondom bestuur te bevind nie. Terwyl ek egter besig was die beradingsproses, het ek eendag 'n groot wens gehad, maar dit sou beteken dat ek op die snelweg moet ry.

Tot en met September 2020 was al my beradingsessies aanlyn gewees as gevolg van die Covid-19-inperking; maar ook omdat Berader se kantore byna vyftig minute op die snelweg van my huis af is. My wens was om vir ten minste een aangesig-tot-aangesig sessie te kon gaan. Omdat my gewoonlike modus operandi is om snelweg bestuur te vermy, het ek my man gevra of hy sou kans sien om my te neem — en tipies die liefdevolle man wat my man wel is, het hy ingestem om my te neem. Ek was in die wolke, en het so uitgesien daarna om Berader, die persoon wat op daardie stadium my al soveel gehelp het, uiteindelik persoonlik te ontmoet. Dit was so opwindend om die 'in-persoon'-opsie te kies toe ek die tyd vir die sessie bespreek het.

Die aand voor my sessie, toe Berader sy kantore se adres met my bevestig, het ek vir hom gesê my man my gaan deurbring en dat hulle dan die kans sou hê om mekaar te ontmoet. Ek het genoem dat ek 'n vrees vir bestuur het, en dat die vrees se ontstaan by my ma lê, wat self bang was vir bestuur; duidelik haar dogter wat dit aanbetref. Hy het niks daarop geantwoord nie — ek dink hy het dikwels gedink die vrou het vir seker 'n paar skroewe verloor. Hy het die volgende dag tydens ons sessie tog daarna verwys en 'n fassinerende stukkie inligting met my gedeel. Hy het gesê dat angs vir bestuur, een van die grootste vrese onder sy kliënte is. Vir baie van sy kliënte is om self uit te ry na sy kantore, 'n mylpaal wat hulle hoop om te bereik. Hy het geglo dat my vrees om te bestuur verwant was aan al die ander probleme wat ons besig was om aan te spreek.

Ek was stomgeslaan! Ek het maar net altyd gedink dat ek bloot nie van bestuur hou nie. My ma het amper nooit agter 'n stuurwiel ingeklim nie; sy het altyd my pa gevra om haar te neem waar sy graag wou wees. Toe Berader egter voorstel dat my vrees vir bestuur verwant is aan my ander probleme, was ek nie oortuig nie. Ek het nog in soveel woorde vir hom gesê dat dit nie vir my sin maak nie en dat ek dink hy is verkeerd. Hy het my 'n kyk gegee wat sê: "Gee dit tyd; jy sal wel uiteindelik besef dat ek reg is."

Dit het ook nie lank gevat om die waarheid van sy kyk te besef nie.

'n Paar weke na my beradingsessie, het die span waarin ek werk, 'n groot projek voltooi, en ons het beplan om die afgehandelde projek te vier. Die beplande partytjie was in die vorm van 'n middagete en wildrit, omtrent vyf-en-veertig minute van my huis af — uit op die snelweg ...

Ek het myself skielik in dié dilemma bevind: ek kon nie die trein neem nie, my man kon my nie neem nie aangesien dit gedurende kantoorure was, en om nie te gaan nie was nie 'n opsie nie — ek het alreeds bevestig dat ek sou gaan. Op daardie stadium het ek al vir maande nie my span gesien nie, as gevolg van die Covid-inperking. Ek het so daarna uitgesien om almal weer te sien. Alles in ag geneem, as ek gaan, het ek geen ander opsie gehad as om self te bestuur nie.

Die Maandag voor ons partytjie het ek al begin met my 'voorbereiding'. Ek het die roete op Google nagegaan — seker ten minste dertig keer — en dit gefynkam vir enige 'probleemareas'. Ek het ook my uitrusting vir die partytjie beplan om iets te wees wat die minste sweet sou wys. Ek was heeltemal bewus daarvan dat my gedrag nie normaal was nie. Ek was besig om 'n angsaanval te hê, en daar was nog 'n paar dae voor die partytjie!

Ek het besef dat ek nie sommer net nie van bestuur gehou nie; ek was inderdaad angstig daaroor. Ja, ek kan so hard as moontlik probeer om myself nie weer in so 'n situasie te bevind nie. Maar sekerlik, as 'n nege-en-dertig-jarige volwassene, behoort ek genoeg selfvertroue te hê om self na 'n werksfunksie toe te bestuur? Dit was die belaglikste situasie ooit! Ek het gevoel asof ek simpel en dom was. Ek wil 'n sterk en onafhanklike vrou wees, maar dan vrees ek dit om agter die stuur van 'n motor in te klim?

Toe ek Berader van hierdie angsaanval vertel het, was sy terugantwoord darem gelukkig nie "Ek het jou mos gesê" nie. Nee, hy het net weer bevestig dat 'n groot rede waarom ek in die eerste plek vir berading gekom het, was om te leer hoe om gesag terug te kry oor alle aspekte van my lewe — soos my eet, skreeu en bestuur — in stede daarvan om altyd te ooreageer of om my emosies my reaksies te laat lei.

Ek het my vrees vir bestuur in die gesig gestaar en myself na ons werksfunksie toe geneem, maar dit was nie mooi nie. Ek was die hele pad daarheen in trane, en het waarskynlik die helfte van Johannesburg en Centurion se bestuurders omgekrap deur so stadig te ry. Maar ek het dit veilig soontoe en terug gemaak — dis tog al wat saak maak — dit en dat ek die eerste stap geneem het deur my vrees in die gesig te staar en nie eenvoudig net gekanselleer het nie.

Ek en Berader het nooit by die punt gekom waar ons in diepte kon gesels oor my vrees vir bestuur nie. So het ek maar my eie berading hieroor gedoen gedurende die skryfproses van die boek; om te probeer verstaan waar hierdie vrees vandaan kom. Twee ongelukke wat my lewe geraak het, was die motorfietsongeluk waarin my pa die grootste persentasie van sy regterarm se gebruik verloor het. Dan was daar ook 'n ander ongeluk waarin ek en my ouma betrokke was toe ek nog baie klein was. Hierdie ongelukke was egter nie die rede vir my vrees om te bestuur nie.

Omdat my ma so bang was vir bestuur, het sy ons elke liewe keer wanneer ons by 'n motor inklim, daaraan herinner dat 'n kar 'n moordwapen is. Sy het verwag dat ons 'n kar moet beskou as gevaarlik, wat net kon skade doen, doodmaak, of wat sal veroorsaak dat ons daarmee iemand anders se lewe sou neem. My ma het ook daarop aangedring dat wanneer iemand buite ons gesin saam met ons wou ry, daardie persoon 'n vrywaringsvorm moes teken — ek is morsdood ernstig! Ek was te skaam om iemand 'n saamrygeleentheid aan te bied … My ma het my gebreinspoel om te glo dat bestuur gevrees moet word.

Toe ek begin bestuur, was my vrees vir bestuur in die algemeen, nie net vir bestuur in onbekende areas of op snelweë nie. Ek het my bestuurderslisensie gekry, en net nooit weer agter die stuur van 'n motor geskuif nie. Dit het heel goed uitgewerk; ek het my bestuurslisensie gekry twee dae voordat ek universiteit is, en op universiteit het ek nie nodig gehad om ooit te bestuur nie.

Vier jaar later, 'n maand voor my troue, het ek vir die eerste keer 'n karretjie gekoop. Die arme karretjie het ek nog gestamp, die heel eerste keer toe ek dit bestuur het, wat natuurlik glad nie my selfvertroue gehelp het nie. Maar, ek het op die ou end gemaklik geraak daarmee om werk toe en terug te bestuur. As 'n ma van vier, moes ek ook maar daarmee vrede maak om ten minste binne vier kilometer-radius van ons huis te ry.

Ek werk nog hard aan my vrees vir bestuur in onbekende areas en op die snelweg, en ek doen dit deur die vrees meer dikwels by die horings te pak. My man vrees nou dat wanneer ek uiteindelik my bestuurvrees oorkom het, ek my klere gaan pak en die pad gaan vat — asof ek dit ooit sal doen — ek sal natuurlik my oorbelle saamneem!

Die Verlies Van Ons Eerste Babatjie

Ek was in pyn. Ek het nie gedink dat enige iets so verskriklik seer kon maak nie. Tog, daar was ek in my dokter se spreekkamer, besig om na die amper-leë sonarskerm te staar en dit het gevoel asof iemand my hart deurboor. Toe my dokter vir my sê dat daar niks meer is wat hy vir ons kon doen nie, was ek verslae. Nee, dit kan nie wees nie. Daar moet nog iets wees wat ons kan probeer. Enige iets. Ek is regtig bereid om enige iets te probeer. Gee my net iets wat ek kan doen. Ek was so goed gewees die laaste twee dae; hoe kon hierdie dan nou gebeur? Om net op te gee, om nie eers 'n bietjie hoop te mag oorhê nie!

Dit was asof die lug skielik baie dun geraak het, en ek gesukkel het om asem te haal. Ek het net gehuil. En dit het soos die sinneloosste ding moontlik gevoel om te doen. My huilery kon tog niks oplos nie. Dit sou nie ons babatjie terugbring nie. Was huil dan nou regtig die enigste opsie wat oorgebly het? So 'n hopelose aksie ... Sou dit my seer minder maak? Dit het gevoel of my seer meer word.

Tog, ek het bly huil — terwyl my man 'n hospitaalbed bespreek by ontvangs, terwyl ons geloop het na die saal, en terwyl ek in die bed gelê en wag het vir die skraapprosedure om my uterus skoon te maak van die laaste bietjie van ons babatjie wat nog daar was. Dit was die enigste bewys wat ek gehad het dat ek wel swanger was, en nou gaan hulle dit ook van my af wegneem. Was die fetus in een van die klonte bloed wat ek die oggend in my hande vasgehou het? Het ek ons babatjie in die toilet afgespoel?

Vir nege wonderlike weke kon ek opgewonde raak, maar toe het ons babatjie, my lyf of die noodlot, besluit om 'n stokkie voor my opwinding te steek. Ek wou nie ons babatjie verloor het nie. Hoekom huil ek oor 'n babatjie wat dan maar skaars al daar was? Veral as dit dan nou so maklik is om daarvan ontslae te raak. 'n Eenvoudige prosedure en dan is mens skoon en ontslae van al die hoop wat mens in jou hart gedra het. Skoon fisies, maar 'n emosionele hoop gemors. Hoop het gesterf — en daar was niks in hierdie wêreld seerder as dit nie.

* * *

Ek en my man is getroud toe ons albei drie-en-twintig was. Dit was 'n jong ouderdom om te trou, en ons was die eerste paartjie uit ons vriendekring wat getroud is. Ons moes maar baie dinge vir onsself leer en kon nie regtig op ons vriende staatmaak vir hulp en advies nie.

Een van die dinge wat mens blykbaar oor moet praat voor mens trou, is hoeveel kinders julle graag as paartjie wil hê — wel, dis wat ek gehoor het mense normaalweg doen. My man het grootgeword in 'n huis met twee seuns, en ek in 'n huis met drie dogters. Ons het nie regtig geweet hoeveel kinders ons graag as paartjie wou hê nie. Ons het geweet dat ons wel kinders wil hê, en het besluit dat ons sal begin met een kind, en dan maar sou kyk hoe dit gaan. As dit goed gaan, sou ons meer kinders hê, anders sou ons stop met een kind. Ons het gedink dis 'n baie goeie plan.

Ek wonder of alle vrouens 'n diep begeerte het om 'n ma te word? Is die diep begeerte dalk iets wat bloot in ons DNA ingebou word? Vandag weet ek dat ek nie 'n natuurlike ma is, of 'n ingebore versorgende persoonlikheid het nie; ek is dus hoegenaamd nie seker hoe die 'begeerte om voort te plant' ooit in my gedagtes pos gevat het nie. Nietemin, na ongeveer drie jaar van getroud wees, het die begeerte om 'n mamma te word mý ook getref.

Toe ons besluit dat die tyd reg is om met 'n gesin te begin, het ek geglo die logiese eerste stap sal seker wees om my orale voorbehoeding te staak. Ons was in die wolke om, skaars twee maande later, 'n positiewe swangerskaptoets te ontvang. Die probleem was egter dat ek nog nooit by 'n ginekoloog was nie, ek het nie eers geweet van 'n goeie ginekoloog in ons area nie. Ek het nie verwag om so gou al swanger te wees nie, trouens ek het gedink dit gaan maande duur, en dat ek meer as genoeg tyd sou hê om 'n ginekoloog te kon uitkies.

Omdat ons so onervare was op die terrein van swanger wees, het ons maar probeer om alles woord vir woord volgens die boek te doen. Die boek wat ons gehad het, het gesê dat dit die beste was om te wag tot twaalf weke voordat ons ons swangerskapstatus bekend maak. Ons het wel ons swangerskapnuus met ons naaste familie gedeel, maar met niemand anders nie.

In retrospek voel ek dat om te wag tot twaalf weke vreeslike slegte raad is. As iets wel verkeerd loop gedurende daardie eerste twaalf weke, en jy het die nuus met niemand gedeel nie, het jy ook niemand om op te staat te maak vir morele ondersteuning nie. En niemand begryp jou smart nie, aangesien niemand saam met jou opgewonde was nie.

Een Dinsdagoggend, ongeveer vier weke na ons positiewe swangerskap toets, het ek bloeding opgemerk toe ek badkamer toe is. Ons het toe alreeds vir ons babatjie 'n noemnaam gehad, "Baby Bummy". My man het ook al 'n eendjie vir speel in die bad, vir ons babatjie gekoop. Die eendjie was swart en het 'n oogklap gehad sodat dit soos 'n seerower sou lyk. My man het gedink die eendjie was vreeslik oulik — dit was.

Ons het nie geweet wat om van die bloeding te maak nie. Teen daardie tyd het ek nog steeds nie 'n ginekoloog gehad om te kontak nie, so ons is maar terug na ons boek toe. Bloeding kon 'n teken van so baie goed wees. Ons het probeer om nie te veel daaroor te bekommer nie, maar teen die volgende oggend was die bloeding nog erger, en skielik was dit uiters noodsaaklik vir my om wel 'n ginekoloog te gaan besoek. Ons is na ons naaste hospitaal en het verby die hospitaal ontvangs geloop, af met die trappe na die dokters spreekkamers, en links gedraai in die eerste gang met spreekkamers in. Die eerste kantoordeur aan ons linkerkant was toevallig die kantoor van 'n ginekoloog — dit is wat die bordjie by die deur gesê het. Terwyl ons voor daardie deur gestaan het, het ons besluit dat ons voorlopig hierdie dokter sal gebruik, en dan later, indien nodig, sal skuif. Vandag, na veertien jaar, vyf swangerskappe en vier kinders, gaan ek nog steeds na dieselfde ginekoloog toe.

Die ontvangsdame het na ons storie geluister en dadelik begrip vir ons situasie gehad. Sy het ons gevra om te sit en te wag vir 'n opening in die dokter se skedule. Ek was seker dat ons die hele dag daar gaan sit en wag, maar ons het nie, die dokter het ons gou gehelp. Vir ons eerste sonar het ons 'n perfek gevormde babatjie gesien — klein uitsteekseltjies vir arms en bene, 'n groot kop, en 'n lyfie wat amper nege weke groot was. Ons was so amper by daardie magiese twaalf weke gewees waar ons ons nuus sou kon deel. Al was ons babatjie perfek gevorm, kon die dokter egter nie 'n hartklop opspoor nie. Die dokter het my 'n afwesigheidsnota gegee en vir my gesê om dit rustig te neem en hom weer die volgende week te kom sien. Hy was toe nog hoopvol gewees dat daar die volgende week wel 'n hartklop sal wees.

Die Woensdagaand, het ons ons weeklikse selgroepbyeenkoms gehad. My man het die nuus so aan hulle bekend gemaak: "Ons het goeie nuus om te deel. Ons is swanger, maar daar is wel 'n paar komplikasies. Mart-Mari het begin bloei, en ons het vanoggend ons eerste sonar gehad, daar was egter nie 'n hartklop nie. Teen hierdie tyd moes daar al 'n hartklop gewees het, maar die dokter is nog hoopvol. Ons het 'n afspraak vir 'n opvolg-sonar volgende week."

Slegte nuus wat die goeie nuus afwater. Nooit regtig 'n geleentheid vir ons vriende om bly te wees vir en saam met ons nie.

Natuurlik het ons en ons selgroep daardie aand gebid, maar God beantwoord nie altyd gebede op die manier wat 'n mens verwag of wil hê Hy moet nie. My hoop vir die uitkoms wat ek graag wou hê, 'n gesonde en voltermyn-swangerskap, het weggekwyn soos wat ek meer en meer begin bloei het daardie Donderdag en Vrydag. En teen die Vrydagoggend, toe ek klonte bloedweefsel opmerk, het ek min hoop oorgehad. Ons het die dokter gebel, en na 'n vinnige besoek en sonar in sy kamers, het hy ons aangesê om 'n bed by die hospitaal se ontvangs te gaan bespreek, sodat hy 'n skraap kon doen. Ons dokter wou alles wat nog oor was van die fetus, verwyder as voorsorg.

Ek kon nie eers 'n woord uitkry terwyl ek daar langs my man gesit het in die hospitaal se ontvangs nie. Die realiteit van die situasie was net te donker. My eerste swangerskap het in 'n miskraam geëindig, net kort van nege weke. My hart was nog nooit so stukkend nie.

Die een ding wat ek so goed onthou van daardie dag terwyl ek in die hospitaalbed lê en wag het vir die prosedure, was al die hare wat ek besig was om te verloor. My hare was toe nog lank, en dit was besig om in bosse uit te val. Dit was die vreemdste ding. Ek het vermoed dat dit die stres was wat dit veroorsaak het, maar later het ek verneem dat 'n vrou hare verloor na elke kind se geboorte. Dalk is dit dus maar net 'n natuurlike verskynsel? Dit het my wel groot laat skrik.

Later daardie middag het my dokter my ontslagvorm geteken sodat ek kon huis toe gaan. Daar was 'n krieketwedstryd wat sou begin het, en ek wou dit graag kyk. Ek is baie lief vir krieket en ek het nog gegrap en gesê dat hy my vinnig moet uitteken sodat ek nie die begin van die wedstryd sal mis nie. Dit was bloot my manier om iets ligs van die situasie te probeer maak. Ek het nooit eers daardie wedstryd gekyk toe ek tuis gekom het nie. Skielik was die wedstryd nie meer belangrik nie. Niks was meer belangrik nie.

My doktersnota het voorsiening gemaak dat ek die Maandag en Dinsdag nog kon tuis bly en herstel, maar ek het gedink ek was reg om die Maandag weer te gaan werk. Dit was egter 'n slegte idee.

Die probleem was nie dat almal my uitgevra het oor die vorige week nie — my baas het reeds die situasie aan almal verduidelik — die probleem was dat ek alleen by my lessenaar gesit het, en dit gevoel het asof almal vir my kyk en my bejammer. Boonop het ek vir myself jammer gevoel, en myself nog glad nie genoeg tyd gegun om my verlies te verwerk nie. My aandag was nie by my werk nie. Dit was onmoontlik om te sit en werk asof niks gebeur het nie — selfs al het almal my privaatheid gerespekteer en nie vrae gevra nie.

Ek was so hartseer; ek het regtig gedink dat ek al my trane die naweek opgehuil het, maar ek het nie. Die trane het weer van voor af begin opbou. Ek het opgestaan, my goed bymekaargemaak, en die kortste pad deur toe gekies. My baas was van buite af op pad in. Hy het probeer uitreik na my skouer om my aandag te trek, maar ek het sy hand weggedruk — ek was toe alreeds in trane. Later het hy 'n boodskap gestuur om te sê dat ek gerus so veel tyd moet neem as wat nodig was.

Ek verstaan nie hoe 'n mens so emosioneel kan wees oor 'n baba wat eintlik nooit regtig eers gelewe het nie. Miskien is dit die droom wat dood is wat 'n mens so hard tref. Ons was so opgewonde en het so enorm baie uitgesien daarna om ouers te word.

Selektiewe persepsie is egter nie 'n grap nie. Skielik was daar swanger vroue oral om my waar ek myself ook al bevind het. 'n Vriendin se babatjie is gebore 'n week na my miskraam. Nog 'n vriendin het my daardie week gebel met die nuus dat sy self swanger is. Tydens daardie selfde oproep het ek haar ingelig van my miskraam. Dis nou nie die tipe nuus om te deel in antwoord op haar goeie nuus nie.

Ek besef dat miskrame algemeen is en met duisende vroue elke jaar gebeur, maar dit maak so bitter seer. Mense se trooswoorde kon nie eers help nie.

"Jy was darem nog nie so ver swanger nie."

"Julle kan altyd weer probeer."

"Julle is nog jonk."

"Dalk was daar iets fout met die babatjie, dis beter om 'n miskraam te hê as 'n babatjie met probleme."

"Dit was God se plan."

Ons dokter het gesê dat ons kon probeer vir 'n tweede swangerskap so gou as wat ons daarvoor kans gesien het. Hy het gesê dat my liggaam en hormone reg was en graag wou swanger wees en dat hy groot sukses het met pasiënte wat swanger raak dadelik na 'n miskraam. Hy was nie verkeerd nie. Ek het byna dadelik weer swanger geraak — nog in die maand direk na my miskraam, nog voor my volgende menstruasie. Daar was nie 'n datum van laaste menstruasie gewees vir daardie swangerskap nie. Met my tweede swangerskap het ons die nuus dadelik met almal gedeel, en dit was 'n ongelooflike goeie gevoel om ons goeie nuus te kon oorvertel.

My tweede swangerskap het ons die trotse ouers gemaak van 'n wonderlike seun, maar dit het my ook 'n geweldige hoeveelheid gewig laat optel. Dit was die meeste gewig wat ek met enige van my swangerskappe opgetel het; ek was baie hard op myself na die miskraam. Ek het ure aanlyn spandeer om na te vors wat ek dalk kon doen om 'n miskraam te voorkom; ek was vasbeslote dat ek nie weer 'n swangerskap sou verloor nie. Geen moeite het ek ontsien nie. Indien ek weer sou miskraam, sou dit beslis nie wees as gevolg van enige iets wat ek verkeerd gedoen het nie. Gevolglik het ek begin om te eet. Ek het geëet, en geëet, en geëet, en geëet. Ek het al my smart en al my onvolmaakthede probeer wegeet — tog nooit was ek goed genoeg nie.

Dit was in hierdie tyd wat ek nog 'n groot besluit geneem het — 'n besluit wat die res van my lewe sou affekteer. Babas is 'n seën. Ons aanvanklike idee van om een kind te hê en te kyk hoe dit gaan, voor ons nog verdere kinders het, was 'n baie simpel idee. Ek wou soveel kinders hê as wat my finansies en gesondheid sou toelaat.

My Pa Se Dood

Vrydag, 11 April 2003 was die dag van my gradeplegtigheid. Dit was ook die laaste dag wat ek enige beduidende tyd saam met my pa kon spandeer terwyl hy nog gelewe het.

Ek het nog altyd die verhouding tussen my en my pa as 'n goeie verhouding beskou — al het dit ook maar baie foute en krake gehad. My pa was die een wat ons in die oggende by die skool afgelaai het, en ons in die middae weer kom oplaai het. Soms het hy na skool by die vis- en tjipskafee, wat sterk na asyn geruik het, gestop om vir ons iets lekkers te koop om te eet. Ons sou altyd in die kar eet sodat my ma nie daarvan sou uitvind nie. My pa het 'n skitterende humorsin gehad en kon die snaaksste grappe vertel. Hy het ook nooit op my geskree, of my geslaan nie.

Dit was my pa se sewentigste verjaarsdag 24 April. Ek en my sussie het vir hom 'n roomyskoek gereël vir sy verjaarsdag. Toe ek hom egter bel met sy verjaarsdag, het hy vir my gesê dat hy nie lekker voel nie. Daardie woorde het my laat bekommer — my pa was nie een wat sommer sou kla dat hy sleg voel nie. My ma was altyd die een wat 'n kwaal of skeet gehad het.

Die Saterdag na my pa se sewentigste verjaarsdag, is hy in die hospitaal opgeneem. Die volgende middag het my ma gebel om my te laat weet wat gebeur het, en sê dat sy dink dit sal goed wees as ek deurry om my pa te kom groet. Ek het nie toe 'n kar gehad nie. My man, wie toe nog my geheime kêrel was, het aangebied om my te neem, en ons het reguit na die hospitaal toe gery. Teen die tyd dat ons by die hospitaal kom, het van my pa se organe reeds begin ingee. Op een of ander manier het my pa Hepatitis opgedoen, en dit het veroorsaak dat sy liggaam orgaan vir orgaan begin staak het. My pa is oorlede kort na middernag in die vroeë oggendure van 28 April 2003.

Vir die res van daardie week het ek in 'n dwaal rondgeloop. Ek kan nie onthou of my kêrel by ons kom oorslaap het daardie aand, en of hy deur is na sy ouerhuis nie. Ek onthou wel dat hy die Maandagoggend terug was, aangesien hy toe al gewerk het. Ek het universiteitsopdragte gehad wat moes ingehandig word daardie week; toe my ma my gebel het, ek was besig om aan die opdragte te werk. Van hulle was nog nie afgehandel nie, maar op een of ander manier het my kêrel dit reggekry om hulle te voltooi en ingedien te kry. 'n Vriendin het vir my klere uit my koshuiskamer in 'n tas gepak. Op 'n manier het die tas by my uitgekom, sonder dat ek gereël het daarvoor. Daardie week het ek besef dat wanneer mens intense emosionele pyn beleef, jou brein oorskakel na outomatiese rat en jy bly aan die lewe omdat jou liggaam vanself asemhaal en doen wat dit moet — jy lewe, maar nie bewustelik nie.

Ek weet dat my pa se dood 'n massiewe skok was en ek het dae omgetreur. Hy was die buffer en tussenganger tussen my en my ma. Ek het nie geweet hoe om die verhouding met my ma te benader sonder hom nie, en ek het nooit besef dat ek dit nie weet nie, totdat hy nie meer daar was nie. My pa se afsterwe het 'n yslike leemte in my lewe gelaat, en ek berou dit dat hy my nooit as 'n volwassene kon leer ken nie.

Om My Kas Uit Te Pak

Ek is 'n visueel-ingestelde persoon; ek dink in prentjies. Ek sal byvoorbeeld ook illustrasies vir myself skets wanneer ek probeer om iets uit te pluis. Om te teken is vir my 'n groot liefde en Kuns was een van my matriekvakke — ek wens ek kon vandag steeds soveel tyd met my sketsboek en potlode deurbring as toe.

Soms sal ek droom van iets wat so werklik en realisties voel, maar dis net my brein wat besig is om sin van goed te probeer maak. Ek noem hierdie drome visioene, maar ek glo nie dis die regte term nie. Ek is nie seker wat die regte term is nie. Miskien is hulle maar net gewone drome wat ek baie goed onthou.

Die eerste van hierdie 'visioene' wat ek met Berader gedeel het, was van my wat met my rug teen 'n toe kas staan. Dit was nodig vir my om met my rug teen die kasdeure te druk — want die kas was oorvol. In hierdie kas was al die skuld, skaam en seer wat ek oor die verloop van baie jare bymekaar gemaak het.

Ek het probeer om die inhoud van hierdie kas geheim te hou deur die deure, wat skaars kon toebly, te probeer toedruk. My gunsteling manier om probleme te takel is om hulle te ignoreer en in my kas te prop … Oor die verloop van tyd begin hierdie probleme egter vrot en toksies raak. Die probleme raak te veel, en dit maak van my 'n ongesonde persoon.

By die aanhoor van my storie, het Berader my die volgende opdrag gegee: "Verbeel jou dat jy wegstap van jou kas af, terwyl jy toelaat dat die deure oopswaai en alles in die kas uitval. Verbeel jou dan jy staan in die middel van die gemors op die vloer … Hoe laat dit jou voel?"

"Dit laat my ontbloot voel. Ek moet sterk baklei teen die drang om alles te begin opruim en terug te pak," het ek geantwoord.

"Nee, moenie begin opruim nie. Staan net daar vir 'n rukkie. Verbeel jou nou dat iemand by die kamer inloop terwyl jy in die middel van die gemors staan. Wie sal inloop en jou daar sien staan?" het hy gevra.

"Die waarskynlikste persoon wat ek reken dit sal doen, is my oudste seun."

Berader het verder uitgevra. "Oukei, verbeel jou dat hy jou daar in die middel van die gemors betrap — wat sal hy van sy ma dink? Wat sal sy reaksie wees?"

"Hy sal seker dink dat ek besonder laf is. Hy mag dalk selfs aanbied om my te help skoonmaak."

"Wie anders mag dalk by die kamer inloop?" Duidelik was hy van plan om aan te hou sodat ek my skuldgevoelens en skande aanhou ontbloot aan die mense na aan my.

Die volgende persoon wat my gedagtes gevul het, was die persoon wat die heel meeste vir my beteken, en ek het geantwoord, "My man mag dalk inloop."

"En wat sal sy reaksie wees?"

"Ek glo hy sal my net 'n drukkie kom gee."

Ons het aangehou praat oor hierdie beeld, en meer en meer mense laat inloop op my en die gemors wat ek veroorsaak het, totdat Berader uiteindelik gevra het, "Kan jy sien dat nie een van die mense wat jy laat inloop het, jou geoordeel het nie?"

Berader was reg. Nie een keer het ek iets soos 'Hy/Sy gaan sien dat ... en dan gaan hy/sy uitstorm en my alleen los', geantwoord nie. Dit is egter presies wat ek gevrees het sal gebeur as ek dit ooit sou waag om my geheime aan ander bekend maak. Ek was bang dat ek geoordeel sou word, of in die moeilikheid beland, of mee geraas sou word. Dalk, as ek hierdie visioen sou kon uitspeel as 'n tiener, was dit dalk die manier waarop ek sou antwoord.

Maar op die tyd in my lewe waar ek op daardie oomblik was, kon ek insien dat die mense na aan my, my nie wou kwaad aandoen nie.

Berader was egter nie een van die mense naby my nie. Hy was my berader, en eintlik nog maar 'n vreemdeling vir my. Sy volgende vraag was die vraag wat ek bevrees was hy sou vra — selfs nog voor ek my visioen met hom gedeel het. Die hele rede hoekom ek in die eerste plek hierdie visioen gedeel het, was omdat ek besef het dat daar 'n item in die kas was, wat geskree het vir my.

Wanneer ek die kas so 'n skrefie sou oopmaak, sodat ek vinnig daar in kon loer, was dit die item wat die meeste sou uitstaan. Meer as enige van die pyn of seer wat deur my ma veroorsaak was. Meer as voorhuwelikse seks. Meer as my onvermoë om my pa die huldeblyk te kon gee wat hy verdien het. Meer as al die leuens en bedrog. Meer as al die kere wat ek hardop ontken het dat ek my man lief het. Meer as al die vet wat ek vir jare saam met my gedra het, en al my mislukte pogings om gewig te verloor. Meer as al my rekmerke en oortollige vel. Meer as die gevoel dat ek 'n mislukking van 'n Christen is.

Berader het my gevra, "Wanneer jy so om jou rondkyk na al die items op die vloer, is daar een wat vir jou uitstaan? En as daar is, watter ene is dit?"

My magtig! Ek het besluit om hierdie visioen te deel as gevolg van hierdie item, en skielik wou ek nie meer sê wat hierdie item was nie. Ek het onbedaarlik begin huil en deur my huilery probeer antwoord.

"Die een item op die vloer wat die meeste vir my uitstaan is die feit dat ek so ongelooflik verlig is, selfs bly voel, omdat my ma reeds oorlede is."

Om te sê dat ek verlig voel daaroor dat my ma nie meer lewe nie, was 'n aaklige ding om te erken. Daar is sekerlik niemand anders in die wêreld wat so sal voel oor hulle biologiese ma nie? My ouers het vir my 'n stabiele huis gegee, ek het 'n dak oor my kop gehad, kos om te eet en klere om aan te trek. Ek kon skool toe, en selfs universiteit toe, gaan. Ek is so bevoorreg. As ek dan nou iets moes voel oor my ma se dood, kon ek dalk uit respek ten minste net gevoelloos gebly het, maar nee — ek het verlig gevoel.

Het jy al ooit in jou lewe onwaardig gevoel? Wanneer iemand dalk baie moeite vir jou gedoen het, en jy voel dat 'n eenvoudige 'Dankie' net nie naby genoeg jou dankbaarheid kan bewys nie. Of wanneer jy jou so swak gedra het, maar die persoon behandel jou asof dit nie eens gebeur het nie. Of wanneer iemand iets vir jou doen, wetend dat jy hulle nooit sal kan terugbetaal nie, en tog doen hulle dit, ongeag.

Ek was uit die veld geslaan deur Berader se volgende opmerking. Ek het verwag dat hy my gaan oordeel. Ek het iets verwag soos: "Ja, jy is 'n aaklige dogter." Maar in plaas daarvan het hy gesê: "Ja, ek is ook bly en verlig daaroor."

Sprakeloos! Die wat my goed ken sal weet dat ek bitter selde sprakeloos is.

Van alles wat Berader al vir my gesê het, en hy het baie goed vir my gesê, was hierdie antwoord van hom die een wat vir my die meeste beteken het. Sy antwoord het my laat voel dat ek waarlik vir hom enigiets kan sê sonder om te vrees dat hy my sal oordeel.

Die vryheid om jouself so eerlik en reguit moontlik te kan uitdruk, is so 'n belangrike faktor om tydens berading te kan doen. Berading moes 'n plek wees waar ek kon ophou voorgee om perfek te wees en alles onder beheer te hê. Dit moes 'n veilig ruimte wees waar ek net myself kon wees. Wat dit dan nou ook al beteken het om net 'myself' te kon wees en ongeag hoe vreesaanjaend en wreed daardie 'self' was.

My ma se dood was heeltemal verskillend van my pa se dood. My ousus het my gebel met die nuus van my ma se dood, en ek het die nuus tóé al koud ontvang. Ek was by 'n kasregister besig om te betaal vir 'n paar laventelplantjies. Ek het so jammer gevoel vir die kassiere. Sy was meer geskok deur my ousus se oproep as wat ek was. Daardie laventelplantjies het nooit gegroei nie, dalk maar netsowel, want hulle sou vir my 'n herinnering wees aan my reaksie daardie dag.

Die laaste uitval wat ek onthou ek met my ma gehad het, was oor my bywoning van haar begrafnis. Ja, sy het met my baklei oor die bywoning van haar begrafnis nog voor sy oorlede is. 'n Paar dae voor ons uitval, het my oom, my ma se broer, my gebel.

"Jy weet dat jou ma baie siek is, nè? Jy en jou sussie behoort regtigwaar beter na haar om te sien en meer belangstelling te toon."

"Wel, sy was nog maar altyd sieklik gewees. Ek weet regtig nie meer wanneer om haar ernstig op te neem en wanneer nie. Meeste van die tyd is ek oortuig dat sy besig is om goed op te maak vir aandag," het ek my oom geantwoord.

My oom het egter aangedring. "Hierdie keer is jou ma werklik baie siek."

'n Dag of wat later het my ma my gebel. "Ek hoor jy sê ek maak alweer goed op?"

Ek het haar geantwoord, "Ek is jammer, maar ek weet regtig nie meer wanneer ma siek is, of net besig is om te maak asof ma siek is nie. Dis altyd dieselfde ou storie; dis al die jare al nog dieselfde ou storie. Ma skree wolf sodat almal vir ma jammer moet voel, en ma kan kry wat ma wil hê."

"Maar wat anders moet ek doen sodat julle sal kom kuier en my kleinkinders sal bring om te kom kuier. Hulle is besig om groot te word sonder my. Een van die dae gaan julle enigste opsie wees om maar vir my te kom 'kuier' by my begrafnis."

"Dis nou as ons ma se begrafnis sal bywoon," het ek gesê.

Toe my ma oorlede is, het my man my deurgeneem Rustenburg toe om my ousus te gaan help om my ma se huis en besittings te gaan oppak. En ek het hard gewerk om dit te doen. Ek het my ousus gaan help, want sy het nie verdien om dit alleen te moes doen nie. Ek het toe daaroor gewonder, en dit vreemd gevind, dat my sussie niks van my ma se besittings wou hê nie, en ook skaars gebly het om te help — ek verstaan haar gedrag wel nou baie beter. Ek wou nie 'n huldeblyk doen by my ma se begrafnis nie. My ousus en die predikant het my gevra of ek sou, maar ek het geweier, en my pa se huldeblyk as 'n verskoning gebruik. Maar dit was nie die rede nie.

Berader is van die opinie dat ek wel eendag nog sal rou oor my ma se dood. Dalk eendag tydens 'n fliek, of terwyl ek 'n boek lees ... Eerlikwaar, ek weet nie of ek sal nie, en indien wel hoe dit sal gebeur nie. Ek het simpatie met my ma se situasie, en ek verstaan dat sy onder geweldige druk moes gewees het. My ma was werklikwaar 'n formidabele vrou gewees: so sterk en so ongelooflik talentvol. Maar daar het doodeenvoudig net te veel water onder deur die brug geloop. Ek is nie seker of die koue in my hart ooit sal ophou bestaan nie.

Die Oefening Wat
Ek Nie Kon Regkry Nie

Ek was nie goed met berading nie. Ek besef dat ek dit soms kan laat klink asof die berading sommer natuurlik was vir my, maar die teendeel is waar. Om myself te laat beraad was bitter moeilike werk gewees. Ek was net baie bevoorreg om 'n natuurlike, gemaklike skakel met Berader te kon hê. En ek glo daardie verbinding het gebeur hoofsaaklik deur Berader se eie toedoen, as gevolg van die tipe mens wat hy is.

Die opdragte en oefeninge wat ek tydens berading ontvang het, het ek altyd baie ernstig opgeneem. Ek wou hulle nie altyd uitvoer nie, maar ek het ook geweet dat hulle doelbewus vir my gegee was. Berader het vir seker nie bedoel dat ek hierdie oefeninge moes doen net om besig te bly nie. Ek is meer as daartoe in staat om myself besig te hou.

Ek wou egter gehad het dat hy my werk moes 'merk' of goedkeur en terugvoering gee oor my vordering met die berading. Hy het dit nooit gedoen nie. Nee, hy is heeltemal te slim om in daardie strik te trap. In retrospek was dit so 'n lawwe ding wat ek wou gehad het hy moes doen. Maar gedurende daardie tyd het ek gevoel asof ek besig was om berading op te mors. Ek het die versekering nodig gehad dat ek wel besig was om oukei te doen met berading – of altans ek het gedink ek het daardie versekering nodig gehad.

Dit was eers na my berading, en ek daarna kon terugkyk, dat ek besef het wat ek gedoen het. 'n Vriendin het my dit toevallig laat raaksien. Ek was besig om die stuk te skryf van hoe my beradingsreis begin het. Die direkte rede was egter bo my vuurmaakplek, en ek was onseker of ek die komplekse dialoog reg geskryf het. Ek het my eerste poging vir my vriendin gestuur en haar gevra of sy asseblief sal kyk na die direkte rede. Nadat sy dit gelees het, het sy my oorgenooi om dit te bespreek. Na afloop van ons kuier, waar ons toe nooit die korrekte gebruik van die direkte rede bespreek het nie, het ek haar gevra, "So dink jy ek het darem die dialoog reg geskryf?"

"Aa, jy klim weer terug in jou skoolmeisierol. Jy wil hê ek moet jou taalgebruik merk en vir jou 'n goue sterretjie gee. Ek gaan dit nie doen nie," het sy teruggeantwoord. Berader het ook op 'n stadium iets baie soortgelyk vir my gesê.

Skoolmeisierol? Watse skoolmeisierol? Hoekom weet ek niks van hierdie rol nie?

Ek het 'n natuurlike geneigdheid om ander te wil tevrede stel en gelukkig te maak. Ek het nog maar altyd gedink dat dit 'n goeie eienskap is om te hê. Miskien is dit in sekere gevalle, maar in meeste gevalle is dit nie.

"Enige iets wat die moeite werd is om te doen, is die moeite werd om goed gedoen te word."

Die bostaande was 'n mantra waarvolgens ek gelewe het. Toe ek jonk was het ek daarvolgens my skoolwerk aangepak. Soos wat ek grootgeword het, het ek my houding tot alles wat ek sou aanpak in my lewe daarop geskoei. Wanneer ek vir 'n kursus sou inskryf, het ek voluit gegaan daarvoor. Enige program. Enige verhouding. Geen slapgat houding of halfgebakte pogings nie — nooit nie. Dit is geen wonder dat 'n vreemdeling, soos Berader, dit sou waarneem na net 'n paar maande van deelname aan sy kursusse, en kommentaar lewer dat: "Dit moet so uitputtend wees om altyd so perfek te moet wees."

Dit is nie verkeerd om daarvan te hou om met oorgawe deel te neem, en die beste van elke geleentheid te probeer maak nie. Ek moes net leer om ook 'n klein bietjie te ontspan. Dit is nie nodig om altyd alles goed te moet doen nie. Soms mag ek maar iets doen net omdat dit pret is. Of dalk selfs omdat ek dit maar net wil probeer. Gewoonlik sou ek nie nuwe dinge probeer nie — tensy ek heeltemal seker was dat ek dit suksesvol sou kon aanpak. Ek het ook gereeld die handdoek ingegooi wanneer ek begin agterkom dat ek iets nie meer kon doen nie. Ek dink dis 'n groot rede waarom ek so baie die dieet-wipplank gery het.

Ek het my verdienstelikheid aan my prestasies gekoppel. As ek kon presteer, en iets bereik, dan was ek dalk werd om liefgehê te word. Uit my ervaring was liefde iets waarvoor ek moes werk; liefde was nie uitgedeel op 'n silwer skinkbord nie. Die dilemma waarin ek my later bevind het, nadat ek tagtig kilogram verloor het, en baie hard gewerk het om dit reg te kry, was dat ek nog steeds nie myself kon lief hê nie. En ek het dan nou hard gewerk om liefde te verdien!

Die wortel van my geneigdheid om altyd ander te wil tevrede stel en gelukkig te maak, lê vir seker in my kinderjare. Ek wou my ma dwing om lief te wees vir my. Ek weet nou dat jy niemand anders kan forseer om lief te wees vir jou nie; toe het dit vir my gevoel soos 'n moontlikheid. Ek het my beste in alles gegee. Ek het goeie punte, die beste punte, op skool gekry. Ek het vir haar kaartjies en briefies geskryf en vir haar blomme uit ons tuin gepluk. Ek was 'n goeie kind — die perfekte kind, maar niks wat ek gedoen het, het gewerk nie.

In stede van haar liefde, het ek my ma se humeur gehoor aan haar geskreeu en gevoel aan my lyf deur haar geslaan. Ja, ek is vir seker nie die enigste kind van die 1980s en 1990s wat geslaan of op geskree was nie. Trouens, baie volwassenes sê vandag dat hulle suksesvol is in die lewe as gevolg van hulle ouers se dissipline in hulle kinderjare.

Die probleem in my geval, was dat my ma my nie gedissiplineer het nie. Sy sou my straf selfs wanneer ek goeie punte huis toe gebring het; selfs wanneer ek die huis help skoonmaak, of elke middag in my kamer gelê en lees het sonder om haar te pla. Ek kon niks reg doen nie. My ma sou 'n rede vind om oor ongelukkig te raak, en dan sou dit my probleem word.

Haar geskree was 'n unieke, herhalende en onlogiese lament. Ek kon nie eers my pad uitredeneer nie, omdat dit meeste van die tyd nie eers sinvol was nie. Sy sou begin met iets kleins wat haar irriteer, of volgens haar nie reg was nie, en dan haarself meer en meer opwerk in die proses soos wat sy meer en meer goed begin intrek het in haar redenasie.

Liewe Vader behoed my, op die dae wat ek wel iets verkeerds sou doen en moes dissiplineer word, was dit báie erger. Die kleinste foutjie sou veroorsaak het dat ek kneusplekke en bloukolle gehad het wat ek moes wegsteek. Gelukkig het ek nie juis mooi bene of arms gehad toe nie, so om weg te steek het my nie juis gepla of was vreemd gewees nie.

Wat my wel hinder is dat dit voorkom asof ek van my ma se geskreeuery 'geërf' het. En hierdie geskreeuery is veral gerig op my man en my kinders. Dit is nie so erg as wat my ma s'n was nie, maar dis dieselfde tipe skreeuery en so kenmerkend van my ma dat dit my bang maak. Gewoonlik vind ek myself aan die geskree wanneer ek oorweldig en gefrustreerd voel, en dit laat my wonder of dit ook die geval was vir my ma? Gewoonlik is ek self geskok oor die woorde wat my mond verlaat. Dis net te bekend! Te skrikwekkend! En ek skaam myself oor my gedrag.

Omdat ek alles met Berader gedeel het, het ek ook hierdie woedeuitbarstings en geskree van my, met hom gedeel. Ek het hom vir hulp daarmee gevra. Die oefening wat hy voorgestel het ek probeer, was om myself te verbeel dat ek opstaan teen my ma as 'n kind. Hy wou gehad het dat ek 'n tipe van geveg op 'n gelyke voet teen haar visualiseer.

"Probeer terugdink aan 'n bakleiery teen jou ma waarin jy betrokke was, en verbeel jouself dat jy weer daar is, besig om met jou ma te baklei. Hoe oud is jy?"

"Oukei ... Ek is vyftien."

"Wat is jou reaksie wanneer jou ma met jou begin baklei?"

"Ek trek terug. Ek hardloop na my kamer toe en sluit die deur. Ek gaan lê op my bed en druk my kussing oor my ore. Ek probeer om my ma se geskree te ignoreer."

"Nee, jy is alreeds op 'n ouderdom waar jy al gehard geraak het teenoor jou ma se bakleiery. Verbeel jouself baie jonger. Hoe oud is jy nou?"

"Kom ons probeer nege jaar oud."

"Oukei, wat doen jy wanneer jou ma met jou begin baklei?"

"Ek huil. Ek weet nie wat om te doen nie."

"Probeer om terug te skree."

"As ek gaan terugskree gaan sy my slaan."

"Slaan haar dan terug."

"Ek kan dit nie doen nie!"

"Maar jy moet. Dit is die enigste manier om 'n boelie op haar plek te sit. Jy moet opstaan vir jouself."

"Dit is nie hoe ek my kinders leer om 'n boelie te hanteer nie. Ek leer hulle om nie kwaad met kwaad te vergeld nie. Ek leer hulle om hulle nie skuldig te maak aan dieselfde vieslike gedrag nie."

"Jy kyk te veel Disney flieks. Jy gaan daardie negejarige moet leer hoe om haarself te verdedig. Nege jaar mag dalk selfs te oud al wees; miskien moet ons ses of vier jaar oud probeer? As ons die vierjarige-jy kan bemagtig, kan ons die sesjarige bemagtig, dan die negejarige, en dan die vyftienjarige, en so aan, totdat ons uiteindelik die nege-en-dertigjarige kan bemagtig. Jy is besig om jou ma se gedrag uit te oefen, omdat jy nooit geleer het hoe om vir jouself op te staan teen haar nie. Jy wil tog nie self ook 'n boelie word nie, wil jy?"

"Miskien is dit te laat? Dalk is ek alreeds 'n boelie?"

Ek wou nie misluk in berading nie. Maar ek wou ook nie 'n boelie wees nie. Op 'n stadium het ek hierdie oefening elke oggend probeer doen. Ek het so hard probeer om myself te probeer visualiseer terugbaklei teen my ma. Maar ek kon dit net nie regkry nie. Lateraan het ek selfs 'n lys begin maak van al die moontlike maniere waarop my en my ma se gevegte kon uitspeel. Maar selfs dit het nie gehelp nie, selfs in my verbeelding het ek altyd gevries of gevlug. Ek kon nooit 'n geveg deursien en wen nie.

Berader se voorgestelde oefening was een wat ek nie kon doen nie. Ongeag van hoe hard ek probeer het — dalk het ek te hard probeer? Ongeag van die verbeelde ouderdom wat ek gebruik het om die oefening mee te doen. Ek was oortuig daarvan dat ek vir altyd my kinders en man sou boelie.

Eendag — na nog 'n mislukte poging — het ek 'n blink idee gehad. *Ek mag dalk sukkel om teen my ma terug te baklei, maar dalk kan ek my man en my kinders leer hoe om teen my terug te baklei?*

Met daardie gedagte, het ek daardie aand nog, om ons etenstafel met die hele sak patats uitgekom, en my kinders gevra om my slegte gedrag vir my uit te wys. Nie om terug te skree of omgekrap te raak nie. 'n Eenvoudige 'Ma, jy is weer besig om daardie ding te doen', sou voldoende wees.

Vreemd genoeg, om al my kaarte op die tafel te kon uitlê en my gesin om hulp te vra, het my laat voel asof ek besig was om myself te bemagtig. Dit het my laat voel asof om 'n boelie te wees, nie my noodlot hoef te wees nie. En dit het baie goed gevoel, dit het gevoel asof daar tog iets was wat ek kon doen om my huidige situasie te verbeter, terwyl ek nog probeer agterkom hoe om van my verlede te genees.

Ek het meer insig in die redes waarom ek so sukkel met dié oefening gekry, toe Berader eendag vir my 'n ander metode gegee het om te probeer.

Soms wanneer my ma met my baklei het, het sy haarself in so 'n toestand opgewerk, dat sy haarself later in haar kamer gaan toesluit en dan geweier het om uit te kom. My pa, wat 'n sagte hart gehad het en eintlik net in vrede wou lewe, sou my dan vra om na haar toe te gaan en te gaan sê dat ek jammer is.

Berader het verduidelik, dat deurdat my pa dit van my verwag het, hy dan onredelik van my verwag het om verantwoordelikheid te neem vir beide my eie én haar gevoelens. Berader het my uitgedaag om die scenario vir myself te visualiseer, en dan vir my pa te sê om dit self te gaan oplos.

Op daardie stadium het ek nog 'n stryd gehad om teen my ma terug te baklei, toe stel hy hierdie soortgelyke uitdaging aan my. Die eerste ding wat ek vir hom gesê het, was dat ek nooit teenoor my pa sou terugpraat nie. Ek het net heeltemal te veel respek vir hom gehad. My pa het nooit met my baklei nie, en ek het geen begeerte gehad om ooit met hom te baklei nie – al was dit dan nou ook in my verbeelding.

Maar ek was verkeerd. Dit eerste keer wat ek die oefening probeer, kon ek sommer maklik sien hoe ek vir my pa sê, "Nee, ek sal nie gaan om verskoning vra nie. Ek het niks verkeerd gedoen nie. Gaan sorteer jou eie kak uit!" Ek kon sien hoe teleurgesteld hy was, maar ook dit wat ek gesê het gerespekteer het.

Die verbeelde terugpraat teenoor my pa het my wel iets laat besef: as 'n nege-en-dertig-jarige volwasse vrou, was ek nog steeds bang vir my ma. 'n Oop kommunikasiekanaal tussen ons het nooit bestaan nie. Ek het haar nie genoeg gerespekteer om vir haar die waarheid te vertel nie. Ek sou eerder vir haar jok en haar bedrieg om te glo wat sy graag wou glo, as wat ek vir haar die waarheid sou vertel. Dit is die rede waarom ek dit so moeilik vind om teen haar terug te baklei – al is dit dan nou ook net in my verbeelding.

Wanneer ek nou die ongevraagde opinies van my kinders hoor wat so dan en wan uitkom, is ek nóg meer lief vir hulle. Nee, ek is nie baie lief vir die terugpraat nie, maar hulle wat kans sien om hulle opinies te lug beteken dat hulle my sien as iemand wat benader kan word. Miskien tree hulle nie altyd so respekvol op as wat hulle behoort op nie, maar daaraan kan ons werk. Dis wanneer hulle stil raak wat ek baie besorg moet wees.

Ek wens ek kon die perfekte dogter wees. Miskien sou dit dinge soveel makliker gemaak het? Maar ek was dit nooit nie, en sou dit ook nooit kon wees nie, want die standaarde waarteen my ma my gemeet het was net te hoog. Ek was 'n leuenaar en 'n bedrieër van 'n dogter en die dogter wat nooit genoeg gedoen het of genoeg kom kuier het nie. Ek was die disrespekvolle dogter. En ek was die dogter wat verlief geraak het nog voor haar studies voltooi was.

Toe Berader, my begeerte om perfek te wees vir my uitwys, het ek nogal in die gesig gevat gevoel. Mettertyd het ek begin om perfeksionisme te verafsku. Wanneer ek mense sien wat voorgee om te wees wat hulle nie is nie deur 'n masker aan die wêreld voor te hou, of wanneer hulle hulle kinders druk om perfek te wees, of wanneer hulle hulle perfekte sosiale mediaplasings maak, dan rol ek my oë — net na ek eers 'n bietjie naar geword het.

Dalk hou ek nie van perfeksionisme nie omdat ek self nooit perfek kon wees en so my ma se goedkeuring kon kry nie? Ek dink egter die rede vir my afkeer van perfeksionisme is omdat ek eerstehandse ervaring het van die skadu-persona agter die masker van perfeksionisme. Om mense te sien perfek probeer wees, maak my regtig naar en laat my keer op keer wonder hoe daardie persoon se skaduwee lyk. Wat is dit wat weggesteek word?

Met my hele hart wens ek dat my ma ander sou toelaat om haar te sien vir wie sy regtig was. Ek wens dat sy ook soms kon erken dat sy hulp nodig gehad het, of dat haar lewe nie perfek was, en dat haar dogters ook nie perfek was nie. Miskien as sy die ondersteuning kon ontvang wat sy nodig gehad het, sou dinge vir my en my sussie beter kon wees? Miskien sou my sussie dan meer in staat gewees het daartoe om haar eie probleme en depressie te kon hanteer?

Die probleme wat ek het met perfeksionisme is baie kompleks. Aan die een kant wil ek graag perfek wees, en alles perfek doen en sodoende almal my laat liefhê. Ek werk vir daardie liefde en goedkeuring. Aan die ander kant, is ek diep besorg oor die masker van perfeksionisme en wat daardie masker wegsteek.

Ek sal altyd aan myself moet bly werk.

Ek het intussen my mantra verander na: "Enige iets wat die moeite werd is om te doen, is werd om na die beste van jou vermoë gedoen te word." Partykeer is om pret te hê, die beste van my vermoë.

Ek kan nog steeds nie myself as 'n vierjarige verbeel terugbaklei teen my ma nie. Miskien is dit 'n oefening wat ek nooit sal kan doen nie, en dit maak nie eintlik meer saak nie. My eie kinders staan op vir hulleself teenoor my, en dit is vir my voldoende.

Die Motiveerder Se Lot

Mense sal gereeld vir my 'n boodskap stuur waarin hulle, hulle drome om maer te wees, deel. Hulle sal sê dat hulle by 'n ondersteunings groepie aangesluit het, of dat hulle 'n nuwe oefenprogram begin het of selfs by 'n gimnasium aangesluit het. Maar hulle wil tog nie hê dat iemand anders moet weet dat hulle so iets begin het nie, so hulle vertrou hulle geheim aan my toe. Hulle besef wel dat hulle dit nie alleen kan aanpak nie, maar hulle het nie iemand waarop hulle wil of kan staat maak vir ondersteuning nie.

Ek beskou dit 'n ongelooflike voorreg om met hierdie 'geheim' — 'n hoop vir iets meer — vertrou te word. Dit is inderdaad 'n eer dat mense kans sien om hulle drome met my te deel omdat hulle inspirasie vind in my verhaal. Wanneer ek so 'n boodskap ontvang, wil ek oor die internet-kabel uitreik en die persoon bemoedigend druk en permissie gee om te droom. Ek het baie empatie vir die soort geheimhouding; en ek begryp ook dat die gedrag dalk vreemd mag wees vir iemand wat nog nooit in so 'n posisie was nie.

Enige droom wat jy het om aan jouself te werk, gaan nooit ooit net oor jou nie. Ja, jy is die een met die visie, en ja, jy probeer dit vir jouself doen om jouself sodoende te verbeter. Maar daar is altyd mense om jou. Mense na-aan jou mag begrip hê vir jou probleme en jou selfs probeer ondersteun; sekere vriende of familie mag dalk 'n soortgelyke droom hê, en wil dit saam met jou aanpak. Ander wat dalk al vele keer gefaal het om dieselfde droom te bereik, kan jou droom ondersteun of moontlik nie.

Die dinamika tussen mense en die ondersteuning wat hulle bied — of nie bied nie — verskil van geval tot geval, en ek glo dit sal waarskynlik altyd so wees. Wanneer jou droom nog vars is, en jou hoop nog kwesbaar is, is dit normaal om te voel dat jy nie sommer enige iemand daarmee kan vertrou nie — netnou word daardie hoop platgedruk.

Toe ek begin het met my reis om tagtig kilogram te verloor, was ek ook geheimsinnig. My gesin en twee vriendinne was bewus daarvan, maar ek het gekies om dit nie met iemand anders te deel nie. Ek was bewus daarvan dat nie almal naby aan my ondersteunend sou wees. Dit was veral my sussie se probleme met oorgewig en depressie waarvoor ek sensitief was. As ek my sussie sou vertel dat ek weer by Weigh-Less ingeskakel het, sou sy waarskynlik iets gesê het soos 'Hoekom moet jy gewig verloor? Ék moet eers gewig verloor. In elk geval, jy volg nie 'n goeie dieet nie. Jy kon in elk geval ook nog nooit enige gewig afhou nie. Dit gaan maar net dieselfde storie wees as in die verlede. Hoekom jouself so treiter?'

En my sussie sou reg wees. Ek was nie oortuig dat ek suksesvol gaan wees en gaan slaag om enige gewig wat ek sou verloor af te hou nie. Ek het al soveel keer in die verlede probeer — en misluk. My kop het alreeds weer my mislukking, wat nog nie gebeur het nie, vooruit geloop. As my sussie dit vir my sou uitwys, sou sy my vrees bevestig, en waarskynlik die klein bietjie hoop wat ek gehad het, uitdoof.

Daarom het ek gekies om net my gesin en twee vriendinne te vertel. Ongelukkig het ek twee vriendinne gekies wat ook oorgewig was. Na 'n paar weke waarin ek goed verloor het, wou hulle ook aansluit. Nie een van hulle kon die program deursien nie, en saam met hulle mislukte pogings het ek die idee gekry dat hulle ook nie meer so ondersteunend was teenoor my nie. Afguns het byvoorbeeld veroorsaak dat die een gesê het sy sou veel beter af gewees het as sy dieet 'X' sou volg en dat ek dit ook moet probeer. Die ander het weer gesê dat sy geld gemors het om by Weigh-Less aan te sluit en toe sommer 'n lysie van goed opgenoem wat sy eerder met daardie geld moes gekoop het.

Ek het die bitter gehoor en gesien, en die besluit geneem dat ek nie verder my reis met hulle kan deel nie, en toe opgehou daarmee. In die proses het ek twee vriendinne verloor. Noudat ek my tagtig kilogram verloor het, probeer ek om die verhouding met een van hulle te herstel, maar die ander een glo ek maar is vir altyd verlore.

'n Ander vriendin het 'n paar maande na my by dieselfde Weigh-Less groepie begin. Ag, dit was vir my heerlik om weer 'n maat te hê om my reis mee te deel en te kon gesels oor al ons uitdagings. Ongelukkig het dinge ook nie vir haar uitgewerk nie, en het sy ook 'n paar maande later opgehou met die program. Om gewig te verloor is regtigwaar baie moeilik en dit verg sterk wilskrag en motivering.

Toe sy ophou het ek aanvaar dit gaan dieselfde wees as met my ander twee vriendinne, en ek het nie meer my vordering met haar gedeel nie. Sy het egter daarop aangedring dat ek haar op hoogte hou. Sy het 'n steunpilaar gebly tot die dag wat ek my teikengewig bereik het, en ook daarna — selfs toe sy geïmmigreer het. Sy het my bly aanmoedig al het dinge nie vir haar uitgewerk nie. Die dag toe ek my teikengewig bereik, was sy die eerste persoon vir wie ek laat weet het. Ek voel bevoorreg om so iemand in my lewe te hê.

Wat ons missie in die lewe of droom vir die lewe ook al mag wees, ons het almal iemand nodig by wie ons nie hoef te maak asof alles oukei is nie. Iemand vir wie ons kan sê 'Ek is besig om dit te verloor' wanneer ons gevra word 'Hoe gaan dit?'

Wanneer jy wel begin sukses behaal om jou doelwit te bereik, en ander dit raak sien, bevind jy jouself weer in 'n uitdagende posisie. Skielik kan jy nie meer jou drome, wense en planne wegsteek nie — selfs al wou jy nog eintlik. Of jy nou daarvan hou of nie, jy gaan 'n inspirasie word vir ander wat dit ook wil regkry. Ander gaan jou waarskynlik nader vir raad of advies, of net om uit te vind wat jy doen. Dis veral die geval wanneer jou droom iets te doen het met 'n fisiese eienskap soos gewig, omdat dit sigbaar is en mense wat normaalweg nie met jou sou praat nie, jou nader.

Vir my sussie was my gewigsverlies 'n bitter pil om te sluk. Sy wou so graag self ook gewig verloor. Ek het probeer om haar deel van my reis te maak en dit saam met haar te doen, maar sy wou niks daarvan hoor nie.

My groepleier het my gevra of ek ons oop-vergadering se praatjie sou aanbied in Desember 2017 — my eerste uitnodiging vir so 'n praatjie. Ek het gedink dis die ideale geleentheid om my sussie subtiel te probeer intrek, en het die advertensie vir die praatjie op Facebook gedeel. Dit was 'n groot stap vir my gewees, want deur dit te doen het ek ook aangekondig waarmee ek besig was — en eintlik wou ek dit nog so 'n rukkie geheim hou. Ek was toe nog baie ver van my teikengewig af, en so baie kon nog verkeerd loop voordat ek daar kom. My idee om my sussie op die wyse te bereik het egter glad nie die effek gehad waarop ek gehoop het nie. Sy was omgekrap oor my plasing en het my geblok; opgehou om my op sosiale media te volg sonder dat ek dit besef het. Ek het eers daarvan te hore gekom toe haar man daaroor gepraat het, ná haar selfmoord die volgende November — 'n jaar na my praatjie ...

Ek berou egter nie my besluit om my reis met die publiek te deel nie. Ek het in die proses geleer dat krag en aanspreeklikheid kom van om te deel en ander te help. My wens is om ander te inspireer en te help om ook hulle doelwitte te bereik; ek weet hoe dit aan albei kante van die droom voel. Ek wil ander graag ophef deur my storie te deel.

"Daar is 'n wonderlike, amper magiese, wet van die natuur wat sê dat die drie dinge wat ons die graagste wil hê — geluk, vryheid en vrede — alleenlik verkry word wanneer ons dit vir ander gee. Dis die dinge wat ons moet weggee om dit weer te kan ontvang."
— *John Wooden*

Die begeerte om my storie en ervaringe te deel, is nie ongehoord nie; baie mense wat deur 'n lewens-veranderende ervaring gegaan het, wil dieselfde doen. Ek noem hierdie groep mense *Motiveerders*.

Sommige motiveerders, soos ek, wil graag soveel as moontlik mense bereik en sal goed soos groepbesprekings, regstreekse aanlyn video's en motiveringspraatjies doen. Hulle storie bereik dus nie net familie en vriende nie, maar ook vreemdelinge. Toe ek begin het om my verhaal met vreemdelinge te deel, was my aanvanklike vrees dat mense dit gaan haat, of nie van my hou nie of wrede opmerkings sal maak. Meestal was die vrese ongegrond. Die gehoor se bedoeling teenoor die persoon wat besig is om sy/haar storie te deel, is om geïnspireer te word. Die gehoor se bedoeling is nie om die motiveerder af te trek nie. Nee, hulle wil graag hê dat die motiveerder suksesvol sal wees. Dit klink na 'n simpel stelling om te maak; natuurlik wens die gehoor die motiveerder net die beste toe. Maar dis belangrik om te besef dat, al is dit nie die norm nie, bestaan daar mense wat nie die son oor enige iemand anders wil laat skyn nie.

Die meeste motiveerders verkies dan ook om net binne hulle eie sirkel van vriende en familie te inspireer. Selfs diegene soos ek, wat later met 'n wyer gehoor begin praat, begin na-aan hulle self. Ek verwys ook nie net na motiveringsverhale so groot soos om tagtig kilogram te verloor nie; ek verwys na klein stories ook — of dit nou so klein is soos om vir berading te gaan of 'n nuwe vaardigheid aan te leer. Dieselfde beginsel geld in hierdie kringe ook. Daar is selfs vriende en familie wat negatief kan reageer, en eerder wil sien hoe die motiveerder misluk en handdoek ingooi.

My man was nog altyd my grootste ondersteuner. Hy het van meet af aan gesê dat hy my ten volle sou ondersteun elke liewe keer wat ek gewig wou verloor. Hy sou eet wat ek eet. Hy sou dophou wat ek eet. Hy was elke week so opgewonde gewees om te hoor hoe my inweeg gegaan het. Toe ek begin hardloop het, het hy ook. Ons hardloop nie dieselfde pas nie, maar wanneer ons mekaar sou verbygaan maak ons seker om gou 'n soen te steel. Verbygangers wat nie sou weet dat ons getroud is nie, sou seker 'n wenkbrou oor hierdie gedrag in Covid-tye gelig het. My man het self ongeveer veertig kilogram verloor in dieselfde tyd as wat ek tagtig kilogram verloor het. Sy gewigsverlies is bewerkstellig net deur saam met my 'n nuwe lewensstyl te volg, hy het nooit self by Weigh-Less aangesluit nie.

Op die ou einde is daar net twee maniere waarop mense kan reageer wanneer jy probeer om iets meer van jou lewe maak. Hulle kan jou ondersteun, of hulle kan jou kritiseer en probeer pootjie. Jy moet besluit hoe jy die kritiek gaan hanteer, veral wanneer daardie kritiek jou hinder om suksesvol te kan voortgaan. Partykeer sal daardie persoon self uit jou lewe uit loop en jou ophou pla. Soms is dit jy wat die verhouding moet beëindig, en dan maar 'n olyftakkie uithou vir die eendag wat hulle dalk jou ondersteuning mag nodig hê. Om jou rug op mense te draai wie se ondersteuning jy nodig het, en wie jy weet self ook ondersteuning nodig het, is moeilik. Ek wou byvoorbeeld nie my vriendinne verloor nie, maar ek kon ook nie aanhou om vriende te wees terwyl hulle probeer om struikelblokke in my pad te plaas nie. Ek hoop egter om vir hulle beskikbaar te wees, indien hulle ooit my hulp en ondersteuning nodig het.

Die grootste uitdaging kom egter wanneer die veroordelende persoon iemand in jou gesin of nabye familie is, en jy nie daardie band kan sny nie. Dit is raar dat iemand in jou gesin of naby familie jou nie wil ondersteun nie. Gewoonlik wil hierdie mense net die beste vir jou hê. Maar dit gebeur wel, en dan is die risiko groot dat die verhouding ongesond en toksies kan raak en skade veroorsaak. Die verdere risiko is dat jy jouself verloor omdat jy nie kan groei, of toegelaat word om te groei nie. Al oplossing wat ek vir so 'n situasie kan aanbeveel is om professionele hulp in te win.

Die motiveerder se lot is die volgende: Of jy nou daarvan hou of nie, jou sukses — of selfs gedeeltelike sukses — om jouself te verbeter, gaan vir ander 'n motivering wees. Maar jy mag dalk ook in die proses ander in jou ondersteuningsgroep wat nog nie vrede gemaak het met hulle eie seer, mislukkings of foute nie, onbewustelik wegstoot, bedreig of beskaamd laat voel. Hierdie pyn kan daartoe lei dat daardie persoon jou groei probeer belemmer deur jou te bly aftrek na hulle vlak van onsekerheid toe.

Die meeste mense wat na my uitreik vir steun, vrees die opinies en oordeel van ander. Maar darem gewoonlik nie van hulle naby vriende en familie nie. In my geval, spandeer ek my hele lewe al vasgevang in die opinies en oordeel van die mense in my onmiddellike kring en naaste familie.

Die Vryskelding

My Weigh-Less groepleier het my genooi om my eerste oop-vergadering praatjie aan te bied die Desember nadat ek weer by Weigh-Less aangesluit het. Weigh-Less se groepvergaderings is gewoonlik privaat en alleenlik vir lede. Oop-vergaderings is bemarkingsgeleenthede en oop vir enige iemand om by te woon. Die groepleier doen altyd baie moeite vir hierdie oop-vergaderings en sal byvoorbeeld eetgoed en 'n spreker reël, en dan ook die vergadering bemark. Dis 'n eer om gevra te word om te praat tydens so 'n vergadering.

Gedurende die amper drie jaar wat dit my geneem het om my teikengewig te bereik, het my groepleier my gereeld genooi om as spreker op te tree by haar oop-vergaderings — en nie net vir die groepie wat ek self bygewoon het nie. Nadat ek my teikengewig bereik het, wou ek graag meer geleenthede hê om praatjies by verskeie groepe, regoor Johannesburg, te lewer. My groepleier het my aangemoedig en dit probeer moontlik maak.

In die maande direk nadat ek my teikengewig bereik het, het my missie om my boodskap uit te dra, goed gevorder. Maar toe word ons getref deur die eerste Covid-inperking, en almal moet tuis bly. Die eerste Dinsdag van die Covid-inperking, was ek veronderstel om 'n gasspreker te wees tydens die oop-vergadering van die Weigh-Less groepie waar ekself ingeskryf was. Dit sou my eerste praatjie by my eie groep wees nadat ek my teikengewig bereik het, en ek het besonder baie daarna uitgesien. Dit was nog altyd vir my baie spesiaal om by die groep te praat wat die 'tuiste' was van my gewigsverlies-reis.

Teen die tyd wat die inperking aangekondig is, was ek reeds voorberei vir my praatjie, en was uiters teleurgesteld toe die geleentheid gekanselleer moes word. Ek kon nie net stilsit en kyk hoe my geleenthede by my gesteel word nie, ek moes iets daaromtrent doen – die begeerte om my verhaal met ander te deel was eenvoudig te sterk om dit net te laat gaan.

Hoewel ek 'n totale leek op die gebied is, het ek besluit om my beplande praatjie aan te bied as 'n regstreekse aanlyn-video. Facebook was die enigste wyse waarvan ek bewus was en dit bloot omdat my Pilates-afrigter dit nou en dan vir haar klasse gebruik het.

Mart-Mari, jy is 'n sagteware-ingenieur, my magtig ...! Hoe moeilik kan dit nou wees om uit te werk hoe om hierdie video-ding te doen?

Eisj! Baie moeiliker as wat ek gedink het. Op daardie tydstip het ek nie 'n openbare Facebook blad gehad nie, slegs my persoonlike profiel. Ek kon dit egter regkry om my video te skeduleer en selfs om dit te bemark op die Weigh-Less Facebook groep wat slegs vir lede is. Ek het dit ook bemark op die plaaslike omgewingsgroepe waar ek 'n lid is. Mense het waarskynlik gedink dat al my varkies los rondhol, want dit het gewis vir my so gevoel. Mal soos ek dan nou ook al mag wees, was ek nie van plan dat die inperking my 2020 doelwitte in die wiele gaan ry nie. Al was ek verder van my gemaksone af weg as nog ooit tevore.

Ek het wel intussen besef dat mens se groeisone nie is waar jou gemaksone is nie.

Die Saterdagmiddag van my eerste regstreekse aanlyn-video, het ek vroeg reeds agter my lessenaar kom sit. Ek het nie 'n skootrekenaar met 'n ingeboude kamera en mikrofoon nie, ek het net 'n gewone rekenaar. 'n Paar jare gelede het ons 'n kamera'tjie gekoop om van tyd tot tyd met my skoonouers te kan gesels, en ek het 'n stel oorfone met 'n ingeboude mikrofoon gehad wat ek vir my werkvergaderings gebruik het. Hierdie kamera'tjie en stel oorfone sou die ding moes doen vir my praatjie. (Ek gebruik nog steeds dieselfde kamera'tjie vir my video's, maar het intussen darem al 'n ander plan gemaak met die mikrofoon.) Angstig dat ek my kykers sou laat wag, het ek my aanlyn-video 'n paar minute voor die geadverteerde tyd van 15:00 begin – my eerste fout ...

Ek wou voorbereid en wees, maar het agtergekom dat kykers nie daarvan hou om in te skakel en dan 'n paar minute te wag vir 'n aanlyn-video om nou eintlik te begin nie. Ek het ook niks voorberei om oor te gesels in die voorafgaande paar minute totdat ek met my praatjie sou begin nie. Niks jaag stresvlakke so vinnig op as om te weet dat mense al ingeskakel vir jou aanbieding is en jou kan sien, terwyl jy sit met 'n mond vol tande. Miskien moes ek net begin babbel het, want dit sou moontlik my tweede fout verhoed het ...

Toe ek my video begin, stuur Facebook vir my 'n kennisgewing dat die video begin het. Ek het die kennisgewing gesien en dit oopgemaak, onder die indruk dat dit is wat ek veronderstel was om te doen. Die oopmaak van daardie kennisgewing het egter veroorsaak dat ek ingeskakel is as 'n toeskouer vir my eie video, op dieselfde tyd as wat ek die video opneem. Ek het dit nooit besef terwyl ek gesit het en wag vir mense om in te skakel nie ... Dit was eers teen 15:00 toe ek begin praat, dat ek, en al die ander mense wat ingeskakel was, die eggo kon hoor!

Ek het geen idee gehad hoe om die eggo op te los nie. Dit was eers na die tyd dat ek besef het die eggo veroorsaak was omdat ek self ingeskakel was vir my praatjie as 'n toeskouer — hoe dom kan mens wees? Om die eggoprobleem te probeer oplos, het ek op 'n stadium my oorfone afgehaal en direk in my mikrofoon gepraat. Die eggoprobleem was vir my opgelos, maar baie erger vir diegene wat ingeskakel was. 'n Kyker het deur 'n opmerking voorgestel dat ek my rekenaar se klank afskakel en dit het toe darem die probleem opgelos, en ons kon voortgaan sonder die eggo. Teen daardie tyd was tien minute al verby en was ek al meer as net verbouereerd. Ten spyte van die aanvanklike probleme, het ek deurgedruk en dit reggekry om my praatjie aan te bied soos wat ek dit voorberei het.

Ek het bitter verleë gevoel oor my blapse. Elke keer wanneer ek my eerste video gedeel het, het ek gewaarsku dat die eerste tien minute oorgeslaan moet word. Eers ses maande later, toe ek my openbare Facebookblad begin, het ek geleer hoe om daardie eerste deel van die video te redigeer. Die geredigeerde video is nou op my openbare Facebookblad, maar die oorspronklike een het ek op my private Facebookprofiel gehou. Daardie video sal altyd vir my spesiaal bly, want dit was die begin van iets wat ek regtig geniet om te doen.

Ten spyte van my foute en my verleentheid, was die mense dol oor my video en ek het baie positiewe terugvoering en kommentaar ontvang. Die gemeenskap se ondersteuning was 'n riem onder my hart, en ek het besluit om nog 'n videogeleentheid te doen die volgende Saterdag. Teen die einde van ons eerste vlak vyf en -vier inperkings, het ek 'n hele reeks van vier aanlynvideo's aangebied. Die laaste video in die reeks het ek drie weke voor my berading begin het, aangebied.

Amper vyf maande nadat ek saam met Berader begin werk het, het ek weer geïnspireerd gevoel deur 'n sterk boodskap wat ek gevoel het ek moet deel. Die boodskap was oor emosionele eet. Gedurende die laaste video van my inperkings-reeks, het ek in trane uitgebars teen die einde toe ek begin praat oor my vrees om al my gewig weer op te tel. Na afloop van daardie video, en my emosionele uitbarsting, het ek myself belowe dat ek nooit weer 'n aanlyn video gaan doen nie. Maar ek kan nou maar net nie van die water af wegbly nie. Vyf maande later was ek wragtig besig om weer te dink aan 'n aanlyn video. Ek glo dat wanneer mens so sterk geïnspireerd voel om iets te doen, dan moet jy dit nie net laat staan nie.

My video oor emosionele eet het ongelooflik goed afgeloop, met amper geen foute nie. Tot vandag toe is dit nog steeds my video met die grootste gevolg en die meeste opmerkings. Dit was ook die eerste video van my, toe nog splinternuwe, publieke Facebook blad af; ek is vreeslik trots op die video.

Tydens my beradingssessie na my emosionele eet video, het ek my video gedeel en ook vir Berader vertel hoe trots ek op hierdie video was. Hy het my opwinding ontvang deur vir my 'n fassinerende oefening te gee om te doen. Al my beradings uitdagings was altyd baie interessant, maar daar was kere wat ek stomgeslaan gesit het oor Berader se kreatiwiteit en vermoë om so vinnig op sy voete te kon dink. Hierdie oefening was een van daardie kere gewees. Ek het gereeld die vreemdste goed onder hierdie arme man se aandag gebring.

Die oefening wat Berader ingedagte gehad het, was dat ek myself moes verbeel dat ek my ma was terwyl ek my emosionele eet video gekyk het. In ander woorde, ek moes probeer om die video deur haar oë te kyk. Ek moes dan ook neerskryf wat ek geglo het haar reaksie op die video sou wees.

Ek was geweldig trots gewees op my emosionele eet video; om aanlyn video's aan te bied was iets wat ek nooit eers gedink het ek sou kon doen nie, veral nie na al my aanvanklike blapse nie. Ek het gedink dat my emosionele eet video perfek was. Tog, toe ek die video deur my ma se oë probeer kyk, het ek net kritiek gehoor. Skielik kon ek net alles sien wat ek verkeerd gedoen het. Ek het net foute raakgesien. Ek het ook gevoel dat ek dom was en dat my boodskap vervelig was en nie die moeite werd was om te deel nie. Dit het my so kwaad gemaak. Ek was woedend! Ek was dan so trots op hierdie video, hoe kon ek dan net kritiek sien van my ma af? Ander mense, vreemdelinge, het dan so positief daarop reageer. Ek het geglo dat my boodskap vir hulle iets beteken het. Tog het my ma se reaksie my laat voel dat ek myself behoort te skaam en dat ek die video van my blad af moes verwyder. Ek het nooit eers daaraan gedink om my eerste video te verwyder nie; en daardie video het ek oor skaam gevoel!

Was dit wat Berader wou hê ek moes sien?

Was die verbeelde reaksie van my ma af een of ander innerlike stem wat ek saam met my gedra het? Indien wel, het ek seker vir jare lank al die las van daardie stem saam met my gedra. Het ek wel nog na hierdie stem geluister? Hoeveel? 'n Bietjie? Baie? Ek so baie vrae gehad vir my volgende sessie.

By my volgende sessie het ek toe ook die terugvoering van hierdie oefening gedeel. Berader se antwoord daarop was dat alhoewel ek waarskynlik korrek was in hoe my ma se reaksie sou wees, was dit nie 'n baie tipiese reaksie van 'n ma af nie. Ek moes probeer om myself haar trotse reaksie te verbeel.

Deurmekaar en onseker het ek na Berader gekyk en gevra, "Ek verstaan nie. Verwag jy ek moet nou reaksies vir haar begin opmaak?"

Amper onmiddelik het hy geantwoord, "Nee, nee, nee ... Jy is alweer besig om te analities te wees."

Blykbaar was ek te analities ... wie sou dit nou kon raai?

Berader het verduidelik: "Wat sou jou reaksie gewees het as dit jou sussie was wie die video gedoen het?"

Sonder huiwering het ek geantwoord, "Ek sou so trots wees op haar. As sy dit kon regkry om tagtig kilogram te verloor, aan haarself te werk en genoeg selfvertroue te hê om 'n aanlyn video te doen, sou ek seker die trotste suster in die hele wêreld gewees het. Ek glo nie daar sou 'n mens wees met wie ek nie haar storie sou deel nie."

"En wat as dit jou kinders was wie die video gedoen het? het Berader gevra.

"Ek sou ook trots wees. Hoe kan 'n ma nie trots wees as haar kind so iets ou doen nie? het ek geantwoord.

"Wat dink jy sou jou sussie oor jou video gesê het?" het Berader verder gevra.

"In die eerste plek glo ek nie sou sy dit eers gekyk het nie. As sy dit wel sou kyk, sou sy dit seker gehaat het en my nog meer uit haar lewe uit werk. Sy sou jaloers en wraaksugtig opgetree het."

Op een of ander manier kon ek insien dat om 'n ma of 'n sussie te wees, beteken het dat jy outomaties trots was op jou kinders en suster. Tog, wanneer ek gevra was om te beskryf hoe my ma en sussie sou reageer, het ek altyd die negatiewe reaksies gelys.

"Kan jy sien dat jou ma en sussie se reaksies nie normaal is nie?"

Na my sussie se Maniese Depressie diagnose, kon ek op baie geleenthede sien hoe my ma se gedrag gereflekteer word in my sussie se gedrag. En selfs meer so gedurende die laaste paar maande van haar lewe toe sy haar medikasie gestaak het. Ek het 'n sterk vermoede dat my ma ook gely het onder een of ander vorm van depressie. Ek is egter nie bewus van 'n depressie diagnose nie, en ek is oortuig daarvan dat sy nooit daarvoor behandel is nie.

Berader het dit so verduidelik, "'n Onbehandelde manies depressiewe persoon se selfbeeld is alreeds laag. Die enigste manier wat hulle hulleself kan laat beter voel oor wie en wat hulle is, is om die om hulle te probeer aftrek na hulle vlak toe. Hulle gaan nooit ondersteunend wees of ander probeer ophef nie. Nie vir so lank as wat hulle nie behandeling ontvang nie."

My ma en my sussie se gedrag teenoor my was nie tipies van 'n ma en 'n sussie nie. Vir my onthalwe moes ek probeer om te verbeel wat hulle natuurlike reaksies sou wees, of ten minste probeer om te verstaan dat die innerlike stemme wat ek van hulle af hoor, nie die regte hulle was nie. Dit was my interaksie met hulle siektes.

Gewoonlik in die aande na 'n sessie, het ek en my man gesit en die sessie bespreek. Daardie aand het ek die sessie aan my man probeer verduidelik, en toe hy besef wat ek besig was om te doen, het hy uitgeroep, "Maar dit is soos om vir hulle 'n 'Kom gratis uit die tronk'-kaartjie te gee!"

My man is seker reg. Dit is 'n onverdiende vryskelding wat ek vir beide my ma en my sussie gee. Maar op een of ander manier bring hierdie vir my so baie vrede.

Hardloop

Ek stap uit op die teer. My voete is nie bekend met hoe die pad onder hulle voel nie — veral nie met sandale aan nie. Ek besluit om afdraande te begin loop. My romp bied weerstand teen die wind. Verbygangers gaan seker dink dis vreemd om 'n vrou met sandale en 'n romp aan buite te sien stap, dink ek. Nee, dalk nie. Dit sal seker lyk asof ek by een van my bure gaan kuier. Ek draai regs toe ek die onderkant van ons straat bereik. Is ek veronderstel om teen of saam met die verkeer te loop? Teen die verkeer seker, dit maak die meeste sin. Op daardie manier sal ek 'n kar sien aankom. My regs draai beteken ook die begin van my eerste opdraande. Om te loop is nie so maklik as wat ek gedink het dit sal wees nie. Nie met sandale aan nie. Ek sal vir seker my skoene moet heroorweeg vir die volgende keer. Watter roete sal die beste wees om te loop? Ek moet seker maar loop soos wat ek sou ry? Dan behoort ek darem nie te verdwaal nie. Die pad lyk egter anders te voet, vreemd hoe dit die geval is. Is dit altyd hoe dit is? Waaraan dink ander mense wanneer hulle loop? Of kyk hulle maar net om hulle rond? Ek sien iemand anders wat draf. Ek lig my hand om haar te groet, en sy knik beleef terug. Sy draf met oorfone. Ek dink ek moet ook oorfone kry. Maar mense wat vir hulle bure gaan kuier dra nie oorfone nie. Miskien kan ek maak asof ek besig is met 'n oproep? Dit mag dalk nie veilig wees nie. Nee, kom ons los eerder die oorfone vir nou. Ek draai links. Die pad is nou aansienlik besiger. Ek hou nie daarvan nie, sal moet kyk of ek op 'n manier hierdie stukkie kan uitsny. Ek neem die volgende regsdraai. Ek loop nou al vir vyftien minute, tyd om om te draai. Ek loop dieselfde pad terug. My voete is seer omdat die sandale se bandjies besig is om my te sny. Om sandale te dra was vir seker nie 'n goeie idee nie. Maar tekkies saam met 'n romp gaan agterdog wek. Uiteindelik is ek weer by ons voorhek. Dis salig om weer tuis te wees. Ek het sopas my eerste dertig-minute loop voltooi. Ek wonder of iemand agtergekom het dat ek nie by my bure gaan kuier het nie?

— *My eerste herinnering daaraan om te gaan loop*

* * *

Een van my gunsteling antwoorde wanneer ander my oor oefening sou uitvra is: "Jy kan 'n slegte dieet nie reg hardloop nie." Mense aanvaar vinnig dat as hulle met 'n dieet begin, hulle ook moet begin om te oefen. Amper asof oefening vir hulle ekstra 'krediete' gaan gee en hulle toelaat om te kroek met hulle eetplan. Nie een van die stellings hierbo is waar nie.

Toe ek die heel eerste keer Weigh-Less gevolg het, het ek wel ook geoefen. Op daardie stadium het ek gimnasium toe gegaan, hoofsaaklik vir kardio, en ek het ook Pilates gedoen. Ek was baie lief vir Pilates, is nogsteeds, maar ek was nog nooit 'n drawwer nie. Daardie eerste keer by Weigh-Less, het ek goed verloor, en teen 'n goeie pas, maar ek was sewe jaar jonger en het toe ook nog net een kind gehad.

Toe ek weer by Weigh-Less aansluit, met die doel om tagtig kilogram te verloor, het ek besluit om nie te oefen nie. Ek was doodeenvoudig te groot en swaar daarvoor gewees. Om te oefen sou heeltemal te ongemaklik gewees het. Ek glo ook nie ek sou oefenklere kon opspoor om my lyf te pas nie. Soos sake toe gestaan het, het ek reeds net een rok oorgehad wat my gepas het, ek het vir seker geen passende oefenbroeke of tekkies besit nie.

My man was skepties oor my plan om nie te oefen nie. Hy was van mening dat ek slegs goed verloor het die eerste keer op Weigh-Less omdat ek toe hard geoefen het. Omdat die Weigh-Less eetplan so baie kos is, het my man gevoel ek gaan gewig optel as ek nie ook sou oefen nie. Hierdie opinie verskil wat ons oor oefen gehad het, was die enigste punt waaroor ek en my man verskil het met betrekking tot my planne om weer met die Weigh-Less eetplan te begin.

Ten spyte van my man se opinie, het ek in Februarie 2017 weer met Weigh-Less begin, en, soos wat die weke aangestap het, konsekwent goed verloor week na week — sonder om te oefen! Teen Desember 2017 het ek reeds al ongeveer vyf-en-dertig kilogram verloor, sonder 'n druppel sweet. My man se Kersgeskenk aan my daardie jaar was 'n Garmin fiksheids horlosie wat ook my hartklop kon meet — vir seker 'n skimp van sy kant af.

Op daardie stadium was ek nog steeds meer as veertig kilogram oorgewig gewees, en het die grootste deel van die dag gesit. Ek was ongelooflik onfiks, maar van mening dat ek eintlik baie goed aan die gang was, selfs sonder om te oefen. Ek het wel ook besef dat my man 'n punt beet gehad het, en dat ek wel een of ander tyd sal moet begin oefen. Ek was nie van plan om my nuwe horlosie te neem en gimnasium toe te gaan nie. Ek wou iets begin waarmee ek kon staak as ek wou! 'n Gimnasium het kontrakte en goed wat dit moeilik maak vir 'n mens om sommer net op te hou. Ook, ek was bekend met hoe dit gaan by 'n gimnasium: almal hou jou dop, en dit was nie my begeerte om my logge liggaam te vertoon nie.

Om te begin loop het vir my gevoel na die eenvoudigste en maklikste ding om te begin doen. Om te loop het nie vereis dat ek by enige iets moes aansluit nie, dit was nie eers nodig vir my om iewers heen te bestuur nie. Ek het ook geen spesiale toerusting nodig gehad nie. My mediese fonds se voordele program het punte aangebied vir wanneer jy dit kon regkry om vir meer as dertig minute te oefen met 'n gemiddelde hartklop van bo 70%. Ek wou dit probeer.

'n Paar dae na Kersfees het ek begin om te loop. My doel was om my hartklop vir ten minste dertig minute tussen 70% en 80% van die maksimum hartklop vir my ouderdom te hou. My plan was soos volg: as ek sien dat my hartklop te stadig raak, sou ek vinniger loop, en as ek sien dat my hartklop te vinnig raak, sou ek stadiger loop. Toe ek net begin loop het, was ek so onfiks dat dit vir my maklik was om my hartklop redelik hoog te hou. My uitdaging toe was om vir ten minste dertig minute aan te hou en nie op te gee nie.

My gelopery het so voortgeduur vir die grootste gedeelte van 2018. Soos wat ek fikser geraak het, het ek dit wel begin moeilik vind om my hartklop hoog genoeg te hou. Op daardie stadium het ek toe meer opdraandes in my roete ingewerk. Dit het vir seker gehelp dat ons area baie steil opdraandes het. Lateraan het ek te vinnig begin loop en my roete konstant onder dertig minute voltooi, toe moes ek my roete weer aanpas sodat dit langer sou wees. Ek was geleidelik besig om te verbeter!

Die breuk operasie wat ek in April 2018 ondergaan het, het vir seker 'n demper op my oefening geplaas. Ek het nog tot die dag voor my operasie geloop, soveel as wat ek kon. Na afloop van my operasie was ek vir 'n week lank in die hospitaal gewees waartydens die fisioterapeut my aangemoedig het om vir kort afstande op 'n slag te loop. Toe ek terug is by die huis het ek aangehou met die kort afstande loop, maar buite op die teerpad. Die ongelykheid van die teerpad was 'n uitdaging gewees, maar voor ek kon sê mes, het ek weer dieselfde roete en teen dieselfde pas geloop as voor my operasie.

My sussie se selfmoord was in November 2018, en ek het die grootste deel van Desember 2018 spandeer om babagoedere te probeer verkoop. Ek het oorweldig gevoel, en een van die dinge wat my redding was gedurende daardie tyd, was om te kon gaan loop. Een dag in daardie Desember, het ek ontdek dat dit vir my onmoontlik geraak het om my hartklop hoog genoeg te hou wanneer ek afdraand loop, ongeag van hoe vinnig ek sou loop. Terwyl ek besig was om te loop, en om myself te frustreer omdat ek nie vinnig genoeg kon loop om my hartklop op te stoot nie, het ek besluit die enigste opsie is om die afdraandes te begin draf. Ek het net daar en dan begin draf.

Ek het aangehou om die afdraandes te draf en opdraandes te loop, totdat ek dieselfde probleem begin ervaar het met die opdraandes. So toe begin ek die opdraandes ook draf. Dit was wel moeiliker gewees om die opdraandes te draf omdat ek hulle nie sommer van onder tot bo kon uitdraf reg van die begin af nie. Ek het egter vir myself doelwitte gestel soos, hierdie week probeer ek draf tot by daardie boom, en volgende week probeer ek draf tot by 'n sekere huis, totdat ek op 'n dag voluit tot bo kon draf.

Die roete wat ek toe gedraf het, was net meer as drie kilometers lank gewees, en, aanvanklik, het dit my net so bietjie meer as dertig minute geneem om die hele roete te draf. Wat wonderlik was, want dit het beteken dat ek kon hou by my mediese fonds se vereiste vir 'n oefening om ten minste dertig minute lank te wees. Oor tyd het ek egter vinniger begin draf, en op 'n stadium het my net meer as drie kilometer roete te kort geraak. Dit het veroorsaak dat ek weer aan my roete moes verander. Ek het toe 'n vyf kilometer lange roete uitgewerk, en toe my vyf kilometer roete te maklik begin raak, het ek dit vir myself ten doel gestel om daardie roete twee keer te draf op 'n keer sodat dit dan 'n tien kilometer roete sou wees. Op die oomblik hardloop ek nog steeds my vyf kilometer roete gedurende die week, en dan my tien kilometer roete oor naweke wanneer ek so bietjie meer tyd het. Ek probeer om so veertig kilometer elke week te draf — meer as ek kan en my tyd dit toelaat.

Vandag is ek so trots daarop om myself 'n drawwer te kan noem. Ek het nie genoeg woorde om vir ander mense te verduidelik hoe lief ek vir hardloop geraak het nie. Om te hardloop is iets wat ek, wat op 'n stadium net meer as tagtig kilogram oorgewig was, nooit gedink het ek sal kan doen nie. En dan praat ek nie eers van dit geniet nie ... Maar ek het verlief geraak daarop om te draf, absoluut halsoorkop verlief!

Net voor ons Covid-inperking begin het, op Valentynsdag 2020, het ek ingeskryf en deelgeneem aan my eerste tien kilometer resies; dit was toe ook die eerste keer dat ek meer as vyf kilometer sou draf. Gedurende die resies, het ek by een van die busse aangesluit, en ons het die ongelooflikste bekwame 'busdrywer' gehad wat ons so mooi deur die resies gehelp het. Ek het in trane uitgebars toe ek die eindstreep oorsteek. Op daardie oomblik het die werklikheid van die grootsheid van wat ek bereik het, my só hard getref ... Daar was 'n tyd wat ek nie eers kon buk om my veters vas te maak nie, en hier voltooi ek my eerste tien kilometer resies.

Gedurende ons Covid-inperking vlakke vyf en vier, Maart en April 2020, het ek driehonderd-agt-en-sestig kilometers op 'n kort, veertig meter lange, sirkelroete om 'n boom in ons voortuin gehardloop. Teen die einde van 2020, het ek 'n halwe maraton voltooi om die eerste herdenking van die dag wat ek my teikengewig bereik het, te vier. My doel is om my pas, afstand en uithouvermoë te bly verbeter.

Om te oefen het gemaak dat ek stadiger gewig verloor. Dit het my ongeveer elf maande geneem om die eerste helfte van my gewig te verloor, en toe net minder as twee jaar om die ander helfte te verloor.

Maar die voordele daarvan om te begin hardloop het, strek ver verby enige fisiese voordele. As dit nie vir hardloop was nie, sou ek nooit die stof kon losskud wat ek moes doen om my verhouding met my ma onder Berader se aandag te bring nie. En as ek dit nie gedoen het nie, sou ek nooit met berading begin het nie. Toe my berading ophou, het ek myself begin beraad deur my hardloop.

Wanneer ek hardloop skei ek baie meer af as net sweet. Niks en niemand pla my wanneer ek draf nie. Ek skakel my musiek aan, maar ek skakel die wêreld af. My voete tref die teerpad, en ek betree 'n sone van meditasie, terwyl ek die pad navigeer sonder om daaroor te dink. Soms, na 'n paar minute van draf, hoor ek nie eers meer my musiek nie. Wanneer dit gebeur is dit werklik net ek en my gedagtes. Baie keer sal ek huil terwyl ek draf, veral wanneer ek besig is om te 'skryf'. Ek het hierdie hele boek geskryf deur te gaan draf. Ek dink oor wat ek wil skryf, terwyl ek draf; ek maak gou 'n paar notas wanneer ek tuis kom na my draf, en in die laatmiddag of in die aand sit ek vleis om daardie idees. Daar is seker meer as vierhonderd kilometers se draf in hierdie boek ingeskryf, en ek is oortuig daarvan dat ek op geen ander manier sou kon skryf nie.

Om te draf het natuurlik ook gehelp met my liggaamtonus. Ek is die trotse eienaar van 'n stel mooi gevormde maagspiere. Trouens ek is baie trots op hoe ek lyk nadat ek tagtig kilogram verloor het. Ek het 'n bietjie oortollige vel, ja, maar ek kan regtig nie kla nie. Ek beheer die los vel wat ek oorgehou het, deur my droë lyf te borsel met 'n borsel van natuurlike vesel, ook deur te hardloop en om Pilates te doen. Ek kan alreeds sien hoe my liggaam en vel verbeter, en ek sien daarna uit om die vordering dop te hou.

Wanneer ek nou terugdink daaraan, ek glo nie my man was reg daaroor dat ek moes oefen om gewig te verloor nie. Ek glo ek sou wel al tagtig kilogram kon verloor sonder om te oefen, maar om te oefen het vir my soveel meer voordele voorsien as om net gewig te verloor. My fiksheidshorlosie was nog my beste Kersgeskenk ooit!

Die Vrug Daarvan Om Myself Te Wees

Iets wat ek gereeld gevra word, gewoonlik deur oorgewig mense, is: 'Hoe is dit om maer te wees? Is dit alles wat jy gehoop het dit sal wees?'

Hierdie vrae laat my dink aan die Ou Testament en die beloofde land in die Bybel. Hoe sal dit wees in die beloofde land? Sal ons uiteindelik gelukkig kan wees daar?

Berader het eens op 'n tyd vir my gesê dat om 'n reis aan te pak is soos om teen 'n berg op te klim. As my toergids, kon hy probeer om vir my te verduidelik hoe die uitsig daar bo sou lyk, maar die enigste manier wat ek regtig sou weet, sou wees as ek self dit kon beleef. Hy het natuurlik nou nie van my gewigsverliesreis gepraat nie, aangesien ek reeds my gewig verloor het teen die tyd wat ek saam met hom begin werk het.

Op 'n tegniese vlak, het ek hierdie boek begin deur 'n klomp leë leêrs op my rekenaar te skep vir al die individuele hoofstukke, en toe het ek daardie leêrs in 'n orde gerangskik wat vir my sinvol was. Hierdie plan het vir my goed gewerk, omdat ek daarvan gehou het om 'gedagte grepies' te gaan neerskryf by die toepaslike hoofstuk soos wat ek daaraan gedink het. Gedurende die proses het ek ook gereeld van plan verander deur hoofstukke ander name te gee, te verwyder en selfs te herrangskik. Baie hoofstukke het te lank geraak en toe geboorte gegee aan twee of drie hoofstukke.

Die skryf van hierdie boek was vir seker 'n plan wat nooit in sement gegiet was nie, en ek het gemaklik gevoel om op die wyse te werk. Ek is 'n professionele sagteware-ingenieur en dit is ook hoe ek kode skryf. Aanvanklik was hierdie hoofstuk se titel 'Die Vrug Daarvan Om Maer Te

Wees'. Die idee wat ek gehad het was om in hierdie hoofstuk te beskryf hoe dit is om maer te wees, en ek het ook hierdie hoofstuk reg aan die einde van die boek geplaas. Ek was van mening dat dit die boek 'n sprokiesverhaal einde sou gee — en sy het vir altyd gelukkig verder gelewe — maer.

Ek het vir bitter baie jare geglo dat om maer te wees, die antwoord vir al my probleme sou wees. Alles sou beter wees as ek maar net tog my oortollige gewig sou kon verloor. Almal sou dan van my hou, en ek sou gerespekteer word vir my skerp verstand en nie altyd oor die hoof gesien word nie. Ek sou verdien het dat ander my liefhet. Klere sou nie meer 'n probleem wees nie, omdat ek by 'n groot verskeidenheid van winkels sou kon gaan koop. Ek sou ook nie meer die hele tyd moeg wees nie. En ek sou 'n beter selfbeeld hê terwyl ek 'n meer avontuurlustige en vervullende sekslewe geniet.

Soos wat hierdie hoofstuk in my gedagtes begin vorm aanneem het — natuurlik buite op die pad terwyl ek draf — het ek besef dat die voordele daarvan om 'n 'normale' gewig te weeg, baie min te doen gehad het met die gewig self. Vandat ek op sosiale media begin praat het oor my gewigsverlies, het ander oorgewig mense my gekontak wat my graag persoonlik wou ontmoet. Ek ontmoet hulle gewoonlik vir koffie in 'n openbare plek, en die standaard eerste vraag wat ek hulle vra is: "Verduidelik vir my hoekom jy graag gewig wil verloor." Die top drie redes wat ek kry het is:

Ek wil gelukkig wees.

Ek wil gesonder wees.

Ek wil beter lyk.

Ek wil elkeen van hierdie redes graag individueel bespreek. Indien dit die drie top redes is waarom mense graag gewig wil verloor, dan maak dit vir my sin dat mense sal verwag dat ek moet antwoord, "Ek is gelukkiger, gesonder, en lyk beter sedert ek my teikengewig bereik het."

Terwyl dit dalk waar mag wees, is 'gelukkiger, gesonder, en beter lyk' nie die vrug van my gewigsverlies nie. Die ware vrug is om uiteindelik myself te wees! En ek het hierdie vrug ook nie ontvang direk nadat ek al my gewig verloor het nie.

Ek wil gewig verloor sodat ek gelukkig sal wees.

As daar een stelling is wat ek nou, nadat ek tagtig kilogram verloor het, sonder aarseling kan sê, is dat om gewig te verloor jou nie gelukkig gaan maak nie. As jy mislik is terwyl jy oorgewig is, gaan jy nog steeds mislik wees nadat jy gewig verloor het. Selfs mense met 'n normale gewig kan ongelukkig wees.

Wanneer iemand vir my sê dat hulle gewig wil verloor, sodat hulle *gelukkiger kan wees*, vra ek of hulle weet van iemand wat oorgewig én gelukkig is. Elke liewe mens vir wie ek al die vraag gevra het, het geantwoord dat hulle wel weet van iemand wat oorgewig en gelukkig is. Geluk is 'n interne gemoedstoestand. Dit is moontlik om te kies om gelukkig te wees, en die keuse het baie te doen met dankbaarheid en om waardering te toon vir dit wat jy reeds het.

Met genoemde in ag geneem, moet ek byvoeg dat ek wel gelukkiger voel as maer teenoor toe ek oorgewig was. Ek het egter nie by geluk uitgekom die dag toe ek my teikengewig bereik het nie. My geluk kom van vrede wat ek verkry het deur myself vry te maak van jare — 'n leeftyd — se skuld en skaamte wat ek saam met my gedra het. Ek het myself losgemaak van daardie skande deur 'n lig te werp op alles wat met my gebeur het, en waaroor ek my geskaam het. Vele kere het ek vir die eerste keer bewus geword van 'n probleem. Wanneer ek daarvan bewus word, moes ek myself stroop en weerloos wees deur dit met ander mense te deel — selfs vreemdelinge.

Ek het vir seker tot die besef gekom dat, soos Brené Brown gesê het, skaamte in isolasie vermenigvuldig, maar begin verdwyn wanneer dit gedeel word met ander. Wanneer almal weet wat jy gedoen het, of waardeur jy gegaan het, is daar niks om meer weg te steek of om oor die jok nie.

Om my verhaal te deel, het my ook 'n nuwe doel in die lewe gegee, en dít maak my ongelooflik gelukkig. Ek kan ander help en inspireer deur my storie, wat meer wil mens hê? Ek het ook ontdek dat ek baie lief is vir skryf en om in die openbaar te praat. Om te skryf en om praatjies aan te bied is vaardighede wat ek wil ontwikkel en verbeter. Ek glo nogal dat hierdie altyd die doel was met my lewe, maar dat ek nog nooit die selfvertroue gehad het om die geleenthede vir myself te skep of om dit met al twee hande aan te gryp nie.

My huwelik is ook gelukkiger as wat dit nog ooit was. Ek en my man kommunikeer baie goed. Hy behandel my soos 'n koningin; hy laat my voel dat ek vir hom begeerlik is. Ons sekslewe het dramaties verbeter, nie net as gevolg van die gewig wat ek verloor het nie, maar omdat ek nou meer selfvertroue het. Ek sê nooit nee vir my man nie. Trouens, ek is die een wat met gemak en gereeld nou seks inisieer. Daar word vir seker nie gesmeek vir seks in ons huwelik nie. Die enigste gesmeek wat wel gebeur is in ons slaapkamer wanneer ek my man smeek vir 'n pouse — 'n vrou kan net soveel orgasmes in 'n ry hanteer!

Ek wil gewig verloor sodat ek gesonder kan wees.

Om gesondheid aan te voer as 'n rede om gewig te wil verloor maak baie sin — ten minste vir my. Wanneer ek met iemand gesels wat gesondheid noem as 'n rede om gewig te verloor, moedig ek daardie persoon aan om uit te brei. Ek wil graag verstaan wat die persoon bedoel met *gesond wees* sodat ons die rede meer spesifiek en bepalend kan maak. Byvoorbeeld, as die persoon fikser wil wees, wat impliseer dit? Wil hulle graag 'n vyf-kilometer-roete kan draf? Indien wel, hoe vinnig wil hulle dit kan draf? Om 'n persoon se vordering te meet, en resultate te sien, is uitstekende motivering vir iemand wat aktief besig is om gewig te verloor. Behalwe vir fiksheid is bloeddruk, bloedsuiker en cholesterol ander gesondheid-indekse wat dramaties kan verbeter deur massa te verloor. Ek kan getuig van heelwat lede in ons Weigh-Less groep wat hulle bloeddruk- en cholestrolmedikasie kon verminder of staak, en selfs genees het van tipe twee diabetes.

Toe ek nog vetsugtig was, het ek gesukkel met hoë bloeddruk. My bloeddruk het intussen drasties gedaal — tot so mate dat ontdek is dat ek eintlik lae bloeddruk het. Die grootste gesondheidsverbetering egter vir my, was die vermoë om my breuke te laat herstel. Hopelik gaan my kinders nooit grootword met die herinnering van my, siek in die bed vir ure terwyl ek probeer om vasgeknypte derms terug te druk nie!

Deur te begin draf het ek my fiksheid verbeter. My gemiddelde rustende hartklop is nou veertig slae per minuut. Ek is nie 'n fiksheidskenner nie, maar die mense wat weet en dit self al gemeet het, het vir my gesê dat dit goed is, en vir seker 'n teken van fiksheid is. Ek geniet dit om my liggaam te druk en nuwe goed te probeer. Vir die eerste keer in my lewe kán ek dit doen — en dit is 'n onbeskryflike gevoel.

Ek wil gewig verloor sodat ek beter kan lyk.

Ek is nou nie 'n groot voorstander daarvan om gewig te verloor met die uitsluitlike doel daarvan om te wil *beter lyk* nie. Ek glo elke persoon behoort goed te voel oor hoe hulle lyk, ongeag van hoeveel hulle weeg. Wanneer ek wel met iemand gesels, vir wie hierdie 'n groot dryfveer is, dan moedig ek daardie persoon aan om daardie doelwit meetbaar te maak. Om beter te lyk kan nie 'n doelwit wees nie, aangesien dit afhang van openbare standaarde en mense se opinies. Gaan jy byvoorbeeld eers glo dat jy beter lyk, wanneer ander mense dit vir jou sê, of wanneer jy vir jouself beter lyk in die spieël? As ek moes wag tot ek vir myself beter lyk, het ek dalk nou nog gedieet. En as ek sou wag tot ander my komplimenteer, het ek dalk sommer vroeg al opgehou met my dieet.

Ek het nooit beter-lyk as 'n doelwit gehad nie, maar ek het 'n verwante mode-doelwit gehad. Omtrent vyf maande nadat ek begin dieet het, het ek 'n romp gekoop. 'n Vriendin, wat werk as 'n stilis, het 'n tweedehandse klereverkoping gehou. Ek het reeds voordat ek begin dieet het, myself voorgeneem om niks van my vet klere te behou nie. Behalwe vir twee rokke wat ek as rekwisiete vir my praatjies gebruik. Vyf maande na die begin van my dieet, het ek reeds 'n hele klompie te groot klere gehad om te skenk vir haar verkoping. My vriendin het vir my geskenkbewyse gegee wat ek kon gebruik by haar verkoping om dankie te sê vir my skenking.

Tussen die items wat te koop was daardie dag, was 'n lieflike swart romp — dramaties en romanties — en ek was dadelik verlief op hierdie romp. Die enigste probleem was dat hierdie romp 'n nr. 10 was. Ek was nog 'n nr. 24 ..., maar daar was nie juis ander items in my grootte beskikbaar nie. Ek was so verlief op hierdie romp dat ek besluit het om die romp te koop, al was dit heeltemal te klein vir my. My vriendin het my baie skepties dopgehou. Ek het daardie romp in my kas laat hang, en elke nou en dan sou ek kyk of die romp dalk al pas. Dit was egter eers teen amper die einde van 2019 wat hierdie romp vir my begin pas het. Wat 'n wonderlike dag was dit nie gewees nie! Daardie romp is nou steeds een van my gunsteling items in my kas.

Die storie van my dramatiese swart romp is volgens my die beste voorbeeld van 'n nie-skaal doelwit. Wanneer ek iemand ontmoet wat graag beter-lyk as 'n doelwit wil lys, moedig ek hulle aan om 'n soortgelyke meetbare doelwit vir hulleself te stel.

My stilis-vriendin het in Januarie 2020 'n program geskep wat sy #styleBuddy gedoop het. Ek het gretig haar program begin volg omdat ek wou leer hoe om korrek aan te trek vir my nuwe liggaamsvorm. Stadig maar seker is ek besig om te leer hoe om mooi aan te trek, en dit is uitsluitlik deur haar toedoen. Vir die eerste keer ooit is dit vir my lekker om klere te gaan koop. Ek kan arms vol klere in my grootte saam met my neem na die aantrekhokkie, en alles pas. Ek hoef nie meer tevrede te wees met die beperkte verskeidenheid wat in my grootte beskikbaar is nie. Ek is natuurlik dol oor die dae wanneer ek my swart romp dra; dit is altyd 'n spesiale herinnering aan hoe ver ek gevorder het.

Met my agtergrond was dit regtig moeilik om positief oor my voorkoms te dink. Ek kan eerlikwaar sê dat vir maande, bykans 'n jaar, nadat ek my teikengewig bereik het, het ek nog steeds geglo dat ek lelik was. Jare van terg en negatiewe aanmerkings, het my liggaamsbeeld soveel skade gedoen — dit was net nie vir my moontlik om myself as mooi te beskou nie. Enige iemand, selfs my man, kon vir my sê dat ek mooi was, en ek sou dit nie glo nie. Ek het veral nie my man geglo nie. Ek het geglo hy sê bloot ek is mooi uit verpligting. Dus, om beter-te-lyk was vir my 'n baie moeilike vrug om te aanvaar en te glo.

Berader het my deur omtrent al sy oefeninge wat gehandel het oor die ophou van 'n positiewe liggaamsbeeld, laat werk, maar niks het gehelp nie! Wanneer ek ook al in die spieël kyk, het ek altyd iets opgemerk waarvan ek nie gehou het nie. En dan was dit ál wat ek raak gesien het.

Die draaipunt vir my het gebeur deur my boudoir-fotosessie - 'n fotosessie in fyn onderklere of soms amper naak of naak. Ek het 'n wonderlike fotograaf-vriendin wat foto's van my kinders neem sedert hulle baba'tjietyd. Ons het ook jaarliks gesinsfoto's by haar laat neem sedert ongeveer 'n jaar nadat ek met my dieet begin het, vroeg 2018 en 2019. In 2020 kon ons nie na haar ateljee toe gaan vir ons jaarlikse foto's nie, as gevolg van die inperking. Ek en sy het toe begin gesels oor die moontlikheid daarvan om 'n boudoir-fotosessie te doen later in 2020. Ek wou die fotosessie gebruik as 'n viering van die tagtig kilogram wat ek verloor het.

Die fotosessie het grimering ingesluit, selfs vals wimpers! Vir my wat amper nooit grimering dra nie, was dit alreeds 'n groot bederf. My vriendin het my so goed gelei deur die foto's en seker gemaak dat sy net my beste hoeke afneem en al my foute wegsteek. Ek was wel hewig op my senuwees ... teen die einde van die sessie was my grimering en my trouring al wat ek aangehad het!

Die fotosessie was 'n ongelooflike bevrydende ondervinding, en ek het nog nooit begeerliker en mooier gevoel nie. Die foto's van die sessie het fantasties uitgekom. Daar is net iets daaraan om foto's van jouself te sien, terwyl jy soos 'n supermodel lyk; jy kan nie anders as om goed oor jouself te voel nie. Sedertdien het ek van hierdie foto's laat ontwikkel vir ons slaapkamer. Elke oggend as ek wakker word sien ek hierdie foto's, en dit herinner my dat ek iets uitsonderlik reggekry het, en om so te kan lyk is een van die vrugte daarvan.

Die grootste, rypste en mooiste vrug wat ek die voorreg het om te geniet vandag, is my toename in selfvertroue. Ek glo werklik dat daar niks is wat ek nie kan doen nie. Ek was so vasbeslote dat die inperking nie my 2020 doelwitte in die wiele gaan ry nie, dat ek begin het om aanlyn video's te doen. En natuurlik het ek begin skryf, en dit is hoe hierdie boek gebeur het. As jy my 'n week voor ek my teikengewig bereik het sou vertel dat ek eendag hierdie goed gaan doen, sou ek jou nooit geglo het nie. Selfs nadat ek my teikengewig bereik het, sou ek jou nie geglo het nie.

Dit is nie net my fisiese voorkoms wat my selfvertroue laat verbeter het nie. Ek het 'n massiewe berg gehad om te klim, die uitdaging daarvan het aanvanklik vir my onoorkombaar gevoel, maar ek het dit reggekry. As ek tagtig kilogram kon verloor, moet daar bitter min goed in die wêreld wees wat ek nie kan doen nie.

Ek wou hierdie hoofstuk graag eindig met hoe dit nou voel om 'n toeskouer by my seun se galas te wees. Maar as gevolg van Covid, word geen toeskouers tans toegelaat by enige sportbyeenkomste nie. Eendag, glo ek, gaan ek wel daardie geleentheid kry, en dan sal ek vir seker daaroor skryf. Bly op die uitkyk vir daardie artikel!

My Seks-getuienis

Sy hande maak dat ek elke beweging van hom wil dophou soos wat hy die satynlint afrol en glad stryk. Hy pen my voorarms neer met syne en bind my gewrigte meesterlik saam bo my kop. Voordat hy 'n blinddoek optel en oor my oë bind, gee hy my eers 'n teer en talmende soen.

Ek hou daarvan om aan sy genade uitgelewer te wees, om te wonder waar hy my volgende gaan aanraak, of wat hy volgende gaan doen. Saam met hom, in ons bed, is die een plek waar ek voel ek hoef nie in beheer te wees nie. Waar ek eintlik nie in beheer wil wees nie. Ek is syne. Ek is sy vrou. Ek vertrou hom volkome, hy kan met my doen wat hom ook al behaag. Saam het ons 'n lewe gebou waarvoor ons lief is. Om so saam met hom te wees en so mekaar te kan geniet is 'n groot, belangrike en mooi deel van hierdie lewe waarvoor ons lief is.

Sy tong sirkel een van my tepels terwyl hy sagkens my ander tepel tussen sy duim en wysvinger rol. Hy suig en trek en byt liggies, elke tepel kry al die aandag wat dit verdien en reageer deur hard te word en uit te staan.

Hy begin net onder my oor en streel met sy tong al langs die kant van my nek af — elke nou en dan stop hy vlugtig om daardie area liggies te soen. Hy jaag nie, trouens hy gaan pynlik stadig te werk, terwyl ek voel hoe my tone van lekker krul en die hare op my voorarms en agter my nek regop staan. Wanneer hy my mond bereik talm hy vir 'n behoorlike, lang en intieme soen.

Hy beweeg laer af met my lyf totdat hy die punt bereik waar my bobene bymekaarkom — dis sy gunsteling plek om te wees. Ek is sy gunsteling plek om te wees. Hy ken my lyf so goed. Hy weet presies waar my sensitiefste areas is en hoe om dit maksimaal te prikkel.

Hy haal diep asem en begin aandag verleen aan my klitoris met sy mond. Hy volg kort en vinnige tikkies met die punt van sy tong op met lang, uitgerekte en stadige bewegings al langs die lengte van my vulva af — hy stop net wanneer hy 'n teer soen neersit of om met sy vingers binne te terg. Hy herhaal sy aanslag deurlopend totdat ek my orgasme bereik, en hy die soet vrugte daarvan kan proe.

Met die smaak van my nog in sy mond, beur hy homself vorentoe om my weer van aangesig tot aangesig te ontmoet, sy mond vind myne. Sy tong sirkel en verken die binnekant van my mond, en hy deel die vrugte met my, voordat hy weer afgaan ondertoe vir nog 'n gang.

* * *

In Februarie 2020, het ek 'n verjaarsdag boodskap vir 'n vriendin gestuur. Ek en hierdie vriendin is in dieselfde jaar gebore en verskil dus maar net 'n paar maande.

Haar boodskap terug was, "Dankie! Ons word nou oud, nè?"

"Praat namens jouself. Ek voel asof ek jonger word," het ek gespot.

"Jy sal maar jou geheim met my moet deel," het sy gesê.

Ek het gedink dat ek maar net sowel vir haar die waarheid kan vertel. Sy was vir baie jare lank al 'n goeie vriendin. Ons het mekaar selde gesien, dus ek het genoeg tyd gehad om oor my verleentheid te kom. Ek het haar geantwoord, "Die geheim is gereelde veelvoudige orgasmes en ejakulasies!"

Vir die grootste deel van my seksueelaktiewe lewe het ek geglo dat die vroulike orgasme 'n mite is. Ek het geen ander vrouens ooit daaroor hoor praat in informele gesprekke nie; ek het ook van niemand geweet wat dit self al ervaar het nie. Ek was onder die indruk dat die wat daaroor geskryf het op die internet, gejok het vir die sensasie daarvan. My man, aan die ander kant, was absoluut oortuig daarvan dat vroulike orgasmes bestaan het, en dat ek wel eendag een sou ervaar — niks van my skeptisisme kon hom van mening verander nie.

Aan die begin van ons seksuele verhouding, was seks maar eentonig en vervelig. Ek en my man, wat toe nog my kêrel was, was al twee baie oorgewig gewees. Nie dat ons vet ons gekeer het nie, maar ons het nie juis baie ge-eksperimenteer nie. Die opwinding daarvan om só saam te kon wees, en om nie eintlik te weet wat ons doen nie en saam te ontdek was genoeg gewees vir ons. Ons aanvanklike voorbehoeding was kondome. Die meeste wat ons geëksperimenteer het was deur verskillende tipes kondome te gebruik.

In daardie jare, het ek ook geen selfvertroue gehad nie. Ek was selfs te skaam om kondome te gaan koop. Ek het vir seker nie sensueel, vol selfvertroue of aantreklik in die slaapkamer gevoel nie. Tot en met daardie punt was om uit te trek en naak te wees iets wat ek op my eie in privaatheid gedoen het. Om skielik kaal voor iemand anders te wees, en dan nog boonop toe te laat dat die persoon jou penetreer — dis 'n skrikwekkende gedagte, en ek was glad nie gemaklik met die idee gewees nie. Maar ek wou ook graag seks hê en dit ervaar — hormone is lekker laf, nè? Die gevolg van my swak selfbeeld was dat ek myself probeer wegsteek het tydens seks, en nie my kêrel wou toelaat om my lyf te verken nie. As ek 'n laken kon gebruik met 'n gaatjie daaruit gesny gedurende seks, ek sweer ek sou.

Die ding wat ek wel geniet het van seks in daardie eerste paar jare, was al die lawwe speletjies wat ons voor die daad sou speel. My man is skreeusnaaks, en was nog altyd. Ons sou baie keer mekaar terg, terwyl ons terselfdertyd van meer en meer kledingstukke ontslae raak. Hierdie speletjies het my gehelp om te ontspan, en om die atmosfeer lig en speels te maak. Maar wanneer ons eers by die punt van penetrasie gekom het, dan was dit maar altyd dieselfde gewees: sendeling posisie tot manlike ejakulasie, en dan was dit klaar. Dit was nou nie juis iets wat ek baie geniet het nie. Ja, ek het die speel en lawwigheid vooraf geniet, maar dit was ook maar al. Seks was vir seker nie iets om oor huis toe te skryf nie (nie dat ek in elk geval ooit sou nie). My kêrel het dit wel geniet, en ek wou hom graag gelukkig maak, so dit was vir my belangrik om ten minste 'n poging aan te wend.

Een oggend, nadat die kondoom van die vorige aand ons in te steek gelaat het, moes ons apteek toe gaan om 'n pil te gaan koop om 'n moontlik ongewensde swangerskap te vermy. Ons was toe nog nie getroud nie. My ouers was nie eens bewus waarmee ons besig was nie, en 'n swangerskap-verassing was vir seker nie hoe ek graag die nuus sou wou oordra nie; sou verkies om eerder nooit daaroor te praat nie.

"Okei, so jy moet net vir die apteker die situasie verduidelik en dan vir hom vra of daar iets is wat jy kan neem om te verhoed dat jy swanger word," het my kêrel verduidelik nadat ons voor die apteek parkeer het.

Ek het terug geantwoord, "So jy verwag dat ek vir die apteker, 'n vreemdeling, moet sê dat ek seks gehad het, en dat die kondoom, wat my kêrel gekoop het, geskeur het?"

"Jy hoef darem nou nie vir hom te sê dat ek die kondoom gekoop het nie."

"Wat?! Nee, nee. Ek wil nie aan 'n vreemdeling erken dat ek seks gehad het nie."

"Wil jy dit dan eerder aan jou ma erken? Jy gaan mos die situasie moet verduidelik om die regte medikasie te kry."

"Ek is waarskynlik nie swanger nie."

"Maar wat as jy is?"

"Kan jy dit nie doen nie?"

"Nee, ek koop alreeds die kondome. Sekerlik kan jy dit doen?"

"Maar dit was een van daardie kondome wat gebreek het."

"My liewe genade! Dit was mos nou nie my skuld gewees nie. Maar oukei, ek sal die praatwerk doen. Kom, laat ons gaan."

"Nee, ek gaan nie saam ingaan nie."

"So, jy wil nie alleen die praatwerk doen nie, jy wil ook nie eers saam inkom apteek toe nie?"

"Jip, ek sal in die kar wag. Ek gaan so bloos as ek langs jou moet staan terwyl jy die situasie verduidelik … Ek sal vir jou wag."

"En jy dink nie hierdie is vir my ook 'n ongemaklike situasie nie? Sal jy ten minste die medikasie neem, indien daar wel iets is wat jy kan neem, bygesê? Wat as die apteker vrae het wat net jy kan antwoord?"

"Ja, ek sal die pille neem; ek wil ook nie graag swanger wees nie. En as daar sulke vrae is, dan kan jy my mos maar net kom vra. Is dit dan nie 'n prestasie vir mans om seksueel aktief te wees nie? En jy is tog besig om verantwoordelik op te tree; ek glo die apteker sal dit ook so insien."

Met sy terugkeer kar toe, het my kêrel sy ontsteltenis gedeel: "Die apteker was 'n vrou! Ek het nog nooit in my hele lewe so ongemaklik gevoel nie. Ons gaan 'n ander plan moet maak sodat dit nie weer nodig is nie."

"Ja, ons hoef nie seks te hê nie."

"Of jý kan begin voorbehoeding gebruik!"

Op daardie stadium was ek alreeds een-en-twintig. Ek het nie my ma se toestemming nodig gehad om 'n voorskrif vir medisyne te kry nie. Die dokter wat ek besoek het vir hierdie voorskrif was egter baie besorg oor my voorhuwelikse seksuele gewoontes en dat ek graag voorbehoeding wil begin neem. Hy het my nog probeer oortuig om eers met my ma daaroor te gesels — ek het nie, en dit sou in elk geval nooit gebeur nie. Orale voorbehoeding het egter 'n massiewe demper op my libido kom plaas. Seks was alreeds nie vir my lekker nie. Met die voorbehoeding, het ek nie eers meer lus gevoel om te probeer vir my kêrel se onthalwe nie. Seks het net 'n taak geword wat ek gevoel het ek moes doen.

My kêrel was glad nie beïndruk met die situasie nie — selfs al was voorbehoeding sy voorstel. Hy wou nie elke keer gesoebat en smeek het vir seks nie. Hy het begin aandring dat ons meer moeite daarin sit sodat ek 'n orgasme kan ervaar. Sy redes daarvoor het egter vir my baie selfsugtig oorgekom. Volgens my het hy slegs so daarop aangedring omdat hy oortuig was dat orgasmes sal veroorsaak dat ek seks meer geniet, ... en dit sou beteken dat hy meer seks kry. Ek wou nie hê hy moet probeer om my 'n orgasme te laat bereik nie. Ek wou in die eerste plek nie seks gehad het nie en sy voorstel het nie vir my na 'n goeie idee geklink nie.

Gevolglik, die kere wat ek wel daartoe ingestem het om hom te laat probeer, kon ek eenvoudig nie ontspan en myself laat gaan nie. Ek het begin om ergerlik te raak, wat my net nog meer van die hele storie afgesit het. Op die ou einde het ek altyd geweier wanneer hy ook al wou probeer.

Na ons troue, toe ons voel ons is gereed om met 'n gesin te begin, het ek my voorbehoeding gestaak. Ek kon sommer binne 'n paar dae voel hoe my libido begin terugkeer. Al het ek soos 'n totaal en al ander mens gevoel sonder my voorbehoeding, het my voorbehoeding wel ook 'n ander doel gedien as net om seker te maak dat ek nie swanger raak nie. My voorbehoeding het ook my menstruasie gereguleer en selfs die bloeding verminder.

Ek sukkel al vandat ek agtien jaar oud is met bloedarmoede as gevolg van 'n ystertekort. Dokter na dokter het my swaar menstruasie blameer as die oorsaak van my ystertekort. Op daardie tydstip was daar nie juis veel wat ons omtrent die swaar menstruasie kon doen nie. Ek was jonk en wou natuurlik nog die opsie van kinders gehad het, en die meeste permanente oplossings sou veroorsaak dat ek nie in die toekoms 'n ma kon word nie. Toe ek met voorbehoeding begin, het my dokter gesê dat dit sou help met my menstruasie, en dit het; dit was steeds swaar, maar beter as in die verlede. Toe ek dit egter staak, het my libido, soveel as my hewige menstruasie teruggekeer. Gelukkig het ek redelik vinnig swanger geraak. Met borsvoeding, vyf swangerskappe en vier keer se geboorte skenk, het ek dit reggekry om my menstruasie vir die grootste deel van amper nege jaar te vermy.

Voor my laaste swangerskap, het ek besluit om die Mirena te laat insit. Ons was nie seker of ons nog kinders wou hê nie, en ek wou nie weer terugkeer na orale voorbehoeding nie. Ek het gedink dat die Mirena dalk 'n goeie tydelike oplossing vir my sou wees, maar ek was verkeerd. Dit was 'n duur ramp! Ek het vir byna ses maande met die Mirena konstant gebloei en baie terneergedruk en depressief gevoel. Die hormone in die Mirena het duidelik nie met my geakkordeer nie. Op die dag wat ek die Mirena laat verwyder het, kon ek dadelik voel hoe my bui lig. Binne 'n maand daarna was ek wragtig weer swanger! My man het nog altyd gesê dat ek soos 'n goeie ou kar is: vat met die eerste stoot!

Gedurende my laaste swangerskap het my man vir 'n vasektomie gegaan. Ons was toe seker dat ons wel nie nog kinders wil hê nie. My man het gesê dat hy een sal neem vir die span — dis nou ons twee. Ek het geglo dat as hy vir 'n vasektomie gaan, dit my daarvan sou bevry om ooit weer oor voorbehoedmiddels, oraal of inwendig, te bekommer.

Toe ek ons jongste begin speen, het my man besluit hy wil weer sy missie van baie jare — om my te kry om 'n orgasme te geniet — volvoer. Hy het gevoel ons moet al ons seksuele energie daarop fokus. Hy het vir ons ons eerste vibrator gekoop, en was absoluut oortuig dat dié stuk plastiek met 'n motortjie binne-in, die sleutel is tot 'n orgasme vir my.

Ons het probeer, en opgelees, en weer probeer. Ons kon dit net nie regkry om die vibrator effektief te gebruik nie. Bygesê, my man het meeste van die oplees werk gedoen — miskien was dit die probleem? Miskien moes die een met die vulva eintlik die navorsing gaan doen het, maar ek was net nie so begeesterd met hierdie missie van my man as wat hy was nie.

Sien, die vreemde ding van seks en seksspeelgoed is dat niemand daaroor praat nie - selfs nie eers grootmense nie. Daar is basies geen plek waar mens om raad kan vra sonder om onder gekskeerdery deur te loop nie. Ek het toe ook nie van Berader geweet nie, anders sou ek hom vir seker genader het met my vrae. Die punt van die saak was, dat ons seksspeelding ons geen pret verskaf het nie — of ons was bloot net te dom om dit korrek te gebruik. Op 'n stadium het my man selfs so ver gegaan as om homself van plesier te ontneem deur penetrasie, aleer ek nie eers 'n orgasme bereik nie. Ek kon dit eenvoudig net nie regkry nie. Dit het net nog meer druk op my geplaas, en al wat die vibrator veroorsaak het was 'n dooie sensasie na 'n ruk van te lank gebruik; dit was net frustrerend.

Uiteindelik, een aand nadat ons baie van die advies oor afwisselende klitorale en g-kol stimulasie, wat my man raakgesoek, en ons gevolg het, het ek my heel eerste orgasme beleef! Dit het beide van ons onkant gevang. Teen daardie tyd was ek al so oortuig dat die vroulike orgasme-ding nie bestaan nie, dat ek bitter naby daaraan was om permanent my man se missie op te gee.

Daardie eerste orgasme was egter 'n belewenis! Ek het gevoel asof ek dit van die dakke af moet verkondig. Ek het vir seker nie die woordeskat om daardie gevoel in die regte woorde te beskryf nie, maar daar is min ander dinge wat daarmee kan vergelyk. Die volgende oggend het my man ook sy gevoel beskryf as hierdie ongelooflike prestasie wat hy behaal het; asof hy iemand moet bel en dit as goeie nuus moet deel. Goeie ding hy het nie, want ek sou seker tien keer gesterf het as hy het!

My eerste orgasme het egter nie gelei tot vinnig en maklike verdere orgasmes nie. Dit was eers 'n paar maande later wat ek weer ene beleef het. En in die tussentyd het my swaar menstruasie ook weer teruggekeer, wat natuurlik ook ons pogings gedemp het. Ek sou elke een-en-twintig dae vir ten minste sewe dae lank bloei; op my hewigste dae het ek so veel as eenhonderd milliliter bloed per dag verloor. Ek kon hierdie bloedverlies meet met behulp van 'n menstruasiekoppie. Dit het nie lank geneem voor my yster weer op 'n laagste laepunt was nie.

My lae yster het natuurlik ook verskonings gebring van te moeg vir seks. Ek het ook vier klein kindertjies gehad. Ek was sieklik vetsugtig. Ek het nie goed gevoel oor myself of oor hoe ek gelyk het nie. Ek kon ook nie eers meer voorbehoedmiddels gebruik as verskoning vir my lae libido nie aangesien ek niks op daardie stadium geneem het nie. Selfs die beleef van orgasmes wat fantasties was, kon my oortuig om meer seks vir my man te gee nie. My verskonings het opgeraak, terwyl die waarheid was dat ek daarop begin geregtig voel om my man seks te weier.

Toe ek 'n bietjie sukses op my gewigsverliesreis begin kry, het dinge in die slaapkamer beslis 'n bietjie begin verbeter — stadig, maar seker. Daar was egter nog heelwat klein jakkalsies wat my gepla het. In Januarie 2019, het my huisdokter voorgestel dat ek weer moet begin orale voorbehoeding gebruik om te kyk of ons nie my menstruasiebloeding kon verminder nie. Ek wou nie weer met voorbehoeding begin nie. Ek haat hoe voorbehoeding my laat voel. Maar het dit ook gehaat om die heeltyd so doodmoeg te voel. Ek het ingestem tot haar voorstel, maar, teen Augustus 2019 het ek weer besluit om dit permanent te staak. Ek kon eenvoudig net nie saamlewe met die newe-effekte van die voorbehoeding nie. 2019 was die laaste jaar van my gewigsverliesreis. Ek wou al teen my verjaarsdag, in Mei 2019, my teikengewig bereik het, maar die verdomde voorbehoeding het my gewigsverlies doodstil laat staan. Dit was so erg dat ek baie keer gevoel het dat ek handdoek wil ingooi. My libido was sommer ook heeltemal weg. Ek haat hoe voorbehoeding my laat voel en in watse soort mens dit my verander.

'n Vriendin het my genooi om hulle kerk se vrouekamp saam met haar by te woon in Augustus 2019. Een van die voorleggings gedurende daardie naweek was deur hulle pastoor se vrou aangebied. Haar voorlegging het oor die belangrikheid en die mooi van seks in die huwelik gegaan. Dit was 'n uitmuntende voorlegging en het my laat besef dat dit nie reg was van my om seks vir my man so gereeld te weier nie. Selfs al was ek moeg, met vier kinders, en was my libido nie wat dit veronderstel was om te wees nie — geen van daardie was eintlik geldige redes nie. Ek het besluit dat ek seks 'n prioriteit in my huwelik gaan maak en my man nie meer gaan weier nie.

Daardie besluit was seker een van die beste besluite wat ek nog ooit geneem het. Ek het seks hoog op my prioriteitslys geskuif en tyd gemaak daarvoor — my man was meer as gewillig om by my planne in te val. Seks het so 'n groot prioriteit vir ons geword dat ons lateraan elke dag wat ek nie gebloei het nie, seksueel aktief was. My orgasmes het ook begin toeneem — in frekwensie en intensiteit. Ons het egter nog meeste van die tyd op die goeie en getroue ou sendingposisie staatgemaak — nou nie juis die mees interessante van posisies nie.

Om verveeldheid te vermy, het ons besluit om meer te begin eksperimenteer. My man se aanvanklik missie om my 'n orgasme te laat beleef, was eintlik 'n goeie idee gewees. Ons het besluit om meer sulke doelwitte vir onsself te stel en ons volgende doelwit was om my te laat ejakuleer. My selfvertroue het ook verbeter deurdat ek uiteindelik my teikengewig bereik het, begin beter aantrek het, en meer sensueel en begeerlik begin voel het. Ek het begin om mooier en meer verleidelik in die slaapkamer aan te trek en meer gemaklik te raak daarmee dat my man my intiem kon begin verken. Ons het heelwat meer posisies begin probeer en ook nuwe seksspeelgoed aangeskaf.

Teen die tyd wat ons met Berader se kursusse begin het, was ek van mening dat ons eintlik heel goed in die slaapkamer gevaar het. Op daardie stadium was orgasmes nie regtig meer vir my 'n probleem gewees nie en ek het dit selfs al reggekry om te kon ejakuleer — ons tweede seksdoelwit. Ek kon ook nie eers onthou wanneer die laaste keer was wat ons die sendeling posisie gebruik het nie — 'n groot regmerkie in die probeer-meer-posisies-boksie. Berader het gehelp deur meer tegnieke en wenke voor te stel en ook om my meer oopkop te maak vir goed soos orale seks, wat ek nie regtig mee gemaklik was om te ontvang nie. Berading in die geheel het gehelp om baie van die besoedeling in my kop rondom seks te kom skoonmaak, en dit het gehelp dat ek myself meer kon laat gaan en seks geniet vir alles wat dit het om te bied.

Vir seker is die grootste verbetering wat gewigsverlies na ons slaapkamer gebring het, selfvertroue. Ek voel gemaklik in my vel. Ek voel gemaklik kaal. Ek het geen probleem daarmee om kaal te wees of om kaal gesien te word nie. Ek laat my man toe om aan my te vat, na my te kyk en om my te soen soos wat hy ook al dink goed is — ek huiwer nie eers daaroor vir 'n oomblik nie. Ek verwelkom die aandag — trouens ek smag daarna. Daar is vir my niks beter as my man na my kyk as iemand wat hy so baie begeer dat hy nie sy hande of sy mond van my kan afhou nie. Nadat ek vir bitter baie jare nie die begeerlike, seksie vrou was nie, geniet ek dit nou ten volle.

In Junie 2020 het ek vir 'n endometriese ablasie gegaan, wat my menstruasie heeltemal gestop het. Skielik kon dit die hele tyd 'speeltyd' wees! Miskien was 'n ablasie iets wat ek dalk jare terug al voor moes gegaan het? Miskien selfs direk na my laaste kind gebore is? Maar ek was toe so vetsugtig gewees, en net nooit gesien as 'n goeie kandidaat vir enige chirurgie nie. Ek is dankbaar dat ek gewig kon verloor en nou sulke opsies in my lewe het. Ek is oortuig dat iets soos die opsie van chirurgie sonder 'n hele klomp massaverwante komplikasies daaraan verbonde, is 'n voorreg wat vele maer mense nie eers raaksien nie.

Vandag is ek trots op ons sekslewe. Ons eksperimenteer met baie tegnieke en probeer voortdurend om ons seksuele intelligensie te verhoog. Ons was al suksesvol met die volgende:

Veelvoudige vroulike orgasmes.

Vroulike orgasmes deur penetrasie alleenlik.

Gelyktydige vroulike en manlike orgasmes.

Vol lyf orgasmes — 'n persoonlike gunsteling.

Orale seks as ons hoof seksuele dis.

Orgasmes deur alleenlik orale seks.

Veelvoudige manlike orgasmes, ens.

Op die oomblik eksperimenteer ons met nippel orgasmes. Daar is altyd 'n nuwe doel of tegniek wat ons wil probeer. Ons bly verbeter en seksueel groei, maar die belangrikste is dat ons mekaar geniet en pret saam het. Beide van ons het besige en stresvolle lewens, maar seks is ons manier om net te wees, te laat gaan, weer te konnekteer en net te geniet.

Ja, seks is nie alles nie en ook nie die belangrikste nie, maar dit voeg 'n pragtige ryk element tot ons huwelik en is iets spesiaal wat ons albei besonder baie geniet. My man laat my voel asof ek die mooiste en die begeerlikste vrou in die hele wêreld is. Op my beurt glo ek weer dat ek hom laat voel soos die gelukkigste en belangrikste persoon wat bestaan. Ek glo ons doen buitengewoon goed vir 'n paartjie met vier kinders wat al amper sewentien jaar getroud is.

In Februarie 2021 het ek weer 'n verjaarsdag boodskap vir my vriendin gestuur om haar geluk te wens met haar veertigste verjaarsdag.

Sy het teruggeantwoord, "Dankie! Nou word ons regtig baie oud!"

"Nee, nee, nee! Ons gaan nie weer met hierdie paadjie afstap nie. Ek voel glad nie my ouderdom nie," het ek terug gegrap.

Om Te Veg Teen Die Vrees Van Weer-optel

Ek het altyd gedink dat om my teikengewig te bereik, my 'n kaartjie sou gee na 'n magiese plek waar alles skielik maklik sou wees, en ek vir altyd en altyd gelukkig sou wees. In die gewigsverlies-gemeenskap, is iets wat gereeld gesê word, 'Om vet te wees is moeilik. Om gewig te verloor is moeilik. Kies jou moeilik'. Hierdie stelling laat dit klink asof om maer te wees, en maer te bly maklik is. Ek het dit al gesê, en ek sal dit weer sê. Dis die grootste leuen wat vir oorgewig mense vertel word.

Ja, ek het my teikengewig bereik. Ek het ervaar hoe dit was om vet te wees — dit was moeilik — en hoe dit was om gewig te verloor — dit was ook moeilik. En toe, wat toe? Ek was veronderstel om in die magiese plek te wees waar alles maklik sou wees, maar dit was nie. Dit was nog steeds moeilik! Boonop het ek ook nog gevrees om weer die kluts kwyt te raak en al my gewig weer terug te wipplank.

Ek het hierdie vrees met ander mense gedeel. Party het gevoel dat die vrees geregverdig was en daar moet wees sodat ek suksesvol my gewigsverlies in stand kan hou. Baie het gevoel dat ek regtigwaar niks gehad het om voor bang te wees nie, solank as wat ek my eetplan bly volg en bly oefen — met ander woorde, ek moes aanhou om perfek te wees. Daar was selfs ook mense wat gevoel het dat ek alle diëte, en sommer my skaal ook moes weggooi, en intuïtief moes begin eet. Nie een van hierdie opinies het gemaak dat ek weer-optel minder gevrees het nie.

My vrees vir weer-optel, en my obsessie met die getal op die skaal, was besig om by my te steel! Dit was besig om van my geluk en sorgeloosheid te steel; deur konstant te vrees dat ek weer sou optel, kon ek nie my nuwe gewig en liggaam geniet nie. Om so bang te wees dat ek 'n voet sou verkeerd sit, het my onwaardig laat voel. Byvoorbeeld, wanneer my man sou vra of ek ook 'n koekie, peuselhappie of lekker wou hê, op die rare geleentheid wanneer ons wel so iets sou koop vir ons kinders, het ek altyd geantwoord: "Nee, ek verdien dit nie". Dit was wat my begeerte om die perfekte gewig in stand te hou, besig was om by my te steel!

Gedurende ons laaste sessie het Berader my gevra, "Verduidelik vir my hoe jy die tagtig kilogram weer sal optel."

Wat 'n teen-intuïtiewe vraag om te vra — my doel was om nie die gewig weer op te tel nie, en tog, hier is Berader besig om my te vra hoe ek dit wel sou regkry. Maar sy vraag was ook sinvol. Om vrees te ontlont, was dit nodig om te verstaan presies waarvoor jy bang was.

"Wel ... Dit sal begin deurdat ek 'n kilogram optel, dalk selfs twee. Ek sal probeer om daardie kilo's te verloor, maar dit net nie regkry nie. Daardie ekstra gewig sal drie kilogram word en dan vier. Uiteindelik sal ek by 'n punt uitkom waar ek sal begin weier om myself te weeg. Ek sal voel asof ek my beste probeer, maar dat niks werk nie, en dat ek maar netsowel kan ophou probeer. Ek sal opgee en myself laat gaan en my gewig sou heeltemal buite beheer raak," het ek geantwoord.

"Was 'n getal op die skaal dan die enigste ding wat jy gewen het deur gewig te verloor?" het Berader gevra, "Het al jou moeite om gewig te verloor, en die hele gewigsverliesreis waarop jy was, alleenlik vir jou 'n getal op die skaal gegee waarna jy met trots kan wys en kan sê, 'Kyk, ek het tagtig kilo's verloor! Hierdie syfers op die skaal is die beloning wat ek gekry het daarvoor'. Wanneer ek luister na jou verduideliking van hoe jy die gewig weer gaan optel, hoor ek net hoe bekommerd jy is oor wat die skaal sê. Is dit regtig al wat jy het om te verloor deur om weer op te tel?"

Partykeer is dit nodig vir iemand anders om die absurditeit van ons argumente vir ons uit te wys, omdat ons te blind is om dit self raak te sien!

Natuurlik was 'n getal op die skaal nie my enigste beloning nie. Ek het meer selfvertroue gewen, en 'n meer aktiewe lewensstyl. Ek het meer energie gehad, en kon meer van die lewe geniet. Ek het ook die geleentheid gehad om met klere en style te eksperimenteer waarmee ek voorheen nie kon nie. Ek het uiteindelik my ware self ontdek en 'n sprankelende persoonlikheid wat in die verlede onder lae vet weggesteek was. Ek het nie meer weggekruip nie. Ek het ten volle gelewe, en elke geleentheid aangegryp wat die lewe aan my voorhou. Ek het 'n fantastiese geleentheid gehad deur my skryfwerk en my video's om ander mense se lewens aan te raak. My massaverlies het indirek vir my 'n groter doel in die lewe gegee.

Maar vir een of ander rede, wanneer ek gedink het aan wat dit was wat ek sou verloor deur weer op te tel, kon ek net dink aan die hoeveelheid kilogram op die skaal. Baie van ons, gedurende die proses om gewig te verloor, fokus op daardie getal en die pas waarteen daardie getal daal. Dit is tonnelvisie. Na 'n ruk raak hierdie syfers die enigste ding wat saak maak. Ons verloor sig van enige iets anders wat ons wen gedurende ons reis deur die tonnel.

"Wanneer ek luister na jou beskrywing van hoe jy weer jou gewig sal optel, hoor ek 'n baie bekende storie. Dis dieselfde storie wat 'n dobbelverslaafde sal vertel om te verduidelik hoe dit is dat hy keer op keer by die dobbel-slaggat geval het. Alles sal goed gaan terwyl hy besig is om te wen, maar wanneer hy besig is om te verloor, sal hy aanhou probeer speel om sy verliese terug te wen — gewoonlik onsuksesvol. Die obsessie om te wen maak dat hy op die ou einde alles verloor."

"Hmm ...," het ek gesê terwyl ek aan Berader se metafoor gekou het.

So, in die een scenario, is die 'speletjie' om te dobbel, en die speletjie se doel is om geld te wen. Die maatstaf waarvolgens sukses bepaal word is die totale bedrag wengeld, en om beheer te verloor beteken dat jy bly speel om geld terug te wen, maar eintlik die hele tyd verloor, en op die ou einde alles verloor.

In die ander scenario is die 'speletjie' om te dieet, en die doel van die speletjie is om die getal op die skaal te laat daal. Die maatstaf van sukses is die hoeveelheid gewig wat jy al verloor het, en om beheer te verloor beteken om te bly optel, ten spyte van al jou pogings om te verloor, sodat jy op die ou einde opgee en jou gewig buite beheer laat raak.

Indien jy na albei scenario's en hulle doelwitte kyk, is hulle albei gedoem om te faal. Dis onmoontlik om altyd te wen wanneer jy dobbel.

En dis ook onmoontlik om altyd die perfekte gewig te hê, veral as jy ook normaal wil lewe.

"Ja, ek kan sien hoe die twee scenario's soortgelyk is," het ek bygevoeg. "Maar ek verstaan nie hoe dit my help om vrees vir weer-optel te oorkom nie?"

"Wel, 'n ander manier om te dobbel is om nie te dobbel vir die doel daarvan om geld te wen nie. Jy kan ook dobbel vir die lekker en vermaak daarvan, terwyl jy limiete stel op die aantal geld en tyd wat jy bereid is om te spandeer. Indien die tyd sou opraak, en jy het iets gewen, wonderlik. Indien jy egter geld verloor het is dit ook wonderlik, want jy het vermaak gewen vir die tyd en die geld wat jy spandeer het," het Berader so eenvoudig as moontlik probeer verduidelik.

"Maar ek verstaan nie. Indien ek gewig sou optel, dan het ek verloor! Ek wen niks deur gewig op te tel nie. Ek kan nie 'n ander rede kry om die speletjie te speel en ook vrede hê met wat die skaal sê nie. Ek moet die skaal dophou en daarop fokus."

"Jy moet na ander redes soek om te speel. In jou geval kan jy dalk speel vir jou fiksheid, vir hoe jy oor jouself voel of dalk vir hoe jy lyk. Soek vir die ander redes om te speel," het Berader verduidelik.

"Oukei," het ek gesê, maar ek het regtig nog nie hierdie nuwe konsep onder die knie gehad nie. Hierdie tipe ding, waar ek tuis deur iets moes gaan werk sodat ek dit self kon verstaan, het gereeld tydens sessies gebeur. Hierdie sessie was egter ons laaste sessie. Ja, ek weet ek sou Berader kon kontak na die tyd vir meer duidelikheid, maar ek wou nie. Ek was nog besig om die konsep vir myself te probeer uitpluis, toe ons sessietyd verby is; dit het veroorsaak dat ek amper my handsak by Berader se kantoor vergeet het. Ek is geneig om goed te óórdink, en wanneer ek op iets broei, is ek ook geneig om agtelosig te raak.

Daardie aand het ek die metafoor vir my man probeer verduidelik, maar my lomp verduideliking het hom nie oortuig dat hierdie 'n oplossing was vir my vrees om weer gewig op te tel nie. Ek het dit nie goed oorgedra nie, omdat ek dit self nog nie deeglik begryp het nie.

Ek het die metafoor vir myself so probeer uitpluis: Jy kan dobbel vir die vermaak daarvan totdat jou geld of tyd opraak. Jy hoef nie besorg te wees oor wen of verloor nie; jy sal altyd wen omdat jy speel vir die vermaak daarvan. Die vermaak is wat jy wen, die geld is 'n bysaak.

Om die dieet scenario op dieselfde manier te laat werk, moes ek iets anders soek om voor te 'speel'. Vir die doeleinde daarvan om die metafoor te laat sin maak, het ek besluit om die ander rede sommer my voorkoms te maak. Ek was ook nie seker wat dit was wat kon opraak in die dieet scenario nie. In die dobbel scenario was dit tyd of geld. 'n Mens se dieet is egter veronderstel om 'n leefstyl te word, so miskien was dit ook tyd wat sal opraak in die geval? Ek het my scenario so geskets: Ek kan dieet vir die manier waarop ek lyk, sonder om besorg te wees oor die getal op die skaal. Aan die einde van my lewe sou ek 'n wenner wees ongeag wat die skaal sou sê. Maar dit was nie waar nie! En dit het nie sin gemaak nie! As die syfers op die skaal aansienlik klim, sou ek verloor. Ek moes besorg wees oor daardie getal.

Om 'n parallel te trek tussen die twee scenarios was 'n moeilike probleem. Hoe verander 'n mens die dieetspeletjie in 'n speletjie waar mens altyd sal wen, ongeag wat die getal op die skaal sê? Dit het net nie vir my sin gemaak nie.

Berading is egter niks anders as 'n klompie 'A-ha!'-oomblikke saam nie, en 'n paar dae later het dit my reg tussen die oë getref. Ek het die speletjie verkeerd gehad! Berader was nie besig om te praat van die dieetspeletjie nie. Dit was nie die speletjie wat ek veronderstel was om te speel tot die dag wat ek my laaste asem uitblaas nie. Die speletjie wat ek veronderstel was om te speel was die gesond en sinvol eet- en oefenspeletjie — die speletjie van 'n gesonde leefstyl.

Ek het die gesonde leefstyl-weergawe van die dobbel-metafoor so verwoord: Selfs al reflekteer die skaal nie jou moeite nie, sal 'n gesonde en goed gebalanseerde eetplan saam met 'n aktiewe leefstyl, altyd tot jou voordeel wees. Jy sal jou beloning vind in ander areas van jou lewe, soos in die manier wat jy lyk, jou gesondheid en fiksheid. As jy aanhou kies om die speletjie van 'n gesonde lewenstyl te speel sal jy altyd 'n wenner wees.

Die eerste jaar nadat ek my teikengewig bereik het, het ek meer as eenduisend-vyfhonderd kilometer gedraf en net minder as tagtig Pilates klasse bygewoon, maar ek kon geen beweging op my skaal sien nie. Ek kon wel die verskil agterkom aan my klere, my energie vlakke en my liggaamtonus. Ek het gewen! Selfs al sou die skaal my laat glo dat ek nie het nie.

Dit is besonder uitdagend vir iemand wat aktief probeer gewig verloor om die skaal sommer te ignoreer. Maar om 'n punt daarvan te maak om te soek vir die ander voordele wat 'n gesonde lewenstyl bied, is allerbelangrik vir volgehoue motivering en om nie moedeloos te raak wanneer die skaal sê wat jy nie graag wil hoor nie.

Het hierdie siening my gehelp om nie meer so bang te wees om weer op te tel nie?

Om eerlik te wees, ek sal dit altyd so bietjie vrees. Maar hierdie siening het my beslis gehelp om saam met daardie vrees op die gesondste moontlike manier te lewe. Ek het nie meer 'n obsessie met my skaal nie, en weeg myself nou baie minder gereeld as in die verlede. Ek fokus my energie daarop om so gesond en aktief moontlik te lewe, en ek glo dat as dit my fokus is dan sal ek nie weer met my gewig sukkel nie. Ek het ook besluit om op te hou weeg by my Weigh-Less groep, want ek het nie daardie ekstra vrees nodig van die tweekilogram-buffer, voor ek weer lidmaatskap geld moet begin betaal nie. Ek gee nou net rekenskap aan myself.

Ek probeer om my emosionele afsetter te beheer, veral die wat maak dat ek kompulsief begin eet of sal skree op my kinders. Dit doen ek deur meer bewustelik te wees. Wanneer ek my wel in so 'n situasie bevind, probeer ek om myself so gou moontlik daaruit verwyder. Dit is nie maklik nie, nie in die minste nie. Ek probeer om nie by 'n punt te kom waar ek voel dat die lewe onmoontlik is, en dat niks wat ek doen, saak maak nie — want onmoontlik voel soos om huis toe te gaan en te gaan eet ...

Elke oggend, voor my voete die grond raak, sê ek vir myself, 'Vandag gaan 'n goeie dag wees'. Baie dae is goed, maar daar is ook dae wat ek oorreageer of eet wat ek nie veronderstel is om te eet nie of ooreet aan iets wat net te lekker is. Ek raai dit is maar wat die lewe is? Wanneer dit gebeur probeer ek die gebeurtenis so gou as moontlik agter my sit, sodat 'n slegte ete nie 'n slegte dag, week, maand of jaar word nie.

Hoe Om Met Vetsug Weg Te Kom

Wanneer ek 'n ander vetsugtige persoon sien wil ek so graag myself gaan voorstel. Ek wil hulle vertel dat ek tagtig kilogram verloor het, vir hulle foto's wys van hoe ek gelyk het, en dan vir hulle wys hoe ek nou lyk. Ek wil hulle hoop gee.

Maar ek doen niks van die bogenoemde nie.

In plaas daarvan hou ek hulle dop terwyl hulle by my verbyloop en ek hoop dat hulle op een of ander manier hulle weg na my toe sal vind. Ek is net te bang dat ek hulle sal beledig. Miskien is hulle reeds besig om te probeer gewig verloor, en gaan my waarneming hulle net nóg meer weerloos en soos 'n mislukking laat voel?

Ek het eenkeer die fout gemaak om 'n skoolmamma te nader oor haar gewig, en dit het glad nie die gewenste effek gehad nie. Dalk het ek dit net swak hanteer. Sy het teruggeantwoord op my toenadering met 'n ellelange mediese verduideliking van waarom sy nie gewig kan verloor nie. Ek wou nie net nog 'n persoon wees teenoor wie sy gevoel het sy haarself moes verdedig nie. Ek wou die persoon wees wat haar hoop gee, en 'n versekering dat sy nie alleen is nie.

Daar is nooit 'n goeie tyd om kommentaar oor iemand se gewig te lewer nie. As jy iets wil sê, is die beste ding om te sê, 'Jy lyk fantasties'. Enigiets anders is onaanvaarbaar. As iemand oor hulle gewig wil praat, dan sal hulle self die onderwerp aanraak. Dis 'n 'Moenie ons kontak nie, ons sal jou kontak'-situasie.

Nè?

En so kom ons weg daarmee. Ons arme vetsugtige mense! Ander mense bring verleentheid oor ons liggame en ons is altyd die slagoffers van die samelewing se onrealistiese skoonheidsverwagting en wat die sogenaamde mode vir ons voorhou as skoonheid.

Dit is tyd om wakker te skrik! Asseblief, word net wakker en erken jou verslawing. Niemand gaan vir jou 'n ingryping reël nie. Niemand wil daaraan skuldig wees dat hulle 'n geliefde laat skaam voel het oor hulle liggaam nie. Niemand wil die reeds swak selfbeeld van 'n vetsugtige persoon verder aftakel nie. Geliefdes reël ingrypings vir alkohol-, dwelm- en dobbelverslaafdes; goed bedoelende vriende en familie wat graag regte probleme wil aanspreek. Niemand erken kosverslawing as 'n regte probleem nie — dit word beswaarlik as 'n verslawing gesien.

Maar dit is 'n regte probleem!

Wat sal dit vereis om jou te oortuig dat ek werklik 'n probleem gehad het? Sal jy glo dat my penarie werklik een was as ek vir jou sou sê dat ek op 'n stadium nie 'n openbare toilet kon besoek nie, omdat ek nie in die hokkie kon pas nie — ten spyte daarvan dat ek wel sylangs deur die deur kon pas? Selfs ons toilet tuis was vir my op 'n stadium 'n probleem. Ons toilet het 'n muur aan die een kant en 'n uitgeboude bad aan die ander kant. Toe ek op my swaarste was, kon ek nie eers op my eie toilet pas nie! As 'n tiener, was my arms alreeds te kort om myself van agter af te kon afvee. Gevolglik het ek maar aan die voorkant afgevee. Dit het 'n gewoonte geraak, en ek vind nog steeds met tye dat ek dit doen en dan agterna moet gaan was.

Ek merk so baie gratis ondersteuning op vir sekere verslawings, soos byvoorbeeld in die vorm van Alkoholiste Anoniem se vergaderings en ondersteuningstrukture. Ooreters het *Overeaters Anonymous*, maar die organisasie is nie baie bekend nie. Trouens die eerste keer wat ek van hulle te hore gekom het, was gedurende navorsing vir hierdie boek. Hoe is dit dat in meer as dertig jaar van morbied vetsugtig wees, niemand nog ooit hulle besonderhede met my gedeel het nie? Die heel eerste keer wat iemand genoem het dat ek hulp nodig het, was toe Berader voorgestel het dat ek hom kom sien vir 'n paar sessies. Ek het toe reeds al die gewig verloor, nie dat dit sou saak maak nie. Berader het die sessies voorgestel sonder dat hy ooit gesien het hoe ek lyk, hy het my stille uitroep om hulp gehoor in die hoeveelheid skuld en skaam wat ek saam met my gedra het.

Ek voel dat ondersteuning vir 'n kosverslawing eenvoudig net nie dieselfde is as wat beskikbaar is vir ander verslawings nie. Die Weigh-Less program wat ek gebruik het, het ook weeklikse groepbyeenkomste gehad, maar dit was 'n program waarvoor ek betaal het. Wanneer jy jou teikengewig bereik, dan word jy wel 'n lewenslange lid, maar jy moet binne twee kilogram van jou teikengewig bly; anders behoort jy nie meer aan die klub nie. Oukei, nie letterlik nie, maar jy moet dan weer betaal om vergaderings te mag bywoon.

In plaas daarvan om hulle kompulsiewe eet en emosionele probleme te adresseer, probeer mense hulle massaprobleme oplos deur 'n dieet. Selfs realiteitsprogramme, soos *The Biggest Loser* illustreer hoe gewigsprobleme 'opgelos' word deur dieet en oefening. Verstandelike en emosionele probleme ontvang maar min aandag gedurende die dieet proses. Sou enige iemand dit aanvaarbaar gevind het om 'n realiteitsprogram te maak vir 'n groep dwelmverslaafdes? Natuurlik nie! Tog word vetsugtige mense ten toon gestel terwyl hulle van hulle siekte probeer genees in 'n kompetisie om te sien wie dit die beste kan doen. Hoe is dít aanvaarbaar?

Die dieet-bedryf het 'n massiewe geldmaak industrie geword. Een van die goed wat my moer koer is wanneer mense vra hoe om korrek te eet, en as 'n antwoord op hulle vraag, sal mense hulle verwys na dieetkundiges, kommersiële eetplanne of oefenprogramme. Ek verstaan dat dit hierdie mense se beroepe geword het. Ek verstaan dat diëte deesdae kopiereg op het — ek deel niks spesifieks van die Weigh-Less dieet nie, juis oor hierdie rede, maar ook omdat ek my boodskap dieet-onafhanklik wil hou. Ek gee werklik nie om watter dieet iemand wat my kontak, volg nie. Maar dit bly vir my moeilik om iemand te sien swaarkry en geen betroubare en gratis hulpbron te hê om hulle na toe te verwys nie. So 'n hulpbron bestaan nie, want niemand kan saamstem oor wat dit beteken om reg te eet nie. En die opinies oor wat dit beteken om reg te eet, vermeerder met elke nuwe dieet wat aangekondig word.

Elke persoon glo dat hulle dieet of program die beste is. 'n Kompulsiewe eetprobleem is seker die moeilikste van alle verslawings om op te los. Ons moet eet om te lewe. Ons kan nie net onttrek van kos nie. Ons kan ook nie net sommer sekere groepe kos uit ons dieet uitsny nie. Die kere wat ek dit probeer het, om byvoorbeeld koolhidrate uit te sny, sou ek eenvoudig meer eiers en grondboontjiebotter begin eet, net om my lus vir brood te stil. So 'n tipe dieet het nog nooit vir my gewerk nie.

Ek dink een van die redes waarom die gemeenskap 'n kosverslawing en kompulsiewe eetprobleem, nie met dieselfde erns beskou nie, is omdat vetsugtige mense aanhou om gewone gemeenskapslede te wees. Ons werk, ons maak ons kinders groot, ons betaal belasting. So ver as moontlik hou ons aan om gewone lewens te lei, maar — terwyl ons vet is. Ons verslawing steel by ons gesondheid en ons waardigheid, maar dit plaas nie 'n las op die gemeenskap nie, behalwe dalk deur ons geliefdes se besorgdheid. Selfs dan, mense sien 'n man wat kommentaar lewer oor sy vrou se gewig as negatief. 'n Man wat sy vrou lief het moet haar aanvaar nes sy is, nè?

Toe ek nog op skool was, het die ander kinders my vreeslik geterg oor my gewig. Ek was uitgesluit van die sosiale kringe en het bitter min vriende gehad. My selfbeeld is reg deur my lewe afgetakel — by die huis, skool en universiteit — waar ek myself ook al fisies bevind. Al is dit al ligjare beter, probeer ek nogsteeds om my waardigheid op te bou. Ek onthou een spesifieke insident baie goed. Ek was dertien en het pas laerskool voltooi. Daardie jaar het ons 'n skoolverwisselingskamp, 'n kerkgeleentheid, bygewoon in Desember. Een van die aktiwiteite was 'n selfverrykingsaktiwiteit waar ons 'n kompliment en iets om te verbeter, op stukkies papier neerskryf en agter op mekaar se rug vasspeld — anoniem natuurlik. Een van my spanmaats het op my papier geskryf dat ek 'n soveel aangenamer persoon sou wees as ek net gewig verloor. Ek onthou daardie sin tot vandag toe nog. Met ander woorde, nie alleen was ek 'n uiterlik lelike mens nie, ek het ook 'n lelike persoonlikheid gehad as gevolg van my ekstra massa.

Ek glo nie sulke insidente is aanvaarbaar nie. Wanneer ek hierdie storie vir mense vertel reageer hulle met skok 'Hoe kon sulke gedrag toegelaat word by 'n kerkkamp? Iemand moes met die groep gepraat het oor wat om nie te sê nie'. Kinders is egter brutaal eerlik — en dalk is dit 'n goeie ding — maar in die grootmaak proses probeer ons daardie eerlikheid so bietjie makker maak.

"Hou op om vinger te wys!"

"Moenie opmerkings oor ander se gestremdhede maak nie."

"Hou op om so hard te praat!"
"Dis nie 'n baie mooi ding om te sê nie."
"Moenie iemand anders vet noem nie."

En dan eindig ons met 'n gemeenskap waar vet sosiaalaanvaarbaar word. Daar is nooit 'n goeie rede om oor iemand se gewig kommentaar te lewer nie, en as jy dit doen, is jy besig om te 'body shame'. Niemand wil iemand anders se gevoelens seermaak nie. Maar in klein groepies word daar graag oor mense se gewig geskinder. Of die mense wat agter die veiligheid van hulle skerm wegkruip reken dis oukei om te sê wat hulle wil oor hoe iemand anders lyk, soos wat met my gebeur het op een van die foto's van my boudoir-fotosessie af.

My man is lief vir my, en hy wil nie my gevoelens seermaak nie. Hy sien hoe hard ek op myself is; as ek vir hom sê dat ek regtig lus is vir iets om te eet, soos byvoorbeeld kaaskoek, sal hy ry en dit vir my gaan koop. Hy sal dit doen omdat hy my nie wil oordeel nie, en ook omdat hy glo dit my gelukkig sal maak. Ek kan jou ook verseker dat my man my sou toelaat om al tagtig kilogram weer op te tel. Dalk sal hy iewers gedurende daardie proses iets sê, maar omdat hy voel dis nie sy plek om kommentaar oor my gewig te lewer nie, is dit meer waarskynlik dat hy niks sal sê nie. Dit is tog wat die gemeenskap van hom verwag. Dis die tipe man wat hy grootgemaak is om te wees.

Van my beradingsopdragte het gehandel oor 'n positiewe liggaamsbeeld. 'n Spesifieke oefening wat ons probeer het was die volgende:

Neem 'n foto van jouself, so kaal as wat jy mee gemaklik voel.
Druk die foto uit.
Merk al jou foute op die foto met 'n swart merker.

Op my foto het ek oortollige vel, te wye heupe en kuite, rekmerke, littekens van my keisersneë en breukoperasie, borste wat te klein is, ens gemerk. Ek het ook nie-fisiese goed waarvoor ek my liggaam blameer, gemerk, soos die verlies van ons eerste babatjie, jare se wipplank diëtery en my struweling met my breuke. Ek het aaklig en gedemotiveerd gevoel na hierdie oefening.

Hoe was dit dan dat ek na die verlies van tagtig kilogram nog steeds nie myself as mooi kon sien en my liggaam kon waardeer nie? Ek het gevoel ek kon maar netsowel die handdoek ingooi, die lewenslus en beweeglikheid van my lyf geniet terwyl dit hou, want ek was gedoem om die gewig weer op te tel as ek nie die voordeel van tagtig kilogram se verlies kon sien nie. Ek het wel ook besef, gedurende hierdie gedagteproses, dat die voordele van gewigsverlies meer was as net fisiese voordele.

Vir die tweede deel van die oefening moes ek 'n ongemerkte foto vir my man gee waarop hy veronderstel was om te merk waarvan hy gehou het van my lyf. Die idee was om na sy mooi woorde te kyk, hulle te aanvaar en my eie te maak. My man het egter net die area waar my hart is omkring en gesê dat dit vir hom die mooiste deel was. Hoe ek gelyk het, het nie vir hom saak gemaak nie. Dis presies die antwoord wat 'n goeie man moet gee. Maar dit het ook my vermoede bevestig dat hy sou toelaat dat ek weer 'n slagoffer van my verslawing sou word en al my gewig weer sou optel.

Maak hoe ons lyk dan so baie saak? Ek glo nie dit behoort nie, maar ek voel so, omdat ek weet van goeie boeke wat aan hulle omslae geoordeel word. Die vooropgestelde mening dat 'n vet persoon dom, lui of oninteressant is, is wat ek verwerp. En daardie oordeel word gebaseer op fisiese voorkoms. Maak dit saak wanneer ons nie meer op 'n toilet kan pas nie? Natuurlik maak dit saak! Selfs voor ons by daardie punt kom maak dit reeds saak. Ek wens daar was 'n aanvaarbare manier om kosverslaafdes, soos wat ek ook is, met respek te help. Maar ek is bevrees, as 'n gemeenskap is ons besig om die ander rigting te beweeg. Ons vier mense se ekstra gewig, ons is te bang om iemand met 'n gewigsprobleem te nader, en in die algemeen kies ons om dit nie raak te sien nie.

Ek het my man gevra om my daarop te wys wanneer ek weer besig is om die plot te verloor. My verwagting is nie dat hy moet sê, 'Haai, vettie!' nie. Maar ek verwag dat hy iets sal sê as hy sien dat ek ooreet of weer begin eet sonder om daaroor te dink. Ek probeer hom leer wat my probleme is, deur hom aan te moedig om my video's te kyk en my skryfwerk te lees.

Maar wat as ek in die geheim besluit om weer te begin ooreet, sodat niemand my sal uitvang nie? Ek kan ook nie van my man verwag om vir altyd my morele kompas te wees nie. Op die ou einde baklei ek wel maar alleen in hierdie stryd.

Tagtig Kilos se Skuldlas

Die Eerste Tree

Dit is nie die berg wat ons oorwin nie maar onsself.
— *Sir Edmund Hillary*

Wanneer ek mense ontmoet om hulle gewigsprobleme te bespreek, hou ek daarvan om hulle te laat met 'n plan van aksie, of ten minste inligting om die volgende besluit te kan neem. Om met so 'n plan of eerste tree vorendag te kom is nie maklik nie — om met my te kom gesels was alreeds 'n massiewe tree vir sommiges. Ek ontvang gewoonlik verdwaasde kyke en vrae wanneer ek vra wat hulle van plan is om volgende te doen.

"Hoe moet ek weet watse dieet om te kies?"

"Moet ek by 'n gimnasium aansluit?"

"Gaan ek reg van die begin af moet oefen?"

"Kan ek op my eie begin?"

"Wat as ek weer sou misluk? Ek kon nog nooit by enige dieet hou nie!"

"Hoe begin ek?"

"Hoe maak ek myself begin?"

Of die ene wat my die meeste laat frons:

"Wat bedoel jy ek moet iets doen? Is dit nie genoeg om net bewus te wees van my probleem nie?"

Al hierdie vrae spreek van vrees vir die taak wat voor hulle uitgestrek lê. Dit is een ding om te besef dat jy iets sal moet doen, maar totaal en al iets anders om werklik tot aksie oor te gaan. Soms lyk die taak voor ons so groot dat ons opgee nog voordat ons begin het.

Om nie te kan begin nie is 'n breinblok. Dis 'n massiewe breinblok!

In ons gedagte is die reis op teen die kolossale berg voor ons, kompleks en skrikwekkend; net om aan die eerste tree te dink voel onmoontlik — dan praat ons nog nie eens van om die eerste tree te neem nie.

Ek glo ek het begrip vir 'n paar van die redes vir hierdie uitstel, en ek wil daardie redes hier deel in die hoop dat dit iemand sal aanspoor om aan die gang te kom.

Die eerste rede is die verwagte moeite wat dit gaan verg om teen die berg uit te klim. Baie keer voel dit asof die klim pynlik en harde werk gaan wees — en dis waarskynlik waar. Maar die verwagte pyn word vergelyk met die pyn waarin hulle hulself tans bevind, en dan voel dit asof die pyn om teen die berg op te klim, sommer baie erger is. Hoekom moet hulle deur daardie pyn en lyding gaan, as hulle oukei kan voortgaan soos wat sake tans staan?

Mense voel so omdat hulle nie die visie het hoe dit bo-op die berg sal wees nie. Sommiges, soos ek, het nog nooit 'n 'normale' gewig geweeg nie. Daar is dus geen verwysingspunt om te probeer verstaan hoe dit kan wees nie. Ek het só baie empatie hiervoor.

Ek sal so 'n persoon gewoonlik vra om vir my te verduidelik wat dit is wat hulle hoop om bo-op die berg te sien — wat is die redes waarom hulle gewig wil verloor? Ek hoop dat as hulle die redes waarom hulle gewig wil verloor begryp, en dit kan verwoord, of selfs net lys, dit hulle sal help om te droom en te visualiseer. Ek kan ook verduidelik wat dit vir my beteken het om gewig te verloor, met die hoop dat dit 'n prentjie van daardie uitsig sal skets, om na uit te sien.

Partykeer maak dit nie saak hoe hard ek probeer nie, niks kan die ander persoon laat insien wat die voordele van gewigsverlies vir hulle inhou nie. My gevoel is dat diesulkes hulself nie waardig ag om dit te ervaar nie. Hulle sien nie die bereik van hulle teikengewig as iets wat vir hulle bedoel is nie. Ek was ook so. Ek het 'n rede nodig gehad om te begin, en daardie rede moes tot voordeel van iemand anders strek. Daarom het my beradingsreis begin, want ek het geglo dat dit vir my man tot voordeel sou wees om 'n meer emosioneel stabiele vrou te hê. My gewigsverliesreis het begin, omdat ek nie wou hê my kinders moet groot word met herinneringe van my gesukkel met breuke nie.

Met albei reise was die grootste voordeel op die ou einde wel vir my gewees, so ek kan nie sê dat my redes om te begin verkeerd was nie. Ek kan wel getuig daarvan dat my verbintenis in albei gevalle honderd keer verbeter het toe ek begin om die voordele vir myself in te sien. Dit was ook eers toe dat ek werklik begin glo het, dat ek die voordele werd was.

Wanneer ek agterkom dat iemand hulleself nie waardig ag om gewig te verloor nie, weet ek regtigwaar nie wat om te sê nie. Hoe verduidelik 'n mens vir iemand dat hulle wel waardig is en hulleself moet liefhê? Ek vergeet dat ek op 'n stadium in dieselfde posisie was. Onwaardigheid is moeilik om raak te sien, omdat niemand van meet af met die hele sak patats uitkom nie. Die gebrek aan selfliefde is wel sigbaar in hoe hulle oor hulleself praat; beskryf hoe hulle behandel word deur die mense na-aan hulle, en ook in die redes waarom hulle gewig wil verloor. Wanneer ek dit agterkom, probeer ek werk aan die voordele wat hulle gewigsverlies vir die mense na-aan hulle sal inhou, met die hoop dat dit die gewenste aansporing sal gee — soos wat dit met my die geval was.

Gewigsverlies is egter nie volhoubaar, as jy alleenlik tot voordeel van iemand anders wil gewig verloor nie. Om gesond te eet en om te oefen is twee dinge wat jy uit selfliefde moet doen. Om 'n selfverbeteringsreis — soos om tagtig kilogram te verloor — te begin, verg 'n strydkreet soos, 'Ek is dit werd. Ek het myself lief genoeg om dit vir myself te doen'; wanneer selfliefde nie teenwoordig is nie, moet 'n mens maar werk met wat beskikbaar is. Ek dink ek het nou net nog 'n 'A-ha'-oomblik gehad oor waarom Berader die 'eggenoot-kaart' gespeel het sodat ek met berading sou begin. Hy het die nodige gedoen sodat ek kon begin — presies dit wat ek nou vir ander mense doen.

Die kosbaarste vir my is wanneer ek opmerk dat die persoon se selfliefde inskop. Ek is dol daaroor! Ek kan sien hoe die ander persoon begin straal. Ek merk hoe persoonlike versorging verbeter en hulle selfvertroue groei. Daar is 'n vonkel in die oog en 'n energie wat nie vantevore gewys het nie. Ek kan sien hoe die persoon se waardigheid groei en nie meer 'n nagedagte is nie. Daar is baie min dinge wat my meer vreugde verskaf as om getuie te wees van die persoon se transformasie.

Laastens, die betekenisvolste rede wat ek vind mense verhoed om daardie eerste tree te gee, is die oorweldigende grootte van die taak wat voor hulle lê. Om een of ander rede dink mense dat hulle al die gewig op een slag moet verloor; dit is so onwrikbaar en allesoorweldigend dat hulle opgee sonder om selfs te probeer.

Gelukkig is hierdie rede ook die mees voor die hand liggendste klip om uit die pad te rol. Die taak wat voorlê is 'n konkrete konsep. Die taak self is nie afhanklik van die individu, hulle persoonlikheid, emosies of enige ander abstrakte konsep nie. Die taak is 'n stuk werk, en daar is altyd 'n logiese manier om 'n stuk werk op te breek in kleiner, minder intimiderende take. Die enigste manier om 'n olifant te eet is stukkie vir stukkie, nè?

Ek het nooit tagtig kilogram verloor nie. Ek het agt kilogram tien keer verloor.

Ek het nooit van meet af aan tien kilometer gehardloop nie. Ek het eers geloop vir dertig minute, toe sekere dele begin draf, toe net meer as drie kilometer gedraf, toe vyf kilometer en so voort. Ek het nooit gevoel dat ek absoluut alles van dag een af moes doen nie.

Vir sommige mense is dit onmoontlik om vooruit te sien hoe om 'n taak in kleiner dele af te breek. Dit help gewoonlik wanneer iemand anders vanuit 'n groter perspektief dit meer objektief vir hulle doen. Ons Weigh-Less groepleiers breek byvoorbeeld die totale aantal gewig wat iemand wil verloor in tien stappe op. Hierdie opbreek in stappe gebeur die heel eerste dag wanneer jy aansluit, en daar word vir jou gesê dat jy stap vir stap moet probeer fokus. Die tien-stapprogram is maar die eerste logiese afbreek van die groot taak voor jou.

Om 'n groot taak in stappe te verdeel, skep ook die geleentheid vir aanhoudende motivering deurdat mense erkenning aan elke gehaalde mylpaal kan gee. Ek het 'n punt daarvan gemaak om elkeen van my tien stappe gedurende my gewigsverliesreis te vier. Soms sou ek 'n nuwe rok of oorbelle koop. Van die mylpale het ek en my man saam gevier deur vir die aand uit te gaan. Hierdie klein vierings was kardinaal in my reis om nie mismoedig te raak en te voel of ek nooit bo-op die berg gaan uitkom nie.

Die realiteit van die saak is, om iets in die lewe te bereik, moet jy begin. Om te bly uitstel gaan niks vir jou beteken nie. Die eerste tree is die belangrikste, maar ook baie keer die moeilikste tree om te gee.

Jong Kosverslaafdes

"Ten minste gebruik ek nie dwelms nie en ek drink of rook ook nie. Ek eet maar net te veel!"

Die bogenoemde is 'n storie wat ek gereeld hoor van mense wat na my reik vir hulp om gewig te verloor. Dis amper asof hulle wil sê dat ooreet die kleinste van die euwels is, of dat hulle beter af, vasgevang in die dieet-doolhof, is. Miskien is dit waar ... Miskien, uit al die verslawings, is 'n kosverslawing die beter verslawing om te hê ...? Dit is egter steeds 'n verslawing. Om dit te probeer versag, deur dit beter te laat lyk as ander verslawings, maak dit nie minder van een nie.

Ek definieer verslawing as die aanhoudende en herhalende proses om jou emosies te paai en jou dopamienvlakke te verhoog deur 'n eksterne middel in te neem of aksie uit te voer wat jou laat goed voel — al is dié goeie gevoel net tydelik. Lateraan raak die eksterne middel of aksie die enigste manier waardeur jy goed kan voel.

Maar hoekom verslaaf raak aan kos? Die hoeveelheid kos wat mens nodig het om beter te voel is aansienlik — een blokkie sjokolade het geensins dieselfde uitwerking as die hele plak nie. Die hoeveelheid van die eksterne middel wat jy nodig het om 'n verskil in jou dopamienvlakke te maak, is soveel meer met kos as met ander middels soos drank en dwelmmiddels. Waaróm dan kos? Waarom is dit dat so baie mense aan kos verslaaf raak?

Miskien is kos die beskikbaarste opsie? Jy hoef niks duisters te doen nie; jy besoek eenvoudig die kafee op die hoek. Voedselproduksie en -beskikbaarheid is van kardinale belang in die samelewing. Daar moet áltyd kos wees.

Miskien is kos die meer sosiaal aanvaarbare opsie? Jy is veronderstel om te eet. Hoe anders sal jy lewe? 'n Gesonde aptyt is normaalweg 'n teken van goeie gesondheid. Ander mense verwag van jou om te eet, en te geniet wat jy eet wanneer daar sosiaal verkeer word. Iemand wat lekker kan eet en hulle kos geniet word gewoonlik gesien as jolig en aangenaam — niemand hou van iemand met baie fiemies nie.

Óf, miskien was daar niks anders om aan verslaaf te raak as kos nie? Dit sal sekerlik die geval wees indien verslawing al in 'n mens se kinderjare ontstaan. Vanuit my verwysingsraamwerk sal 'n kind sal nie sommer — of baie onwaarskynlik — verslaaf raak aan dwelms, tabak en alkohol nie. Watter opsie anders as kos, is daar vir 'n kind wat 'n manier soek om onhanteerbare emosies te sus?

Ek het vetsugtig grootgeword, en aanvaar dat my gewigsprobleem geneties is of betrekking het met die manier waarop ek grootgemaak is. Deur om 'n ma van vier te wees, het ek egter geleer dat kinders instinktief net eet wat hulle nodig het. Jy kan kinders nie dwing om te eet as hulle nie honger is nie — wanneer hulle nie honger is nie, is hulle inderdaad nie honger nie. Kinders sal jou ook gou laat weet wanneer hulle wel honger is — soos wanneer babatjies huil of wanneer my tienerseun brom en soos 'n volstruis rondloop en soek. En as ons dan wel vetsug geneties met generasies afstuur, hoekom blyk dit asof die gene dan sommer by my gestop het? Sekerlik moes ten minste een van my kinders oorgewig gewees het? Maar hulle is nie. Elkeen van hulle is 'n normale, gesonde gewig.

Wanneer ek dink aan kos as iets wat mens verslaaf aan kan raak, en my emosionele afsetters in ag neem, maak dit vir my sin dat ek al van 'n baie jong ouderdom af verslaaf is aan kos. Ek is nie seker presies van wanneer af nie. Ek het 'n 'nie-oorgewig' foto van myself as 'n driejarige. So ek glo my gewigsprobleem het begin tussen die ouderdom van drie tot vyf, aangesien ek reeds oorgewig was teen die tyd dat ek skool toe gegaan het as sesjarige.

Toe ek oor die konsep van 'n jong eetverslaafde op my blad begin gesels, was die ontvangs daarvan baie lou. My volgelinge was nie regtig oortuig nie. Self het ek ook nog nooit van enige gevalle gehoor van kinders wat hulle emosies probeer hanteer deur te eet nie. My eie kinders is nie 'n goeie gevallestudie nie. En ek is nie geregtig om te weet hoe die eetgewoontes van oorgewig kinders lyk nie. Niemand het nog ooit teenoor my genoem van 'n kind by wie hulle onbewuste kompulsiewe eet opgemerk het nie — tot een besondere dag.

Ek het 'n oorgewig vriendin, en die twee van ons gesels gereeld oor gewig. Amper elke keer wat ek met haar praat is dit die vanselfsprekende onderwerp. My vriendin hou haar nie blind vir haar vetsug nie. Sy is altyd besig met een of ander dieet, net van plan om 'n nuwe dieet te begin, of het nou net weer vyftien kilogram opgetel. Ek wil haar so graag help, maar gewigsverlies is 'n onderwerp waar jy maar net 'n simpatieke oor en insig kan lewer. Op dieselfde manier as wat jy nie namens iemand gewig kan optel nie, kan jy dit ook nie namens hulle verloor nie.

Eendag nooi my vriendin my na haar huis vir koffie. Ek hou daarvan om by haar te gaan kuier; sy is 'n fassinerende mens, en ons kan vir ure gesels. Ondanks haar eie struwelinge, het sy regtig 'n diep begrip van gewigsprobleme, en sy hou my nederig oor wat dit beteken om met mens se gewig te sukkel. Daardie dag het sy egter 'n belangrike saak gehad wat sy wou bespreek.

"Was oefening nog altyd vir jou lekker en maklik gewees?" vra sy.

"Umm ... nee, nie aan die begin nie. Aan die begin was dit glad nie lekker nie, trouens dit het regtig lank geneem voor ek dit geniet het."

"Ja, dis hoe ek dit ook onthou. Ek en 'n vriendin het eens op 'n tyd begin om saam gimnasium toe te gaan. Dit was 'n marteling aan die begin, maar lateraan was dit iets wat ons geniet het."

"Hoekom wil jy weet?" het ek gevra, van mening dat sy dalk weer wil begin oefen. Sy is altyd besig om iets nuuts te begin, dit sou my nie verbaas nie. Maar oefening het ook nou nie vir my gevoel soos die gewigtige saak wat sy op die hart het nie. Ek het aangevoel dat daar meer aan haar storie was.

"Ek wil sien of ek my seun aan die oefen kan kry. Laas week het ek hom van die skool se oefeninge laat doen, maar hy geniet dit nie. Ek hoop as hy net deur die eerste paar weke kan kom, hy dit dan sal begin geniet," het sy verduidelik.

Ongelukkig is my vriendin se seun 'n oorgewig jong tiener, ongeveer dieselfde ouderdom as my oudste. Na 'n diep sug het ek haar geantwoord,

"Aa, maar daar is iets anders hier wat jy eers onder oë moet neem. Ek wóú begin oefen. 'n Tyd gelede wóú jy en jou vriendin gimnasium toe gaan. Maar jy het nou namens jou seun besluit dat hy moet begin oefen. Natuurlik gaan daar weerstand wees. Hoekom voel jy dat hy moet begin oefen?"

"Ek moet iets doen!" het sy uitgeroep.

Verbaas, en bewus daarvan dat hierdie eintlik 'n uitroep om hulp is, het ek gevra: "Wat is dit wat jy voel jy moet doen?"

"Ek moet my seun help om gewig te verloor. Hy het 'n groot probleem ... En ek kry dit eenvoudig net nie reg om sy probleem met 'n dieet op te los nie. Ek wil hom ook nie op 'n dieet sit nie. Ek self val rond van dieet tot dieet al vandat ek nege is. Ek wil nie dieselfde vir hom hê nie," het sy gefrustreerd geantwoord.

Die Kersfeesvakansie was minder as 'n maand gelede, en sy het haar storie verder uitgebrei.

"Gedurende die vakansie het ek nog meer oor hom begin bekommer. Laat ek jou die storie vertel, dan sal dit dalk meer sin maak. Ons het 'n groot boks met koekies gekoop om te geniet oor die feesgety. Tussen die drie van ons, ek, my man en my seun, moes hierdie boks koekies die hele vakansie hou. Op Kersdag het ons die boks oopgemaak, en ons elkeen het seker twee koekies gehad. 'n Paar dae later, wou ek weer vir ons koekies uithaal, maar toe kon ek die boks nêrens kry nie. Ek het orals gesoek en vir almal gevra. Niemand het geweet wat van die koekies geword het nie. Dit is net die drie van ons in die huis; daar was niemand anders nie. Iemand moes weet."

"Ja, dit is baie vreemd. Het jy nou al agtergekom wat met die koekies gebeur het?"

"Ja, ek het. Ek het die leë boks, saam met 'n hele klompie ander papiere, ingedruk in my seun se laai, gekry," het sy uiters mismoedig geantwoord.

"Dit moes 'n skok gewees het," het ek gesê. "Wat was jou reaksie toe jy die boks kry?"

"Ek het gedoen wat enige ma seker sou doen. Ek het hom die kop gewas. Ek het vir hom gesê dat ek met so baie dinge probeer om hom te help ... Ek verstaan nie waar ek verkeerd gaan nie. Ek hou genoeg lekkernye in die huis vir hom dat hy nie uitgehonger hoef te voel vir lekkernye nie. Hy hoef hom nooit te ooreet aan lekkernye nie, want dit is nie 'n skaarste in ons huis nie. Ek berei gesonde kos vir hom voor, ek probeer hom kry om te oefen. Ek probeer so hard! En dan gaan staan en doen hy so iets — ek verstaan dit net nie."

"Het jy probeer om hom te vra hoekom hy die koekies geëet het?"

"Ek het — na my aanvanklike afgaan en geskree — gedink dat ek dalk rustig en kalm met hom moet probeer praat. Ek het nogal gedink oor jou emosionele eet-video toe, en ek het probeer kyk of ek kan agterkom wat was die emosies wat hom die hele boks koekies laat opeet het. Maar ek het net die tipiese 'Ek weet nie'-antwoord gekry."

Wat my vriendin besig was om te beskryf, was iets wat ek al lank al na opsoek was. Uiteindelik luister ek na iemand se getuienis oor kosverslawing op 'n jong ouderdom, en die getuienis het my hoendervleis gegee omdat dit net so bekend was. Ek was self skuldig aan die gedrag wat sy beskryf! My vriendin was besig om 'n jong Mart-Mari te beskryf. In haar storie van haar seun wat kompulsief eet, daaroor skaam voel en dit dan probeer wegsteek, het ek myself herken.

Haar seun het die hele boks koekies geëet; 'n boks koekies wat hulle die totale duur van die vakansie moes hou, en nog 'n paar ander lekkernye ook. Om een of ander rede het 'n begeerte in hierdie seun ontstaan om die boks koekies, iewers weggepak vir 'n volgende geleentheid, te gaan haal, en dan al die koekies amper in te asem. Hierdie was 'n kind wat grootword in 'n huis waar lekkernye volop is. Dit was nie asof hy nooit iets lekkers gekry het nie. Hy kon iets anders kry om te eet, maar hy het besluit op daardie boks koekies. Hy het agterna besef dat dit wat hy gedoen het verkeerd is, en toe het hy probeer om die bewyse daarvan weg te steek. Toe hy gekonfronteer word deur sy ma se vraag oor hoe die boks koekies verdwyn het, het hy daaroor gejok, en so eintlik nog meer skande oor homself gebring. Toe die waarheid wel uitkom, en sy ma vra waarom hy dit gedoen het, kon hy haar nie antwoord nie. Hy het net geweet dat sy gedrag verkeerd was, en dat hy dit graag 'n geheim wou hou.

Die storie hierbo is die hartseer, en vir my die baie bekende, storie van 'n kosverslawing. Dis dalk lagwekkend en sinneloos, maar op daardie oomblik, wanneer jy voel dat jy iets móét eet, voel niks meer sinvol as om iets in jou mond te prop nie. Ek het dit gedoen. Daar is tye wanneer ek dit nog steeds doen. Dis boonop ook 'n wrede sirkel-gedrag, want die skuldgevoel oor wat jy geëet het, maak dat jy nóg wil eet. Dit raak 'n onmoontlike patroon om te breek. En as 'n kind, is jy eenvoudig nie in staat daartoe om self van jou verslawing vry te kom nie.

Hoe Ek In Die Doolhof Beland Het

In Desember 2019, het ek myself bevind aan die einde van my reis om tagtig kilogram te verloor; ek het gewonder waar kan ek 'n bietjie gom kry om hierdie albaster permanent in sy gaatjie vas te gom. Ek was nie seker wat ek kon doen om te keer dat die volgende stamp op my lewenspad hierdie albaster nie weer sal uit slaan nie.

Daar is massas inligting beskikbaar om gewig te verloor — so baie dat dit op sigself 'n oorweldigende probleem is. Tog, daar is bykans niks oor hoe om 'n massiewe verlossing soos tagtig kilogram, af te hou nie. Die algemeenste siening oor die instandhouding van gewigsverlies, is dat dit onmoontlik is ... dat mense wat so baie verloor het, dit heel waarskynlik weer sal optel — met rente. Eenkeer 'n vettie, altyd 'n vettie.

Ek het geweier om hierdie siening vir evangelie te aanvaar. Vir die eerste keer ooit was ek op my teikengewig, ek het bitter hard gewerk om daar uit te kom. Waarom moet ek aanvaar dat ek dit maar net weer gaan optel?

Toe dit vir my duidelik raak dat ek nie slegs op my sterk wilskrag kan staatmaak nie, en voordat ek dit nog met Berader kon bespreek, het ek uit frustrasie en in my soeke vir antwoorde, begin skryf. In my eerste aanlyn-artikel het ek die volgende vrae gestel:

"As jy wat hierdie lees, 'n persoon is met 'n 'normale' gewig, wil ek graag die volgende weet: Hoe bly maer mense maer? Dink jy ooit aan jou dieet? Weeg jy jouself ooit? En indien wel, hoe gereeld? Ek kom van 'n oorgewig familie, al wat ek nog my hele lewe lank ken, is hoe om vet te wees ..."

Intussen, en na baie introspeksie, het ek besef dat die groep mense wat ek sien as mense wat nog nooit met hulle gewig gesukkel het nie, en die ander groep mense, vorige vetties soos ekself, speel nie dieselfde speletjie nie. Ek is die albaster wat wag in die holte om weer uitgestamp te word deur die lewe. Die mense wat nog nooit met hulle gewig gesukkel het nie, weet nie eers van hierdie doolhof nie — hulle was nog nooit in die gewigsverlies-doolhof nie. Ek het my gewig-instandhoudingreis begin deur die verkeerde vrae te vra. En ongelukkig gaan selfs die regte antwoorde op die verkeerde vrae nooit my probleem oplos nie. Ek moes eerder gevra het:

"Hoe het ek in die doolhof beland?"

Ek het in die doolhof ingeloop toe ek baie jonk was. Ek was verlore. Ek was seergemaak. Ek het nie geweet wat om te doen nie, dus ek het die enigste ding gedoen wat ek geweet het so 'n bietjie sou help. Ek het geëet! En, op een of ander manier, het dit dinge beter en slegter gemaak — op dieselfde tyd.

In my lewensverhaal kan ek sien hoe ek kos as 'n soort dwelm gebruik het vandat ek nog baie jonk was. Ek het gedink dat my geval uitsonderlik is, want ek kon nie hierdie gedrag in my kinders raaksien nie. En as ek mense daarvan vertel het hulle maar redelik skepties daaroor voorgekom. My vriendin se verhaal het my egter laat besef dat my verhaal nie uniek is nie. Daar is waarskynlik honderde-duisende soortgelyke gevalle, met ouers wat dit nie raaksien nie. Dalk sit hierdie ouers, soos my vriendin, met hulle hande in hulle hare en weet nie hoe om hulle kinders te help met hulle gewigsprobleme nie? Of dalk het die ouers aanvaar dat hulle kinders nou maar hulle gene geërf het, en dat daar niks is wat hulle omtrent die situasie kan doen nie.

Ek glo tog dat vetsug deur generasies kan vloei — maar ek sien nie dat dit geneties gebeur nie. Ek vind die probleem lê by die broeiplek wat vir 'n kosverslawing geskep word. En dit wat hierdie grond besonder vrugbaar maak, is:

Om kos voor te hou as 'n oplossing vir emosionele seer en skaamte, en situasies wat lei tot emosionele seer en skaamte — dikwels as gevolg van faktore buite die kind se beheer en gebrek aan kennis om die situasies op 'n gesonde wyse op te los.

Om hierdie 'kos as 'n dwelm'-gedrag by kinders te begryp, lê eerstens in die bewus-wees van wat die boodskappe is wat ons oor kos kommunikeer. Van die inligting wat volwassenes, en nie net ouers nie, oor kos kommunikeer is dat kos plesier, liefde, vreugde en gemeensaamheid verteenwoordig.

As ons gedrag goed is, is 'n beloning geregverdig en sal iemand anders of ons sal onsself beloon met 'n lekker eetding. Ons assosieer kos gewoonlik met oorvloed, met feesviering en goeie tye. Grootouers is sommer sinoniem met lekker bederfies, en dit is sosiaal aanvaarbaar, eintlik word dit verwag, dat oupas en oumas die kleinkinders met lekkergoed bederf. Gedurende vakansietye word die koekieblikke vol gebak. En wanneer die rapporte huis toe gaan, sal selfs die skool voorstel dat die kinders bederf word met 'n roomys vir al hulle harde werk.

In my ouerhuis was lekkernye nie oorvloedig nie. Ons maaltye was maar baie gelyksoortig van dag tot dag — ongebalanseerd, baie stysel en ander stapelvoedsel, soos brood, pap, rys, boontjies, boeliebeef en sopvleis. Ons het genoeg gehad om te eet en was vir seker nooit honger nie. Wanneer ons die dag wel 'n groot verskeidenheid kos gehad het, of spesiale disse en ander lekkernye, dan was dit omdat daar ekstra geld was, of omdat ons vir 'n verandering gaste gehad het. Gaste het beteken dat my ma haar beste voetjie voorsit en waarskynlik nie op my sou skree nie.

Saam met lekker of aangename eienskappe wat ons aan kos koppel, merk ek ook dat 'n groot gaping in opvoeding bestaan oor die voedingswaarde van kos. Om ons etenstafel probeer ek nog vir my kinders verduidelik dat proteïene spiere bou, dat koolhidrate brandstof vir ons liggame is en hoekom ons vitamienes en minerale nodig het. Ek verduidelik ook dat sekere vitamiene vetoplosbaar is, en dat dit dan ook is hoekom ons moet vette inneem. Ek voel ek verduidelik die absolute nodigste, en dat my kinders eintlik soveel meer as dit behoort te weet as net dit wat ek hulle kan leer. Ek voel dat hulle ten spyte van my pogings nog steeds 'n groot gaping in hulle voedselopvoeding het. Maar ek voel ook alleen in hierdie stryd. My siening, en dit mag dalk maar baie gebrekkig wees omdat ek nie weet wat ander gesinne doen nie, is dat voedselopvoeding nie 'n prioriteit is nie, en dat wat ons doen skaars is. Ek sien amper net die 'kos as plesier'-boodskappe raak.

As ons so baie lekker en plesierige boodskappe met kos vereenselwig, dan maak dit vir my geweldig baie sin dat 'n kind wat soek na iets om emosies mee te paai, na kos sal draai. Watter ander opsie is daar? En dis so maklik bekombaar!

Maar dan weer, hoekom sal dit vir 'n kind nodig wees om te probeer om sy of haar emosies te kalmeer …? Wel, hoekom sal 'n kind dit nie doen nie? Kinders is ook mense, met normale, menslike emosies. Ons leer dan babas om hulleself te kalmeer, dis een van die primêre faktore om 'n baba te leer om te begin deurslaap. Sommige mense, insluitend kinders, is fyner besnaard, hooggespanne of hipersensitief en verg meer om gekalmeer te word. Dalk is dit hierdie persoonlikheidseienskap wat met die gene aangestuur word.

Die tipe emosies wat 'n kind sal probeer kalmeer, kan gering wees, soos byvoorbeeld om alleen of verveeld te wees, of die emosies kan traumaties en hartseer wees. Ek dink ook dis baie verstaanbaar dat 'n kind hulle gedrag sal wil wegsteek. Ek was sommer baie goed daarmee om my skelm eet weg te steek. Ek sou gewoonlik min genoeg van iets neem, sodat dit ongesien sou gaan. Of ek sou ekstra melk en brood, of wat ook al anders waarvan ons heelwat gehad het, vat. Ek het ook gereeld items geneem wat my ma nie gereeld gebruik het nie, soos vlapoeier. Ek is nou nog goed daarmee om mikrogolf vla te maak — ekstra soet. Ek het geweet dat as my ma uitvind, ek in sommer dik moeilikheid sou wees. Sy het met tye wel uitgevind, maar al wat haar geraas veroorsaak het, was om my te laat voel dat ek meer wou eet.

My ma se geraas bring my by die tweede deel wat nodig is om te verstaan oor die 'kos as dwelm'-gedrag. Wanneer ons reageer met kwaad en beskuldigings, stapel ons die skuldgevoelens maar net hoër. Die ontvanger van ons gramskap interpreteer selde die boodskap as 'Ek het iets verkeerd gedoen'. In stede, hoor die ontvanger eerder: 'Ek is verkeerd' — al was dit ook nooit ons bedoeling nie. Ons maak daardie 'Ek is verkeerd'-boodskappe ons eie, ons stoor hulle, en dit word ons binnestem.

Deur ons interne stem te gebruik en vir onsself te sê dat ons verkeerd is, is nog erger. Ek het eenkeer vir 'n vriendin, die een wat opgemerk het oor my skoolmeisiegedrag, probeer verduidelik waarom dit vir my so moeilik is om myself minder gereeld te weeg. Op een stadium gedurende die verduideliking het ek gesê: "Ek weet ek moenie myself so gereeld weeg nie, ek is jammer. Ek is aaklige persoon."

Sy het my omtrent dadelik gestop om vir my te verduidelik dat ek nie 'n aaklige persoon is nie. "Jou behoefte om elke dag te weeg, maak nie van jou 'n aaklige persoon nie. Miskien is dit wat jy probeer doen nie heeltemal die regte ding nie, maar dit maak jou nie 'n slegte mens nie. Al wat jy bereik deur te sê dat jy 'n aaklige persoon is, is om meer skuld en skaamte op jouself te neem."

Sy het verder verduidelik: Wanneer sy besluit dat sy lus is vir sjokoladekoek, kry sy dit vir haar en geniet elke liewe happie daarvan. Sy kyk nie terug nie. Sy weier om skuldig te voel oor die koek, want, soos sy sê, "Die enigste ding wat skuldgevoelens oor 'n sny sjokoladekoek gaan veroorsaak is nog koek!"

En is dit nie die waarheid nie? Wanneer ons skuldig of skaam voel oor iets, laat dit ons voel 'ek is verkeerd, ek gaan dit nóóit regkry nie, ek kan maar netsowel ophou probeer'.

Ek sien dat vet so met die generasies saam oorgelewer word. Ons bou amper net plesier en lekkerkry om kos. Die kos wat ons so vreugde gee om aan weg te lê is selde die gesonde en voedsame kos. Nee, dis gewoonlik die verfynde, geprosesseerde en versoete kos. Ons skeep voedselopvoeding af, bloot omdat ons self te min weet. Te same met die verheerliking rondom kos, lewer ons ook skuld en skaamte oor aan die volgende generasie. Ons doen dit deur te oorreageer, iets te noem wat ons kind dalk reeds oor selfbewus voel, of deur ons kinders te druk om perfek te wees. Enigiets wat ons kinders potensieel by 'n punt gaan bring waar hulle voel hulle het 'n ontvlugting nodig.

Maar wat is die oplossing? Hoe stop ons dit?

Ek het nie al die antwoorde nie; ek is 'n foutiewe ma soos enige ander een. Ek kan alleenlik my beste probeer, en dit interpreteer ek soos volg: eerstens leer ek my kinders oor kos. Ek forseer hulle ook nie om hulle kos te eet nie. Ek moedig hulle aan om hulle groentes te eet, deur hulle te leer wat die voordele daaraan is om dit te eet terwille van hulle liggame. Meeste van die tyd werk dit nie — bedoelende dat hulle hardkoppig is. Niks wat ek sê gaan waarborg dat hulle die groente gaan eet nie — al probeer ek nou ook hoe hard om die voordele in te vryf. Dit gaan my egter ook nie laat ophou daarmee nie, want ek hoop iets van my poging tot opvoeding haak wel iewers vas. Dat om gesond te eet, eendag vir hulle ook 'n prioriteit sal wees.

In ons huis word kos nie gebruik as 'n beloning of onderhandelingsmetode nie. Wanneer ons die dag nagereg het, dan mag my kinders steeds nagereg kry, selfs al het hulle niks van hulle hoofmaaltyd geëet nie. Maar dan kan hulle ook nou nie drie bakkies poeding kry nie. Hulle kan ook nie iets anders kry om te eet, as hulle nie wou eet wat ek voorberei het nie. Ek verwag nie dat hulle moet eet nie, dit is hulle keuse, maar die volgende maaltyd sal eers bedien word op die gewone tyd.

Met betrekking tot skuld en skaamte: wanneer ek opmerk dat my kinders iets vir my probeer wegsteek, laat ek dit toe. Dis moeilik, dis seker die moeilikste ding om te doen, maar ek probeer werklik om my blind te hou. Byvoorbeeld, wanneer ek iets in hulle snippermandjies bespeur op 'n Saterdagoggend wat ek dalk nie moes sien nie, maak ek die mandjie leeg en ek sê niks. Of wanneer my sesjarige alweer my grimering gevat het, sal ek dit maar net gaan haal en bêre. Ek wil nie 'n geveg oor iets kleins begin nie. Dit is my keuse om my gevegte oordeelkundig te kies.

Natuurlik sal ek praat as ek iets ernstigs opmerk, maar as ek dit kan laat staan, doen ek dit. Ek weet nie of hierdie die regte manier is nie. Ouerskap kom nie met 'n handleiding nie. Dit is wel hoe ek wens my ma opgetree het. In ons huis het alles altyd op 'n bakleiery uitgeloop. My besluit om sekere dinge te laat gaan is 'n besluit wat ek gemaak het toe ek nog baie jonk was. Voor my tienerjare wou ek baie graag my beenhare skeer, maar my ma het geweier om vir my 'n skeermes te koop. So ek het hare gebruik. Toe sy my betrap, het ek bitter sleg gevoel daaroor, maar sy het my nie eers kans gegee om te verduidelik nie. Dit het in 'n massiewe rusie ontaard wat ek tot vandag nog onthou. Dit was toe dat ek besluit het dat ek nie my eie kinders so wil laat voel oor iets wat hulle

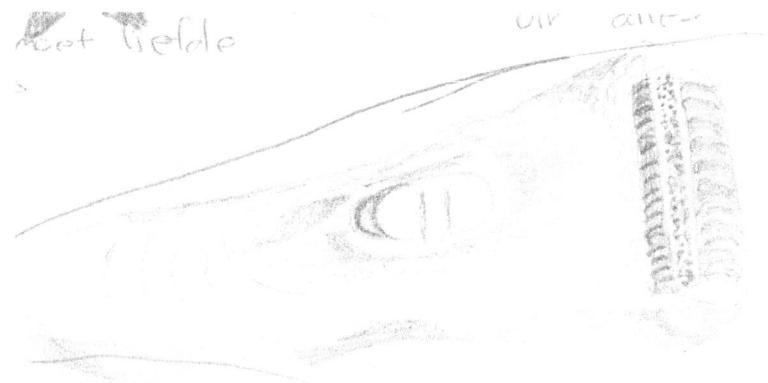

nie moes gedoen het nie — selfs al was dit verkeerd.

Die belangrikste oor skuld en skaamte, glo ek, is dat ek my kinders die onvolmaakte 'ek' laat sien. Natuurlik sal ek graag perfek wil wees en alles altyd wil regkry. Maar dis onrealisties — nie net vir my nie, maar ook vir my kinders. Hulle moet sien dat ek ook foute maak, én wat gebeur wanneer ek foute maak. Wanneer ek 'n vloekwoord laat uitglip, dan sal ek dalk sê, "Oeps! Ek is jammer, ek moes dit nie gesê het nie." Ek vra gereeld om verskoning, en ek laat my kinders toe om my slegte gedrag uit te wys. Aan die begin was hulle onseker daaroor, maar nou is hulle al gemakliker daarmee. Dit help. Dit maak my oë oop vir my eie foute; dit laat hulle toe om verkeerde gedrag te herken, en dit laat hulle besef dat hulle ma ook maar net 'n mens is. En om net 'n mens te wees, is nie iets om oor skaam of skuldig te voel nie.

Die gewigsverlies-doolhof het sy arms wyd vir my oopgeswaai en my vasgevang toe ek maar 'n jong en onskuldige kind was, opsoek na 'n manier om beter oor myself te voel. Ek het my liefdesverhouding geheim gehou. Kos het my so lief gehad, en ek het was terug lief gewees daarvoor. Dit was my enigste betekenisvolle en liefdevolle verhouding.

Wat Ek Graag Vandag Vir My Sussie Sou Wou Sê

Eerlikwaar weet ek nie of ek iets het om vir jou te sê nie. My wens is om jou net te laat gaan, sodat jou siel kan doen wat siele moet doen.

Ek dink die samelewing verromantiseer die band tussen vrouens. Daar is veronderstel om hierdie moeder-dogter band te wees wat onbreekbaar is. En dan, tussen susters is daar ook veronderstel om 'n band te wees — geheg by die heup, veronderstel om mekaar by te staan deur dik en dun. Ek het 'n ma gehad, ja, en ek het jou gehad — maar eintlik is al wat ek gehad het toksiese verhoudings. Daar was niks romanties, spesiaal aan hierdie verhoudings nie. Die meeste van die tyd het dit al die lewe uit my gesuig. Al wat hierdie verhoudings gedoen het was om my seer te maak en my te laat met groot emosionele gapings wat geskree het om volgemaak te word.

Hoewel ek nooit regtig na-aan ma gevoel het nie, was daar tye wat ek wel na-aan jou gevoel het. Daardie tye was gedurende die laaste paar jare van skool en toe weer die jare na jou aanvanklike kliniekbehandelinge tot en met twee jaar voor jy getroud is.

Daar is soveel dae wat ek terugdink aan daardie oggend voor ek universiteit toe is wat jy my gesmeek het om jou asseblief nie alleen agter te laat nie. Dit was nog donker. Ek het maar net vinnig by jou kamer kom inloer om te groet. Ons het 'n lang pad en 'n lang dag voor ons gehad, en moes vroeg al in die pad val. Ek het nie geweet hoe universiteit en die koshuis sou wees nie, en ek het ook nie geweet wanneer ek jou weer sou sien nie.

Ek het verwag dat jy dalk nog sou slaap, maar jy was reeds wakker — jy het gehuil. Jy het amper nooit gehuil nie — daardie oggend is dalk die eerste keer wat ek jou sien huil het. Ek was gewoonlik die een in trane, die terneergedrukte een. Ek het selfs my persoonlikheid al as melankolies bestempel omdat ek so gereeld in trane was. Maar die keer was jy besig om te grens, en ek het nie geweet wat om daarvan te maak nie. Dis nie hoe ek verwag het jy gaan optree nie, en nog minder het ek geweet wat om te doen toe jy my vra om nie weg te gaan nie.

Jy was sewentien; ek was agtien, en eers toe, vir die eerste keer het ek besef dat jy nie alleen wil agterbly saam met ma nie. Hoe het jy dit vir soveel jare vermy? Was ek maar net altyd daar?

Jou reaksie het nie vir my sin gemaak nie. Vanuit my perspektief was jy nie so geraak soos wat ek was nie. Jy het dan altyd reguit na jou kamer toe gehardloop wanneer 'n geveg begin. Ek het gedink dat jy so slim was. Maar jy moes seker geluister het. Was jy bang? Of was jy dalk net dankbaar dat ma nie besig was om met jou te baklei nie? Toe jy my smeek om nie te gaan nie, was jy bang dat jy nou die ene aan die ontvangkant van ma se humeur sou wees?

Maar ek kon nie bly nie, al het jy ook gesmeek. Ek moes nee sê. Jy het oor en oor gevra. Maar hoe kon ek bly? Watse moontlike rede sou ek kon uitdink daarvoor om nie te gaan soos wat reeds beplan was nie? Dit was onregverdig van jou gewees om dit te vra. Ek moes gaan. Ek wou gaan. Ek wou net kom groet, maar daardie groet het verander in 'n skuldgevoel wat die res van my lewe by my sou kom spook.

Wat het gebeur nadat ek weg is? Ek weet nie eers nie. Ek is wel seker dat dit nie vir jou maklik was nie. Elke keer wat ek kom kuier het, was die jy binne-in jou minder, en het jy meer teruggetrokke geraak. Jy het in 'n dop ingekruip en geweier om daar uit te kom. Ek het gedink jy is dalk maar net 'n tipiese tiener.

Jy — hardkoppig en eiewys soos altyd — het geweier om universiteit toe te gaan na skool. Ek is seker jy wou baie graag gaan, maar ek weet ook dat jy net nêrens 'n beurs kon bekom nie. En vir jou, soos wat dit vir my ook is, was skuld aangaan 'n groot nee. Jy was selfs meer gekant teen skuld en finansieel slimmer as wat ek was. Jy het 'n werk gekry en aanlyn studeer. Ek het jou toewyding en volharding bewonder.

Ja, ek het gedink alles loop seepglad nadat jy skool voltooi het. Maar ek was verkeerd. Ek kon eers die probleme duidelik begin raaksien nadat pa oorlede is. Jy was nie gesond nie, en het nie die mas opgekom nie. Maar ek was besig om self te studeer, en om 'n nuwe lewe vir myself te maak. Ek was selfsugtig. Ek moes 'n beter suster gewees het, en vroeër al 'n plan gemaak het.

Ek was verbaas toe jy die dag besluit om uit die huis uit te trek. Hoekom wil jy nou gaan staan en sukkel om self huur te betaal, terwyl jy nog 'n kamer en kos gehad het saam met ma? Ek besef nou dat die psigologieseprys wat jy betaal het om verniet daar te bly, heeltemal te hoog was.

Eendag het ma gebel om my te laat weet dat jy probeer selfmoord pleeg het, en dat jy in 'n kliniek opgeneem is vir behandeling. Dit was die eerste selfmoordpoging waarvan ek te hore gekom het. Ek was geskok, en het nie geweet wat om daarvan te maak nie. Die manier wat ma die situasie hanteer het, het my geïrriteer. Dit was so vreemd. Dit was asof ma my daarvoor blameer het, my die skuld probeer gee. Sy het ook gevra dat ek tog asseblief nie daaroor uitpraat nie. Ma was skaam oor jou siekte. Jy het haar teleurgestel, en ma het verwag dat ek ook my moet skaam vir jou.

Die stigma van geestesgesondheid was diep by ma gesetel, en sy het probeer om haar gevoel oor te dra op my. Ek was kwaad vir haar, en het geweier om na haar lamente te luister. In stede het ek my man gevra of ons vir jou by die kliniek kan gaan kuier — 'n eienaardige kuier — nie een van ons het juis geweet wat om vir die ander te sê nie.

Die manier wat jy daardie eerste keer jou eie lewe probeer neem het, het nie vir my sin gemaak nie. Hoekom gate in jouself steek, jouself vermink, en dan gif in daardie gate inspuit? Dit moes ongoddelik seer gewees het. Hoe het jy dit reggekry om dit aan jouself te doen? Daardie merke het gebly — herinneringe aan daardie dag — vir jou om elke dag in vas te kyk. Dit kon sekcr nooit jou bedoeling gewees het nie. Ek glo dat jy graag suksesvol wou wees met jou selfmoord. Wat het jy gedink, soggens wanneer jy in die spieël kyk? Het jy na die merke gekyk en gedink dat jy gewen en bo jou situasie uitgestyg het? Of het jy die merke gesien en gedink jy het daarin gefaal, misluk om jou eie lewe te neem? Jy het altyd daardie merke toe gehou — ongeag die weer — ek dink jy het daaroor skaam gevoel.

In die jare daarna het jy jou universiteits graad en selfs 'n nagraadse kwalifikasie behaal. Jy het 'n gekwalifiseerde rekenmeester geword — om met geld te werk was nog altyd jou sterk punt. Jy het jou eie besigheid begin, en 'n tannie geword. Ma is oorlede, jy het liefde gevind, en jy is getroud. Ek het gedink jy is oukei. Ek was blind. Ek is so jammer dat ek jou nie kon sien nie.

Ek was oortuig daarvan dat jy my gehaat het. Ek is nie seker wat ek verkeerd gedoen het nie, maar jy het my gehaat. Jy was die koningin van eensydige gesprekke. Amper elke boodskap wat ek vir jou stuur, sou met 'n duimpie teruggekom het. Jy het nie die gesprek aan die gang probeer hou nie, tensy jy iets nodig gehad het, wat selde was. Soos ek, wou jy ook graag onafhanklik gewees.

Die seerste wat jy my gemaak het was op jou troudag. Ek was jou strooimeisie, maar jy wou my eintlik nie daar gehad het nie. Jy wou my kinders as blommemeisies en hofknapies gehad het — en ek was deel van die pakket. Jy het wel 'n punt daarvan gemaak om my uit te sluit. Toe dit tyd was vir jou om aan te trek, het jy my en my oudste dogter gevra om buite te wag. Maar ons mag ook nie toe al afgeloop het na die seremonie-area toe nie — want dit sou verdag lyk as ons voor jou daar opdaag.

Ons mag jou nie in jou trourok gesien het, of jou gehelp het met die laaste goedjies nie. Ons mag ook nie saam met jou na die seremonie-area toe gery het nie, en jy het laat iemand anders die teken gee wanneer ons daarheen moes begin loop. Die gevolg was dat ons buite jou kamerdeur moes staan en wag. Met niks om te doen nie, reeds aangetrek en gegrimeer en nêrens om heen te gaan nie, het dit soos ure gevoel. Dit het gevoel asof jy vir almal wou sê, "Hierdie is my suster, sy is nie belangrik genoeg of geregtig daarop om my te help aantrek op my troudag nie. Ek sou haar eintlik nie in my lewe wil hê nie". Hoekom het jy my saamgenooi?

Ek het al stories gelees van selfmoordoorlewendes wat berou gehad het. Hulle sal byvoorbeeld sê dat hulle eerste gedagte nadat hulle voete die platform verlaat, was 'dis 'n fout, ek wou nie spring nie, hoe maak ek dit reg?' Maar dit was nie jy nie. Jy wou dood wees, en jy het oor en oor en oor en oor en oor probeer. Vyf keer het jy probeer om jou eie lewe te neem! Op die ou einde was jy tog wel suksesvol. Jou man het dit so mooi verduidelik. Ander mense se missie was om te oorleef, jou missie was om jouself te keer om jouself dood te maak.

Nadat jy jou eie lewe geneem het, en ek deur jou aardse besittings moes werk, het ek op 'n klompie gelamineerde notas afgekom. Notas waarin jy vir jouself geskryf het oor hoe om nie soos ek te wees nie, of om nie vir my te luister nie. Daardie notas het diep gesny. Ek het so hard probeer — te hard. Die notas was nie eers tydelik nie; jy het nog die moeite aangegaan om dit te laat lamineer en oor jou werk- en leefareas te plak.

Tussen jou besittings was daar ook self-help boeke oor seker elke onderwerp waarmee jy gestoei het, van hoe om swanger te word tot hoe om te genees van 'n toksiese ouer-kind verhouding. Jy wou hulp hê, en tog wou jy ook nie lewe nie? Dit maak my so deurmekaar.

Ek veronderstel ek kan hier sit en skryf oor al die kan-nie's, moes-nie's en moet-nie's, wat dalk 'n verskil kon maak en dinge anders laat uitdraai het. Maar wat is tog die punt? Ek het die beste gedoen wat ek kon en geweet het hoe. En as ek vandag vir jou iets kon sê, dan sou dit wees dat ons meer kere erkenning aan mekaar se seer moes gegee het. Ons moes meer gekommunikeer het, en minder voorgegee het. Ek het gedink jy was nie aangeraak nie; jy was van mening dat ek alles op 'n silwer skinkbord aangebied was. Ons aannames, persepsies, het ons albei baie skade berokken.

Mart-Mari Breedt

Die Storie Van Elna

Die storie van Elna is 'n verhaal van beantwoorde gebede en hoe ons almal maar instrumente is, nederige dienaars. En om diensbaar te wees, hoe ons regtig net onsself hoef te wees. Wees 'n vriend, luister, neem waar, let op, vertel 'n storie, wees teenwoordig. Ons is almal genoeg.

Dis vroeg Sondagoggend. Ek is al twee maande of so besig met berading.

Sondagoggende is ons hoofdoelwit gewoonlik om ons kinders vir kerk gereed te kry. Maar nie vandag nie. Die kerke is nog gesluit — vandag gaan daar nie gekla word oor nie lus vir kerk nie. Ons kerkdiens sal aanlyn plaasvind. Iets is beter as niks, nè?

Ek is al so moeg vir 'n rekenaarskerm ... Is dit wat menslike interaksie nou na toe ontwikkel? 'n Blote gesig en stem aan die ander kant van 'n internetkabel? Veilige kommunikasie oor 'n veilige afstand. Is dit regtig nou al wat ons oor het? Iets is seker beter as niks.

"Asseblief, Here, ek wil nie alleen hierdeur gaan nie. Ek kan nie. Asseblief, help my. Hoe kan ek vir 'n operasie gaan sonder my man aan my sy? Ek kan nie. Ek kan nie alleen daardeur gaan nie. Ek het Jou hulp nodig," bid ek vir die soveelste keer.

Hierdie Sondagoggend moet ek vir my Covid-toets gaan. Ten minste kan ons weer selektiewe prosedures hê. Iets is beter as niks, nè?

Voor-operatiewe protokol skryf voor dat 'n mens jou gesondheid aan 'n ry ander potensieel siek mense moet blootstel. Dit maak nie sin nie!

Ek bevraagteken alles. Daar is vier mense in die tou voor my, watter een van hulle is dalk siek? Watter een van julle gaan my siek maak? Ek wil nie siek wees nie, maar hier is regte lewendige mense. En ek smag na die interaksie. Ek begin met die vrou voor my gesels; sy lyk darem nie siek nie.

"Moet jy ook jouself laat toets vir 'n operasie?" vra ek terwyl ek my asem ophou.

"Ja, ek moet."

Sjoe! "Ek ook. Wanneer gaan jy in teater toe?"

"Op Dinsdag."

"My operasie is ook Dinsdag. Watse operasie moet jy kry?"

Ek weet nie hoe 'n gepaste vraag dit was om vir 'n vreemdeling te vra nie, maar die vraag is uit voor ek dit kon keer. Nietemin antwoord sy dit, "Ek moet endiometriose laat uitsny en sal dan ook 'n skraap moet kry."

"O, 'n ginekologiese prosedure. My operasie is ook ginekologies. Ek gaan 'n ablasie kry. Wie is jou ginekoloog?"

"Dr Viljoen."

"Hy is myne ook. Miskien sien ek jou Dinsdag? Die pasiënte van dieselfde dokter word gewoonlik in dieselfde saal saam geplaas, maar met Covid is ek glad nie meer seker hoe goed werk nie," het ek teruggeantwoord met so klein bietjie ervare kennis van vorige operasies af. "Wat is jou naam?"

"Ek is Elna. En jou naam is?"

"Ek is Mart-Mari. Dit is baie lekker om jou te ontmoet, Elna. Dis ook nie 'n naam wat ek sommer sal vergeet nie. Die naam Elna is baie spesiaal vir my. Dit is die eerste letter van al vier my kinders se name in hulle geboorte orde: Erik, Lia, Nardus en Adri."

"Dit was lekker om jou ook te ontmoet. Miskien sien ek jou Dinsdag?" het Elna teruggeantwoord net voordat die verpleegster haar ingeroep het.

Die Dinsdagoggend na my Covid-toets, het my man my by die hospitaal se ontvangs afgelaai. Hy mag nie eers saam met my ingeloop het nie. Ek het hom in die parkeerarea gegroet en gekyk hoe hy wegry. Ek het op my eie, met my hospitaaltassie, in die hospitaal se ontvangsarea gestaan. Was dit die laaste keer wat ek my man sou sien?

Alleen! Ek was bang en alleen. My gebed was om nie alleen te wees nie, maar tog daar is ek toe. Ek is 'n sterk en onafhanklike vrou, het ek vir myself gesê. Daar is niks wat ek nie kan doen as ek dit vir myself as doelwit stel om dit te doen.

Maar dit beteken nie dis wat ek wil doen nie.

Nadat ek opgeneem is, het ek met die leë gange langs geloop na die saal waar ek die dag moes deurbring. Ek het my tassie uitgepak en myself so gemaklik moontlik probeer maak — ten spyte van die omstandighede.

Ek kan dit doen, ek is besig om dit doen, en ek sal dit baie goed doen.

'n Halfuur later loop Elna by dieselfde saal in as waar ek is. Haar bed was skuins oorkant myne. Ook minus haar man, was haar situasie soortgelyk aan myne.

Vir die dag het ons mekaar se familie geword. Ons het gepraat, gedeel, foonnommers uitgeruil en mekaar sterkte toegewens voor ons teater toe geneem is. Ons het gekla toe ons honger was, en saam navraag gedoen oor ons fone se terugkeer na ons operasies. Ek het die verpleegster geroep toe Elna begin bloei het na haar operasie. En ons het mekaar gegroet toe dit tyd was om huis toe te gaan.

Ek was nooit alleen nie.

Eers die volgende oggend toe ek in my bed lê en terugdink oor die vorige dag se gebeure, het dit my skielik getref hoe my gebed beantwoord was. In daardie oomblik het ek so vreeslik geliefd gevoel. Daardie gevoel wat ek ervaar het was beter as al die ietse in die wêreld saamgevoeg! Daardie gevoel was beter as enige iets. Daardie gevoel is alles!

'n Laaste Gedagte

"Jy kan nooit teruggaan en die begin van jou storie verander nie, maar jy kan begin waar jy is en die einde verander."
— C.S. Lewis

Ek het C.S. Lewis gebruik om my heel eerste oop vergadering praatjie mee af te sluit. Vir my spreek dit van hoop. Hoop vir 'n goeie einde, en ook hoop vir 'n goeie lewe verby daardie einde.

Iets wat ek noodgedwonge moes besef, en mee vrede maak, is dat alles tot 'n einde moet kom. Die einde is 'n plek waar jy jouself moet regruk, die nuwe jy se hand moet neem en dan dapper en weerbaar 'n nuwe reis moet begin. Ek hou daarvan om iets te begin met die gedagte dat ek dit graag sal wil klaarmaak. Maar soms is dit moeilik om iets klaar te maak. Dis soms moeilik om iets wat jy leer lief kry het, te laat gaan. Partykeer maak die einde seer.

Aan die einde van my gewigsverliesreis, was ek onseker hoe om vorentoe te beweeg van daardie punt af. Ek het ook gerou oor die einde van my beradingsreis, wat intensief en persoonlik was. Ek was onseker hoe ek die stukkies moet optel en weer met iets nuuts moes begin. Tog, in beide hierdie gevalle, het ek die krag en die genade ontvang, om te kon hande vat met die nuwe ek en 'n nuwe uitdaging aan te pak en aan te hou groei.

My instandhoudingsreis is nog nie voltooi nie. Ek glo ook nie dit sal ooit klaar wees nie, aangesien die einde van my instandhoudingsreis sal beteken dat ek daarmee ophou om my gewigsverlies in stand te hou. Ek het hierdie neiging in my om op te gee wanneer die lewe moeilik raak. Ek is bewus daarvan, en ek kan dit herken wanneer ek myself in so 'n gemoedstoestand vind. Ja, ek weet daar is nog baie moeilike dae wat voorlê, maar ek glo dat as ek eerder fokus om so gesond en aktief moontlik te lewe, my gewig nie weer 'n probleem behoort te wees nie. Ek wíl ook gesond en aktief lewe. Ek sien dit nie meer as 'n straf nie, maar eerder as iets wat ek doen omdat ek lief is vir myself. Ek kan egter geen beloftes maak nie, nie eers aan myself nie. Ek kan maar net my beste probeer.

Ek het ook nog nie opgehou skryf nie. Keer op keer het ek myself in wanhoop gevind terwyl ek besig was met hierdie boek, en veral vir wanneer iemand dit sou redigeer. Om te skryf is vir my uitdagend, want skryf is nie iets wat vir my natuurlik gebeur nie. Baie mense het maar net 'n manier met woorde; dit is hulle talent. Ek voel dat dit wat ek doen kan die beste beskryf word as verbale diarree en 'n diep begeerte om die teks net uit my uit te kry.

Wanneer ook al ek wanhopig gevoel het, het my man, vriende en volgelinge van my Facebook blad my uit my wanhoop probeer help. Ek was nogal die hele tyd van mening dat hierdie my eerste en enigste boek sal wees. Tog bevind ek myself in die laaste hoofstuk, en ek wil nog steeds skryf! Ek wil aanhou om my skryfwerk te verbeter en dalk eendag nog 'n boek publiseer. Ek sal graag dieper in my ma en sussie se stories wil delf en ook die gevolge daarvan om in 'n perfekte huis, wat eintlik vrot was binnekant, groot te word.

As ek die voorafgenoemde idee sou volg, dan sal ek weer 'n gedenkskrif skryf, maar eintlik is dit die erotika wat my trek. Die hoofstuk wat die meeste pret was om te skryf, was die erotiese een. Wat kan ek nou daaromtrent sê? Ek is 'n ma van vier, wat op 'n stadium tagtig kilogram oorgewig was, wat ook al vir amper sewentien jaar gelukkig getroud is, en ek vind dat ek dit regtig geniet om erotika te skryf. Hoe klink dít vir 'n bekentenis?

Ek is nie seker wat die lewe vir my inhou nie, maar ek sien baie daarna uit om dit te ontdek. Ek wil al die geleenthede aangryp wat die lewe my bied. Ek wil 'n heilsame en gelukkige lewe leef.

Na alles gedoen en gesê is — elke oggend weeg ek, of my man, steeds twintig gram graankos of rou hawermout en een-honderd-en-sewentig gram vetvrye ongegeurde jogurt af vir my ontbyt. Dis een porsie graan en een porsie melk. Om my ontbyt nog af te weeg is my anker van nederigheid. Ek het aangehou om dit te doen deur al my Weigh-Less stappe deur en selfs nadat ek my teikengewig bereik het. Ek doen dit om myself te herinner waar ek vandaan kom, en hoeveel ek het om voor dankbaar te wees.

Hou aan om my reis te volg by
www.facebook.com/martmarib

Erkennings

Een groot begeerte wat ek in hierdie lewe het, is om nie behoeftig te wees nie. Ek wil graag onafhanklik wees en alles op my eie doen. Tog, die prosesse om tagtig kilogram te verloor, aan myself te werk en hierdie boek te skryf, het my geleer dat ek nie alles alleen kan doen nie. Soms moet ek maar my trots sluk en erken dat ek hulp nodig het, of hulp wat vir my aangebied word, aanvaar.

Hierdie is die mense waarsonder ek nie hierdie boek sou kon skryf nie.

Eerstens wil ek baie dankie sê aan my berader, Timothy Kieswetter.

* * *

Timothy, dankie dat jy gesien het dat ek hulp nodig het en aangebied het om my te help. Jy was die ongelooflikste gids op hierdie introspeksie-reis van my. Ek wens ek kan vir altyd met jou gesels vir een sessie elke maand, maar ek verstaan ook dat dit net nie moontlik is nie. Die een aanhaling van jou wat vir my uitgestaan het was: "Die enigste ding waarvoor jy verantwoordelik is, is jou eie kak. Niks anders is jou verantwoordelikheid om op jou skouers te neem nie." Dis dalk 'n bietjie kras gestel, maar net wat ek nodig gehad het om myself aan te herinner keer op keer.

Op 'n stadium was jou whatsapp status: 'Seksterapeut en komediant, maar eintlik wil ek net skryf'. Ek het dit nie tóé begryp nie, maar ek begryp en verstaan dit nou baie goed.

Ek sal nooit genoeg kan dankie sê vir alles wat jy vir my gedoen het nie. Hierdie boek is die joernaal vir jou 'trofee kas'.

* * *

In Desember 2020 het iemand 'n opmerking gemaak op my Emosionele eet video wat ek met een van ons plaaslike area se facebookgroepe gedeel het. Hierdie opmerking was van Boo Prince af gewees, en sy het gevra of die twee van ons dalk kon ontmoet.

Ek kyk nie televisie nie, en luister ook nie juis radio nie, so ek het geen idee gehad wie Boo was nie. Ek kry gereeld versoeke van mense wat graag wil ontmoet, so haar versoek was ook nie vir my vreemd gewees nie. Ek het gereël om haar by 'n plaaslike restaurant te ontmoet. Daardie dag het ek 'n wonderlike nuwe vriendin bygekry wat graag wou sien dat ek suksesvol daarin moet wees om my storie met soveel as moontlik mense te deel. Boo is 'n stem- en media-afrigter, en dit is ook sy wat die saadjie geplant het, wat op die ou einde hierdie boek geword het. As jy hierdie boek geniet het, dan is dit vir haar wat jy moet dankie sê.

Boo was ook die persoon wat gesorg het dat ek deurdruk met die Afrikaanse weergawe. Daar is nie 'n groter toejuiger en moed-inprater in my wêreld as Boo nie.

* * *

Boo, dankie! Dankie dat jy in my bly glo het, veral op die dae wat ek skaars in myself geglo het. As dit nie vir jou was, en die wonderlike mens wat jy is nie, sou hierdie boek nie gebeur het nie.

* * *

Een persoon wat ek nie naastenby genoeg noem en genoeg krediet voor gee nie, is my Weigh-Less groepleier, Hannali Meyer. Hannali het my grootliks gelei deur my hele Weigh-Less reis om tagtig kilogram te verloor. Sy het selfs spesiale plakkers vir my laat maak. Weigh-Less het beloningsplakkers vir gewigsverlies tot en met sestig kilogram. My kinders was baie opgewonde wanneer ek 'n nuwe plakker gaan kry, en toe ek oor die sestig kilogram-verlies merk beweeg, was ek bevrees dat hulle teleurgesteld gaan wees as ek ophou plakkers kry. Maar Hannali het 'n plan gemaak. Sy het my spesiale plakkers by my lêer gehou en ek bly glo dat ek wel eendag al die plakkers sal verdien.

* * *

Hannali, jy was die beste vriendin en vertroueling gewees. Dankie dat jy nooit opgegee het op my nie. Dankie vir al ons gesels en dat jy altyd net so trots was op my. Jou ondersteuning het vir my so baie beteken.

* * *

Nog iemand wat vir my baie spesiaal is, is my vriendin Hanneli Esterhuysen. Oor 'n tydperk van amper drie jaar en twee kontinente, het sy my weeklikse gewigstatus ontvang — dit terwyl sy self ook graag gewig wou verloor. Ek kon nie vra vir 'n meer ondersteunende vriendin nie. Toe ek begin skryf, was sy altyd die eerste een gewees wat lees en kommentaar sou terugstuur. Haar entoesiastiese stemnotas was keer op keer die hoogtepunt van my dag gewees, en sy het my so baie keer uit gate van wanhoop getrek.

* * *

Hanneli, dankie dat jy my so onselfsugtig bly ondersteun het. Ek is nie seker of ek ooit my teikengewig sou kon bereik het as dit nie vir jou ondersteuning was nie. Dankie vir jou vriendskap en dat jy 'n vriendin gebly het ten spyte van jou eie struwelinge.

* * *

Een Saterdag oggend het 'n ou-kollega nou 'n vriend van my, Brent Pinkney, laat weet dat hy besig was om hierdie boek se Engelse weergawe te lees — ek het dit vir hom gegee om te lees. Ek het hom terug laat weet dat ek wag om te hoor van die uitgewer, maar dat sy eers oor so twee maande by my boek gaan uitkom. Brent sê toe, "Maar hoekom gebruik jy nie die tyd intussen om die boek te vertaal na Afrikaans nie?"

Die eerste gedagte wat by my opgekom het was, 'Dit is só 'n goeie idee. Hoe is dit dat niemand anders nog daaraan gedink het nie?'

Toe Brent my gekontak het, was ek besig om ons huis se badkamers skoon te maak. Ek het daai skoonmaak afgejaag, en nog direk daarna begin met die Afrikaanse weergawe.

* * *

Dankie vir die slim idee, Brent! Ek waardeer dit opreg.

* * *

Aan Jackie Ungerer, Hanneli Esterhuysen, Caroline Hirst, Tommy Diedericks, Fiona Hulme Brophy, Hanna Bresler, Tertia van der Merwe, Liesl Cronjé en Debbie Hishin wat almal gehelp proeflees het aan die Engelse weergawe, kommentaar teruggestuur het en werklik met tye vir ure lank met my gesels het oor die boek se inhoud, baie dankie! Dankie dat julle my klankbord was. 'n Baie spesiale dankie aan veral Tommy wat my bly moreel ondersteun het tydens die skryf van die Afrikaanse weergawe.

Ek wil in die besonder baie dankie sê vir Ronél Dunn wat vir my gehelp het met die redigering van die Afrikaanse weergawe. Om saam met haar te kon werk was 'n besondere voorreg gewees. Sy het soveel meer gedoen as net geredigeer. Sy het haar in my storie ingeleef en haar kommentaar was gereeld iets waarna ek meer uitgesien het as haar redigering terugvoering!

En laastens, maar vir seker nie die minste nie, wil ek baie dankie sê aan my gesin en veral aan my man, Derik. Om 'n boek te skryf is werklik soos om in nog 'n verhouding betrokke te raak. Dit steel tyd weg van jou en jou gesin af. My man het my egter so baie ondersteun. Ek het gereeld iemand nodig gehad om gou 'n idee van af te bons, en hy was altyd beskikbaar en gewillig om te luister — selfs om middernagtelike ure wanneer sekere teksgedeeltes my wakker gehou het.

*   *   *

Derik, dankie dat jy nog altyd was wat ek nodig gehad het. Dankie dat jy en die kinders my die ruimte gegee het om hierdie boek te kon skryf. Dankie dat jy bly uithou met al my buie en woedeuitbarstings. Dankie dat jy my ook wys hoe om te ontspan en te laat gaan. Ek het jou liewer as wat ek ooit in woorde sal kan beskryf.

Tagtig Kilos se Skuldlas

Tydlyn

21 Mei 1981: Ek is gebore.

2 Desember 1982: My sussie is gebore.

1988: Ek begin graad een.

1989: My sussie begin graad een, en my ousus gaan universiteit toe.

Middel 1997: Ek ontmoet my trouman.
Einde 1997: Ek begin my eerste dieet.

11 Februarie 1999: Ek en my man begin uitgaan.

2000: Ek begin universiteit.

28 April 2003: My pa sterf.

11 September 2004: Ons troudag.

2 Januarie 2008: Die geboorte van my oudste.

Februarie 2009: Ek sluit vir die eerste keer by Weigh-Less aan.

26 April 2010: Die geboorte van my tweede kind.

Begin 2011: My breuk-diagnose.
11 November 2011: Die geboorte van my derde kind.

2 September 2012: My ma sterf.

9 Julie 2014: Die geboorte van my vierde kind.

7 Februarie 2017: Ek sluit weer by Weigh-Less aan.

17 April 2018: My breuk-operasie.
16 November 2018: My sussie se selfmoord.

10 Desember 2019: Ek ontvang my teikengewig-sertifikaat.

14 Februarie 2020: My eerste tien-kilometer resies.
28 Maart 2020: My eerste aanlyn-video.
19 Mei 2020: My eerste beradingsessie.
14 Julie 2020: Ek begin my Facebook blad.

Hulpbronne

My Facebook blad:
www.facebook.com/martmarib

Weigh-Less se webtuiste:
www.weighless.org

My berader, Timothy, se webtuiste:
www.gesondeseks.co.za

My stilis vriendin, Marinda, se Facebook blad:
www.facebook.com/bibstyling

My Pilates instruktrise, Christiane, se webtuiste:
christianeebert.com

My fotograaf vriendin, Jackie, se webtuiste:
www.senzua.co.za

Printed in Great Britain
by Amazon